新・MINERVA
福祉ライブラリー
36

ソーシャルワーカー
のための養護原理

小規模化・家庭的養育をどう捉えるか

北川清一 著

ミネルヴァ書房

はしがき

　子どもが一人だけ親元から離れ，社会福祉施設で暮らすこともある事実を知ったのは，筆者の場合，今から60年ほど前になる。故郷北海道の小樽で過ごした小学生時代のことであったが，頻繁に利用していた自宅近くにやって来る移動図書館のおじさんから「読んでみるかい」と紹介された書籍との出会いが契機になっている。それは，アメリカ人女性作家のジーン・ウェブスターが1912年に発表した児童文学作品『あしながおじさん（Daddy-Long-Legs）』である。この本を返却する際に，おじさんから「この作品は，作者が自分の生きた時代に出会った孤児院や感化院の変革に関心があったことと，得られた知識や経験をベースに書かれたもので，原作は図書館にないけれど，大人になったら買って読んでごらん」と言葉をかけられた。間もなく定年を迎えようとしているが，今も，その時のことは鮮明に記憶している出来事であった。

　このようにして知った「原作」の存在を，筆者にとって偉大な恩師の一人にあたる大坂譲治先生が，母校の東北福祉大学で非常勤講師（数年後に専任教員となられるが，当時は仙台基督教育児院院長）として担当されていた「養護原理」の授業で触れられたのであった。講義時における先生の語りに驚きを覚えつつ，その15年以上前に移動図書館のおじさんからかけられた言葉を思い出していた。その日の受講を終えた帰り道，立ち寄った書店の棚に「上」「下」の二分冊になって文庫本に所収されていた「原作（訳書）」を見つけ，ワクワクしながら購入した。数日を費やして読みふけったのが大学2年生の春学期のことである。大学に入学したものの，教職員の多くが学生を小馬鹿にしたように扱い，社会福祉系大学でありながら社会福祉（ソーシャルワーク）について積極的に学ぶことを奨励しない教員ばかりの母校に不満を抱いて学生生活を過ごしていた時期であった。その時は退学することも考えていたが，思い留まり卒業するまでの

i

学びのテーマを児童養護施設における「子どもの暮らしを支えるソーシャルワーク」に定め，グループワークを専門とされる花村春樹先生のゼミに所属した。花村先生のご配慮もあり，大坂先生には卒業論文の副査として指導を頂くことができた。研究室の書架に並ぶ大坂先生が教科書に指定された『養護原理』（大谷嘉朗・吉澤英子著，誠信書房，1967年）は，全頁にわたり筆者の受講中に記した書き込みが残り，しばしば読み直すこともある学びの原点になっている。振り返ると，大坂先生と教室で出会えてから45年近くにわたり同じテーマに関心を持ち続けて研鑽を重ねられたことは，筆者にとって，この上ない幸運な日々であったと思える。

　多くの人が内容を熟知している『あしながおじさん』であるが，ここで，記述された内容の骨子をまとめながら，本書が「養護（institutional care）」の「実践原理」を論じる意義について提起してみたい。

　　ジョン・グリア孤児院で暮らすジュディは，院長室に呼び出された際に西日をうけて廊下に落ちた長い人影を見る。院長から，評議員の一人が彼女の才能を見込んで，毎月一回，学業の様子について手紙で報告することを条件に，大学進学に必要な資金を匿名で与えられることになったと知らされた。廊下で一瞬だけ見えた人影が評議員であることを知り，以後「あしながおじさん」と呼ぶきっかけとなる。

　　大学では，孤児院で命名されたジルーシャという名前を嫌い，自らをジュディと呼びながら学生生活の様子を「あしながおじさん」に手紙で伝え続けた。やがて，初めての経験となった孤児院の外での暮らしも卒業とともに終える。

　　その後，ジュディの同級生サリーは，「あしながおじさん」に促され，ジュディが子ども時代を過ごした孤児院の新しい院長になった。彼女は，「あしながおじさん」から預かった改革資金で食堂を明るく改装したり，お金の存在を知らない子ども達に買い物を経験させたり，ジュディが嫌いだったギンガムチェックの服を追放したり等々，さまざまな改革を断行し，

孤児院を徐々に明るく変革していった。

　ここに登場する孤児院の状況について，我われは，今から100年以上前のことであり，しかも，アメリカ合衆国の当時の時代背景を下に綴られた作り話でしかないと一蹴して良いものであろうか。実は，わが国でも，NHK が放送する朝の連続テレビドラマ『すずらん』（1999年4月5日〜10月2日）において，この『あしながおじさん』に登場する孤児院の暮らしと類似するような状況が描写されていた。明治学院大学に着任後，大学院における福田垂穂先生の後任教授として「グループワーク特論」「ソーシャルワーク実習」を担当して間もない頃であったが，北海道を舞台とする『すずらん』が始まり，故郷への懐かしさもあって朝食をとりながら視聴し，番組が終わる8時半になると研究室に向かう毎日を過ごしていた。毎週の講義は，1週間分のストーリーを要約しながら説明し，受講された院生と討論する形式をとった。そのドラマの骨子は以下の通りである。

　　人びとの往来で賑わう北海道留萌管内の「明日萌（アシモイ）駅」待合室の片隅に，母親と思しき女性が，生まれて間もない赤ん坊と木彫りの人形・手紙が入った籠を周囲に気づかれないよう置いて立ち去る。置き手紙を読んだ駅長は，その子を亡き妻の生まれ変わりと信じ「萌（もえ）」と名付けて育てることを決意する。

　　駅長や義兄姉から愛情を注がれ10歳に成長した「萌」は，自分と駅長や亡母の間に血縁関係がなく，義姉の婚姻に支障となることを危惧し，自らの意志で孤児院「幸福学園」へ入園する。しかし，そこでは，満足な食事も与えられず，労働を強いられる毎日を過ごす。友人の「さわ」が医者に診てもらえないまま病死する悲劇に遭遇し，雪降る夜道を死に物狂いに歩き，駅長の下へ帰ってきた。

　　間もなく駅長は逝去する。その後は，実母を探すため東京へ旅立つまでの間，下女のような扱いを受けながらも食事と住む家（部屋）を与えられ

ることに感謝して生きることになる。

　ここに例示した二つの孤児院の様相について，洋の東西を問わず，時空を超えて，多くの人びとが「反感」を抱くというよりも「同情」的感覚を覚えながら考えさせられたことであろう。しかし，施設養護の関係者にとって，そこに見いだせる人びとの「思い」の深層に関心を寄せる必要はないのか。

　里親の下で血縁のない構成員として暮らす里子の「思い」や，その里子を迎え入れる里親家族が持つ「感情」は，いつ，いかに超克できる見込みに立って厚生労働省によって発出され，今や政策推進のメインストリームになっている「新しい社会的養育ビジョン」（2017年8月2日）が取りまとめられたのであろうか。確かに，国際連合からは，わが国の社会的養護が施設養護に偏重している実態について，繰り返し「人権問題」として是正勧告を受ける事実があった。そのためもあり，有識者は，この「ビジョン」を社会的養護に関する「イノベーション（innovation）」の成果のように唱え「ようやく欧米から30年遅れで方針転換を果たした」と強調する。しかし，序章で触れるが「タイガーマスク運動」の陰で涙する女児の存在を「知る由もない」と言い放つかのように無視あるいは軽視した「ビジョン」と，それを具体化する「制度改革」は，わが国の政治史にしばしば散見される「為政者による強権政治」の構図に酷似している。

　わが国の社会福祉制度において，その中核的機能の一翼を担う実践現場の一つに生活（居住）型施設がある。このタイプに属する本稿で取りあげる児童養護施設の場合，専門職実践と学問研究の「前時代的」「非科学的（感覚的・主観的）」なレベルの是正（内省的改革）なくして新しい「ビジョン」を論じてみても「砂上の楼閣」でしかないことを，なぜ，誰も真正面きって論じないのか。『あしながおじさん』や『すずらん』の中で描かれた孤児院の様相は，決して「今は昔」の話とならないだけに，そのような「現実」に内在する「人権」を軽んじる感覚の軽薄さに胸が痛む。そこには，今なお「劣等処遇」的な価値観（非対称性の問題）が払拭されないままにある，同時代に生きる市民のみならず

施設職員の中にも見いだせる生活感覚や文化意識に潜む「差別」や「排除」にまつわる問題が提起されているといえよう。エリザベス救貧法（1601年）時代のイギリス社会で創設され，それ以降，多くの人びとから浴びせられた「差別」や「排除」の淵源となった歴史的所産としての「労役場（workhouse）」に付与された社会的な役割期待が，このような形で現代社会に残存している「現実」は，仮に，無意識であってもマイノリティの立場に置かれている人びとへの「差別」や「排除」を一段と助長する要因になる。理由があって生活型施設で暮らす人びとへの支援は，決して懲罰的なものでなく，集団管理の下で彼らが肩を竦めながら生きるように求められるものでもなく，ましてや「人ごと」のように扱われるべきでないことを銘記すべきである。

　このように論じなければならない「現実」を整理しながら，本書は，生活型施設の存在意義と支援の方法について，「イノベーション」とは異なる「パラダイム転換（paradigm shift）」の視点に立ち，ソーシャルワークに依拠する取り組みに「変容」を遂げる必要性を説くことにした。その際，「社会的養護」の「制度」全般を鳥瞰するのではなく，検討を加える際の切り口（remind）を社会福祉実践としての「施設養護」に限定し，しかも「施設養育」と表記しないこと，「チャイルド・ケアワーク」を論じないことに「こだわり」ながら，そこに参画する支援者として「共有すべき実践指針」を明示することに繋がる施設養護の「原理」について探訪してみたい。探訪の際のキーワードは次の7点である。

① 　ソーシャルワークのミッション（mission）
② 　グループを媒介としたソーシャルワーク
③ 　グループダイナミックスの再発見
④ 　社会化の過程
⑤ 　日常性の活用
⑥ 　活性化・再生化（treatment）

⑦　ケース管理責任

　なお，本書は，現在，いずれも絶版となっているが，以下にあげた編著書の後継書として，すなわち，これまで継続して取り組んできた研究活動の総括の意味を込めて取りまとめた。

① 　大島侑・北川清一編『社会福祉実習教育論』海声社，1985年。
② 　大島侑・米本秀仁・北川清一編『社会福祉実習――その理解と計画』海声社，1992年。
③ 　花村春樹・北川清一共編『児童福祉施設と実践方法――養護原理の研究課題』中央法規出版，1994年。
④ 　北川清一編『新・児童福祉施設と実践方法――養護原理のパラダイム』中央法出版規，2000年。
⑤ 　北川清一編『三訂・児童福祉施設と実践方法――養護原理とソーシャルワーク』中央法規出版，2005年。
⑥ 　北川清一『未来を拓く施設養護原論――児童養護施設のソーシャルワーク』ミネルヴァ書房，2014年。

　また，本書を構想するにあたり，日本学術振興会に筆者が研究代表者として申請し，2016〜2018年度に採択された科学研究費・基盤研究（B）「児童養護施設のグループを活用するソーシャルワークと建築計画学のクロスオーバー研究」（課題番号16H03717），および2019〜2021年度に採択された科学研究費・基盤研究（B）「児童養護施設実践のソーシャルワーク化に向けた支援環境の整備に関する研究」（課題番号19H01596）の成果を援用した。

　2019年　晩秋の候

北川清一

目　　次

序　章	施設養護のパラダイム転換
	——「新しい社会的養育ビジョン」を読み解く

1　マイノリティの「現実」に思いを馳せる

　わが国は，現在，「縮小化する日本の衝撃」ともいわれる超高齢・人口減少時代のまっただ中にあり，先行き不透明な未来社会の「安寧」をいかに確保するかが，今や，国家として推進すべき重要な政策課題の一つとなっている。とりわけ，全国で頻発する子どもの虐待死事件に象徴されるが，混乱状態に陥った感のある「子育ち（本人支援）」と「子育て（親支援）」への対応は，現代社会における喫緊の課題となってきた。2017年8月2日に厚生労働省が発出した「新しい社会的養育ビジョン」も，このような社会状況の改変を目指す提言の「形」をとったものとして受けとめてよいであろう。

　しかし，社会的養護の一翼を担う伝統的な生活型施設としての児童養護施設に向けられている，多くの人びとの生活意識に見いだせる「偏見」と「差別」の本質に対峙しないまま，それを「新しい社会的養育」と命名して現行制度の再編を試みても，スティグマ（stigma）の解消に結びつくとは到底思えない。つまり，このような児童養護施設を取り巻く状況の変革を目指した関係者による努力には敬意を表するものの，今なお課題提起の域に留まっている感を否めないものがある。

　その一方で，孤児院と呼称されていた時代，とりわけ，明治年間の1874年に施行された恤救規則の運用以降，人びとの暮らしの中で「劣等処遇」を直截に被る実態は，児童養護施設を取り巻く今日的な社会環境を概観することで詳らかになる。市民生活の中でマイノリティの「福祉（well-being）」が埋没し，負のスパイラルのように幾重にも重なるように派生する「生きにくさ」を抱える

多くの子ども達の「現実」に心を砕き，そのような実態に「思い」を寄せられることもなく見過ごされてきた出来事（events）は枚挙に暇がないからである。

　ここで，前述したような「現実」に共通する問題性について，それを如実に物語る出来事を一つだけ取りあげてみたい。

　2010年12月25日，群馬県前橋市の児童養護施設に「伊達直人」名義でランドセルが届けられたことから始まり，やがて「タイガーマスク運動」と呼ばれた社会現象となった出来事がそれである。マスコミ関係者が一斉に取りあげたためもあり，全国の児童養護施設に届けられたランドセルは1,000個を超えたとされた。この間，社会的養護の名の下で取り組まれる児童養護施設における支援環境の劣悪さが周知の事実となり，運営管理の改善を図るため「児童養護施設運営指針」の策定（2012年）に力を添えることにもなった。さらに，児童養護施設関係者が37年間訴え続けても国から顧みられることのなかった施設職員の配置基準の引き上げへと繋がった。世論（マジョリティ）が味方した結果である。

　しかし，筆者がかかわりのあった児童養護施設で暮らす女児は，4月になり小学校へ通い始めて間もなく，クラスメイトから「お前のランドセルもタイガーマスクからもらったのか」と罵られ，何かある度に嘲り，笑われ，やがて不登校に追い込まれた。施設として予算計上していた入学前準備金を活用して，半年前から週末には担当スタッフとデパートに出かけ，本人が気に入った色のランドセルを購入し，それを背負って，心待ちしていた小学校に嬉々として登校する毎日であった。準備金は，もちろん，措置費を運用し，計上したものであるが，このような施設の取り組みも同じ時代に生きる人びとの嘲笑の的になるのか。あまりに不合理な事態に立たされた施設で暮らす子どもは，筆者の前で泣き崩れる女児一人でなかったと思える。女児は，学校に抗議することを望まず，嗚咽をあげながら，顔を下に向けて涙するだけであった。マジョリティの思料のなさがマイノリティの悲しみを埋没させた典型事例といえよう。

　そこに見いだせる共通点は，支援過程のいかなる場面においても，パターナリズム（paternalism）として問題視されている，自分の子どもに対する善意と信

じて揺るがない支援者側の熱い思いと判断（決定案件）が常に優先し，前述したような女児の悲しみや痛み，怒り等の思いに寄り添う視点が欠落している姿であった。スウェーデンの思想家であり教育家であったエレン・ケイ（E, Key）が，20世紀は「児童の世紀」と論じた願いの実現が容易でないことを教えている。「家庭」や「家族」の「形」を取り込み，それを「絶対視」するかのように取りまとめられた「新しい社会的養育ビジョン」は，このような現実と対峙することから構想されたと思えないだけに，そこに含意された為政者の思惑が気がかりである。

　このような「現実」に積極的に異議を唱え，一人ひとりの子どもの「思い」を「代弁（advocate）」する役割を「制度としての社会福祉」が引き受けるとするならば，いかなる状況においてもマイノリティの「命（life）と生活（live）」を護ることに接続する方略（strategy）を持ち合わせている必要が共有されていなければならない。とりわけ，「制度としての社会福祉」が第 2 次世界大戦後の民主化政策の一環として制度化されたわが国の経緯に鑑み，支援者として制度運用に参画するソーシャルワーク専門職は，人権の尊重と権利の擁護を希求するデモクラシー（democracy）の発展にいかに貢献できるかが問われることになる。何らかの支援を必要とする人びとの「命と生活」の「現実」について，それを匿名化するかのような最大公約数的な捉え方は，何よりも当事者自身が「不当な扱いを受けることに繋がる」と声をあげて良いのであり，それをソーシャルワーク専門職は「権利」として認め，支えることが肝要になろう。

2　児童養護施設実践の「機能と役割」再考

　現在，児童養護施設で暮らす子ども達の多くは，第 1 章で詳述するが，心身両面にわたって多様な課題を抱えている。そして，その課題の解消を図るための時間を意味する施設の入所期間は，厚生労働省「児童養護施設入所児童等調査」によると，2018年 2 月 1 日現在，平均で「5.2年」となっている。施設での暮らしを体験した子ども達の多くは，彼らの親と同じように社会に埋没し，

落層する危険性を孕みながらの生活が続く。そのような課題を乗り越えることの困難さや，そのため，力を添える者（エネイブラー：enabler）として施設職員による丁寧なかかわりが必要になることを考えた場合，この「5.2年」は決して長いと言い切れないものがある。しかも，人としての「生きにくさ」が世代的に継承され，再生産されることを断ち切れない子ども達との向き合いについて，全国児童養護施設協議会は，組織をあげて1981年に編集・刊行した『養護施設ハンドブック』で次のような指摘した。すなわち，用語の用い方として「不適切」な箇所も見られるが，原文のまま引用すると「制度上の不備のみにすべてを帰せられない，施設側の指導内容と職員の意欲・意識に問題がある場合をも認めなければならない」とし，「施設の近代化は，職員待遇，労働条件の改善，合理的勤務形態などが一定の改善をみたというよろこばしいことの反面，児童にとっては職員との人間関係の希薄化，処遇の一貫性や個別化に欠ける面があり，必ずしも十分な処遇効果を生み出していない」というものであった。このように児童養護施設関係者が内省するに至った当時の実態は，40年ほど経過しも児童養護施設実践の現状と大きく変わらないものがあり，驚きを禁じ得ない。そして，この40年という時間的経過の中で，児童養護施設の関係者が共通して陥ったと思える，以下のようなジレンマも側聞できることになる。

　一つは，集団を媒介することが最大の特徴といえる施設生活には，子ども達の人としての成長（社会化の過程：socialization）を促進する可能性が内包しているにもかかわらず，施設が子ども達に提供する生活に対し「極端なほどの自信喪失状態」に陥ってしまったこと。二つは，心理学や（児童）精神医学の領域で蓄積された研究の成果は，施設養護について，それを家族による養育よりも劣る代替的なものでしかないという観念（通念）を是認する環境の醸成に貢献してしまったこと，である。

　すると，厚生労働省が発出した「新しい社会的養育ビジョン」の中で位置づけられた，現状から大きく縮小した感もある児童養護施設に向けられた役割期待は，この40年間に「当事者主体の視座に立った支援」を十全にシステム化できなかったことへの外部評価であったともいえようか。

　しかし，この時期と同じ頃，児童養護施設の関係者が注目してよい論考も提起されていたことに気づき，それを基点に施設養護の実情を再考する機会に結びつけられなかったことは大きな不幸であった。例えば，スミス（M. Smith）は，伝統的な生活型施設で取り組まれる実践について「ポジティブな選択とすべきとの主張があるにもかかわらず，ますます隅っこに追いやられた」と嘆き，子どもの成長と変化を促す手段として「グループ」が醸し出す「生活空間」や「人との関係性」を人としての成長の「エージェント」として積極的に活用する児童養護施設実践，すなわち，グループを媒介としたソーシャルワーク実践の意義について論じていたのである。

　したがって，本書からの問題提起は，筆舌に尽くし難い混乱の淵に留め置かれている多くの子ども達の抱える重層化した支援課題（demand≠need）の深淵へ臨むことを，決して「人ごと」でない国民的課題とする認識に立って始める。そこで，まず，久しく「子ども家庭（児童）福祉」領域の中核的位置にある生活型施設としての児童養護施設実践に題材を求め，あらためて，従来の施設養護論とは些か異なる立場，すなわち，ソーシャルワーク論から児童養護施設実践の社会的な「役割と機能」の共有に努める必要性を説いてみたい。

　親から分離された家庭に代替する空間となる児童養護施設で暮らす子ども達は，その多くが何らかの心的外傷（psychological trauma）体験を潜り，そのためもあって，家庭内で慈しみ育てられることで生成される「特定の対象者との愛情の絆」とも説明されてきた「愛着（attachment）関係」の未形成がもたらす発達課題を抱えているといわれている。そのため，治療的対応（therapy）が必要とする諸論も散見するが，本書では，そのような対応方法と社会福祉実践との異同を明確にし，施設養護におけるソーシャルワークの成立可能性を提起することにしたい。特に，「新しい社会的養育ビジョン」の中で強調される施設の「小規模化」と併せて，ソーシャルワーク論の範疇（discipline）では説明しきれない「家庭的養育（bring up）」の必要性を強調する政策的意図は何か，そこに内在する問題性を「批判的思考（critical thinking）」に依拠しながら論じてみたい。

3 施設養護のパラダイム転換に向けて

　「新しい社会的養育ビジョン」における論旨の基調ともなっている児童養護施設の社会的な「役割や機能」を大きく後退させる根拠が，子ども達の発達課題との関連を踏まえ，施設養護の現場の人為的に組織された空間にあり，その規模の大小を問わず，回避するに難しい「集団生活」に求めらるとするならば，本書では，ノーマライゼーションが提起された背景や理念と矛盾しない取り組みとして，児童養護施設の実態を見据えながら「ソーシャルワークの理論と実践」を切り口（remind）に，パラダイム転換の必要を論じてみたい。すなわち，施設生活の最大の特徴となる「集団生活」を人間的な成長を促す経験と機会になる「場（時間，空間，関係）」として捉え直すことであり，言い換えれば，「人間らしく生きる正常な流れ」（コノプカ〔G. Konopka〕）を取り戻す際に必要となる「社会化の過程」の再生化（treatment）を促す「場」として積極的に活用することの意義を説いてみたい。

　社会福祉基礎構造改革（2000年）の議論を契機に，所在する地域に開かれた施設のあり方が関係者によって模索され，地域（福祉）に軸足を置く支援の重要性が強調される時代となった。それ以降，伝統的な生活型児童福祉施設は，長きにわたって蓄積してきた養護機能を地域社会にいかに還元できるか，あるいは，利用されるべきかの問いかけにいかに応答すべきかについて，自ら（施設）の存在理由を明らかにする上で真摯に取り組まなければならないテーマになっている。そのため，本書では，施設養護が伝統的に担ってきた「役割や機能」と併せて，広範な領域で社会福祉専門職として活きるソーシャルワーク専門職とともに担うべき使命といかにコミットできるか，その道標になる視座として「施設養護のパラダイム転換」の必要性を論じながら提起したい。

　「デモクラシー（democracy）」の発展に貢献する社会的責務を負うともいわれるソーシャルワーク専門職による支援が，そのような働きかけを最も必要とする状況に置かれている人びとによって「温かい血の流れ」のように感じ取れ

る関係（rapport）の形成へ導くものが，ソーシャルワークの「命」であり，支援的態度を説く際の「基本原則」とも説明される「個別化」を図る取り組みであり，ミクロの視座に立ったアプローチである。少なくとも，社会福祉の実践と理論について論じる「枠組み」とは，為政者によって与えられ，その思惑に迎合する振る舞い（performance）を合理化するためにあるはずがない。それは，ソーシャルワーク専門職が当事者の「語り」を手がかりに「命と生活」を支え，「批判的思考」を踏まえて脱構築を重ねながら，再構築されるものでなければならない。そのような取り組みを実体化するには，専門職としての「鮮烈な問題意識（アイデンティティ：identity）」の醸成と共有が求められる。すなわち，施設養護の「原理」である。

第1章	施設養護の対象と支援の射程

1 支援課題の変遷

　現在，わが国の国家財政は，世界の経済活動にも深刻なダメージを与えかねないほどの膨大な債務を抱える一方で，国家予算は100兆円のレベルに到達するまで膨張しようとしている。何かの項目の計上額を削減する以外に国家として財政再建を果たす方策はなく，そのための合意が得られやすい項目から緊縮を図る（いわゆる「切り捨て」政策）以外に財政破綻の回避は困難となり，社会福祉の制度運営にも多大な影響を及ぼすことになる。

　その中で，今や子どもの約7人に1人が，そして，ひとり親家庭の約2人に1人が貧困状態に陥っているといわれ，公費による支援を必要とする状況が報じられている。ところが，為政者は，このような新たな財政支出を求められる時代の到来を遙か以前から予測していた向きがある。1978年のことであるが，当時の厚生省は『厚生白書』で「家族は福祉の含み資産」と規定し，社会制度としての社会福祉の根幹をなす生存権保障は「国家責任」とするよりも「家族内の助け合い」を第一義とする「日本型社会福祉」として奨励した。当時，このような認識は厳しく糾弾されたが，この時から40年の時間を費やして徐々に浸透させてきた為政者の隠された深遠な「思惑」をソーシャルワーク専門職として見抜いていかなければならない。

　例えば，今やその呼称が使われなくなりつつある「高齢者福祉」のあり方は「介護保険制度」の運用方法に集約され，システムの改変の度に家族への「介護の押しつけ」が半ば公然と唱えられ，それを抵抗なく受け入れる状況も市民生活の中で顕在している。そのため，「家族内の助け合い」を美談のようにも

ち出し，年金や生活保護費等の削減政策についても，社会福祉サービス利用者に集中する「バッシング」を恣意的に取り込み「世論の支持」を得たかのように推進する方略は，政治的な犯罪に匹敵する。それは，「社会福祉基礎構造改革」の論点の一つとして強調された「地域福祉の時代」の名を借り，今や最重要政策と位置づけられている「『我が事・丸ごと』地域共生社会」のビジョンに集約される形で一段と明らかになった側面も見逃すべきでない。

　このような政治的スタンスは，一方で，憲法改正論議の中に臆面なく体現されていることは驚きである。憲法第24条では「家庭生活における個人の尊厳と両性の本質的平等」について規定されているが，為政者が示す改正案では「家族は，社会の自然かつ基礎的な単位として，尊重される。家族は，互いに助け合わなければならない」となっている。このことが，憲法第9条の自衛隊明記に関する議論に隠れあまり知られていない点は，実に巧みな政治的戦略といえよう。ここには留意すべき市民的課題が横たわっている。それは，社会福祉制度に課せられた「国家責任」を常に問い続ける姿勢と論調が大きく後退した現実についてである。

　2011年3月11日に遭遇した未曾有の東日本大震災以降，多くの時間が経過する中で，今なお解消されない人びとの暮らしに側聞する「苦しみ」「悲しみ」「切なさ」の意味が，「国の形」という最大公約数的な発想の中で埋没し，軽視される向きがある。しかし，「生存権保障」を理念とする「社会制度としての社会福祉」に連なる実践と理論は，そのような実態の「対立軸」として機能しなければならない時代に立っているとの認識を，果たして，どれほどのソーシャルワーク専門職が持ち合わせているだろうか。これまで以上に，個別事情に配慮するよりも「国の形」を論じる機会が多くなった現行の国策が，切り捨てや排除，差別を生むロジックとして機能し，あるいは「自己責任論」「社会問題の個人化論」を喧伝し，間違いなく「社会福祉の縮小化」を後押しする方向で介在していることは気がかりである。あらゆるタイプの社会福祉現場における実践のたどり着く先が「ひと事，丸投げ，崩壊社会」となることだけは避けなければならない。

（1）「家族」を「社会福祉の含み資産」としない視座

　急速に進む社会福祉制度の改革は，「家族は福祉の含み資産」（『厚生白書 昭和53年版』）ではないとする認識を前提に，家族の事情のいかんを問わず，社会的支援のシステムを多様な方法を駆使しながら活用することで，暮らしの安全・安心が保たれる体制の整備を志向するものでなければならない。ここで留意すべきは，わが国における伝統的文化（価値）として形成されてきた家族・親族・共同体の扶養・相互扶助に関する意識や慣習を否定すべきと説くことでない点である。新たな困難を実感させる社会状況が顕在してきた中で，子どもやその家庭（家族）の暮らしが，安全・安心を実感しながら営むには，家族力と社会的支援のシステムの共存をいかにデザインできるかにあることを考えてみたい。

　わが国における人口の急速な高齢化は，総人口に占める15歳未満の児童数が1988年に初めて20％を割ることで顕著なものになり，その割合の減少は止まらず，毎年，過去最低状態が続いている。また，1989年には，出生に関する最も重要な指数の一つといわれている合計特殊出生率が，戦後最低の1.58となった1966年のヒノエウマ（丙午）を下回り，もはや深刻な事態にあることを表して「1.57ショック」と呼んだ。以降，合計特殊出生率は低下を続け，2005年には1.26となり人口統計史上最低の水準を示すこととなった。その数字は2008年から回復する傾向にあるが，50年後の人口は，現在の約1億2,400万人（2019年）から推定して，出生率は1.44，人口は8,808万人との予測報告も見られる。バランスのとれた人口構成の下で活力ある未来社会を構想することが一層困難な時代にあって，出生数の減少が続く「子ども」の生活をいかに支援するかの問題は，その取り組みいかんによって，わが国の将来計画を根幹から揺るがしかねないだけに多方面からの検討を必要とすることになろう。

　制度としての社会福祉は，このような社会の変化に連動しながら提供（デリバリー）できるサービス内容を常に変えていくことを特徴の一つとしている。そして，その変更を加えるための基本的戦略は，人びとの生活要求や生活実態を十分に把握した上で設定すべきことはいうまでもない。

ところが，1970年代後半から始まった臨調行革と連動して推進される社会福祉の制度改革は，そのスタートの時期が「オイル・ショック」に端を発した国家経済の低成長期と重なったこともあり，ややもすると財源の効率的な運用を目指す「安上がり福祉」を志向した「福祉見直し」を基調とするものであった。このような状況の下で，我われは，提供されるサービスの質を決定する要件について，これを真に必要とする「人」「問題」「環境」の実態をいかに捉えるかという視点だけでなく，制度を策定する国家（為政者）の利害や狙い，そして，判断等が大きく介在する事実を見せつけられることになった。

　多くの関係者が制度の質的な充実を求めているにもかかわらず，財政再建を基本にした行政主導の形で着手されている社会福祉に関する現行の制度改革は，効率性と合理性を追求するばかりに，切り捨ての発想にも繋がるような多くの問題を内包しながら，国，地方自治体の区別なく全国的な規模で促進され，今日に至っている。社会福祉が提供するサービスには，一人ひとりがその生活の中に「快適性（アメニティ）」の確保を可能にする「質（クオリティ）」を備えているよう求められているにもかかわらずである。このように，現実の制度の水準と制度の利用者の要求水準が一段と乖離する状況は，いつの時代にも繰り返してされてきた問題であった。

（2）「核家族」から「現代家族」への移行期に顕在した「支援課題」

　わが国における家族・家庭を取り巻く状況は「多様化する家族形態」「液状化する家族」といわれる実態に象徴されるが，今や混迷の度合い深め，子ども達がその場で安心・安全を実感するには極めて難しい事態に置かれている。例えば，「人を殺してみたかった」と供述したと報道された長崎県佐世保市の女子高校生や名古屋市の女子大生が引き起こした殺害事件，あるいは，少年グループの内部トラブルが引き金になったとされた神奈川県川崎市の河川敷で起きた中学生殺害事件，さらに，出生届けが出されていない「居所不明児」による埼玉県川口市での祖父母殺害事件，等々である。

　わが国では，2000年頃に「核家族」の時代が終焉し，形態的には「現代家

族」の時代を迎えたといわれる。新たな形状をなす家族の特徴は，想定外の出来事に遭遇した際，家族員「個々」の耐性力の脆弱性が「家族全体」に機能不全状態をもたらし，紐帯も分解し，家族内で弱い立場にある者が「行き場」を失う傾向にあると指摘されている。

　このような状況を踏まえ，2000年にあった「社会福祉基礎構造改革」で強調された「地域に軸足を置いた社会福祉＝地域福祉の時代」の「招来」が強調されるようになった。しかし，この新基軸が「現代家族」とその空間から弾き出された「人」の抱える「課題」の解消に向けて有効な力になり得たのであろうか。関係者が推進する一連の取り組みは「現代家族」と，そこから分離されて生きる「人」の前で無力でしかないようにうかがえる。

（3）児童養護施設で暮らす子ども達が直面している「家族問題」

　現行法規の下で運営されている児童養護施設は，「施設の小規模化」「家庭的養育の推進」を果たすことで，「現代家族」が各々の暮らしの中で直面する前述した諸課題に十全に対処できる社会資源（social resources）として機能することができるのであろうか。そうでないとするならば，為政者が示してきた新たな「提言」や「指針」等の多くは，従前の取り組みに何が不足していたのかの「科学的な証拠」に基づく検証も不十分なまま取りまとめられたといえまいか。それだけではなく，社会福祉に関する為政者の深遠な「思惑」（「日本型社会福祉」の政策的ねらい）をソーシャルワーク専門職として「見透す」実践力の脆弱性も問題にせざるを得ない以下のような課題が，施設養護の過程に顕在している。

　　①　生きる意欲を根こそぎ喪失しかねない養育者による虐待，親しい関係
　　　　性の中で蔓延する暴力をともなうトラブル（＝ドメスティックバイオレン
　　　　スの目撃体験），「性」モラルの崩壊が引き出すトラブル（＝親，大人の性
　　　　交渉の目撃体験），成人年齢前の虐げられた性体験と不本意な妊娠・出産
　　　　を強いられた女性の生活崩壊，ひとり親（母子および父子）家庭の生活困

窮が誘因となって家庭内で育まれる「特定の対象者との愛情の絆」とのように説明される「アタッチメント（attachment）」の未形成がもたらす課題と，そのことと関連して浮上する「無気力な生活＝self neglect」問題，わが国とは異文化の外国から移住して暮らす親と子どもの問題，無戸籍児問題，陰湿化する非社会的・反社会的行動等々は，もはや児童養護施設が持つとされる「経験知（実践知）」だけでは対応しきれない困難さが露見している。

② 不登校，知的障害，小児性精神疾患，注意欠如・多動性障害（ADHD），心的外傷後ストレス障害（PTSD），自閉症スペクトラム障害（ASD）等によって醸し出される不可解で不安定な生活の営み，引きこもり問題，薬物依存や自殺願望（自傷行為を含む）等の問題。

（4）支援の「射程」を考える社会福祉の立場

　社会福祉サービスの大衆化・普遍化が進展する一方で，「豊かな社会」の中で潜在しがちな「伝統的な貧困問題」「事実としての生活困難」への切り捨てや排除，差別の問題が深刻化している。経済的な困窮のため自ら「生存」することだけにしか「力」を注げず，子育てに向き合うゆとりすらない親による遺棄や育児放棄（ネグレクト）の背景に見いだせる「伝統的な貧困問題」「事実としての生活困難」は，子どもと家族を取り巻く課題が複雑化する影にあって一段と深刻化している。

　このような状況が顕在しているからこそ，ソーシャルワーク実践が「射程」に据えるべき「社会問題の範囲」を明確にし，共有する必要がある。なぜならば，児童養護施設実践の「混乱」は，専門性の未定立（＝「経験，勘，骨，直感」を重視する他者への伝承が難しい「意味世界〈主観の領域〉」を過大視する実践への内省の欠如）が主因になっている側面があるためである。

　社会福祉における貧困研究の隆盛を受けて取りあげられる傾向が強い「子どもの貧困」への対応と，児童養護施設実践の役割関係を曖昧（しばしば声だかに唱えられる「最後の砦」機能は子どもと家族に問題があれば「何でも引き受ける」こと

を意味するのか）にすべきでない課題が浮上してきた印象を否めない。つまり，ここでいう「曖昧」さとは「機能」と「役割関係」の捉え方が整理されていないことを意味する。したがって，児童養護施設関係者は，かつて仲村優一が論じた社会福祉の三つの「補充性」（並立的補充性，補足的補充性，代替的補充性）を手がかりに，社会政策（研究）と異なる「貧困」への対応関係を精緻に論じるべきであろう。このような整理の延長上に児童養護施設におけるソーシャルワークの位置づけを明らかにできる道筋がある。

　加えて，東京都で初めて誕生した革新系知事の立場から社会福祉政策を推進し，その一方で都財政の破綻の元凶の如き評価を政権政党から受けた美濃部亮吉知事の退任（1979年）を契機に強調されてきたのが「バラマキ福祉の是正」「聖域ではない社会福祉関連予算の削減」なる政治的なスローガンであった。そこで，本書では，このようなコンセプトを基軸に計画される昨今の社会福祉関連政策の動向に対し，是認あるいは迎合する立場にあるような社会福祉関係者（ソーシャルワーカー，研究者）の「無批判」「改革しない改革論者」的パフォーマンスを，当事者は「声をあげて」糾弾すべき時代にあるとする立場に立って検討していきたい。

2　施設養護における発達支援

（1）発達についての理解

　我われは，時として，「子ども」を無限の可能性を秘めた存在として，そのような特徴を一種の感動を込めて語ることがある。確かに，彼らは，等しくかつ測りがたい可能性を秘めているといえよう。ところが，彼らを本能のままに放置し，「おとな」が彼らを特別な配慮の下で愛護に努めなかった場合，非人間的な要素が顕在しかねないことについて，これまで，幾つかの悲劇的な事例を通して知ることができた。例えば，記述内容に関する事の真実は別として，イタール（J. Itard）の『アヴェロンの野生児』やゲゼル（A. Gesell）の『狼に育てられた子』のような場合がそれである。これらの記述から，人間の子とし

て生まれながらも，人間の手による確かな文化の伝達が行われなければ，あるいは，「発達的に適切」な養育（bring up）が行われなければ「人間たるにふさわしい発達」が遂げられないことを学ぶことになった。

　ここで問題にすべきことは，結果次第で人間も狼化する可能性があるということではない。これらの野生児の事例から学ぶべきは，人間らしく生きることの方法こそが問われるべきという事実についてである。なぜならば，いかに生きるかの問題は，そこには常に当事者の主体的な選択が求められ，しかも，選択の結果次第では，非人間的な要素が付加されることになるためである。野生児の事例は，我われに，人間が「人間たるにふさわしい発達」をなし得るに際し，生来的に持つ本能に依存することよりも，出生後の生活体験を中心とした学習の成果に影響されることを明らかにした。しかも，その学習内容は，生活様式，言語，思考方法，ものの見方・感じ方や学問，芸術，思想等々によって構成されることも明らかになった。

　このような可塑性に富む「子ども」の発達に関する理解に立ち，我われは，「子ども」に「人間たるにふさわしい発達」を確保するための視点をいかに共有すべきであろうか。このことは，子どもの養護の意義そのものを問いかける課題でもある。

　第一に，「子ども」の場合，発達過程における初期段階で環境との交互作用（transaction）を通じて得られる経験および学習が，それ以降の生育の各段階で遭遇するさまざまな経験や学習の基礎となり，その質を規制する側面があることを考えるならば，「子ども」と環境との相互性に関する問題には細心の注意を払うことが必要となろう。

　第二に，人間も本能のまま放置すれば非人間化する要素を拡大する可能性が高まる生活の営みを通して，①このような側面を克服しながら自分自身の身の処し方を自らの生活体験を手がかりに検討することができ，また，②必ずしも一様に説明できない独自性と排他性が混在する営みを通して，平和的で相互依存的な生き方を可能にする方法を選択できる人間に変化・成長させることへの働きかけが必要となろう。

　ところで，前述したような場面で下す選択や判断の基準には，多様な価値観が介在せざるを得ない。それでもなお，非人間化への流れをくい止めることのできる基準があるとするならば，それは，各人の内面部に存在する「人間性」に依拠する以外に持つべき術はない。すると，無限の可能性を秘めると表現する「子ども」の発達について，その可能性をいかに豊かに引き出すかの課題を担う施設養護としての取り組みは，この「人間性」をいかに育むかの課題にも介在せざるを得ないことになる。

（2）発達課題への対応

　社会を構築し，その中で生きる動物としての「人間」が示す変化・成長の過程（段階）について，「発達課題（developmental task）」なる用語を用いて初めて説明したのは，教育社会学者のハヴィガースト（R. J. Havighurst）である。彼は，胎児の身体各部分の形成・発育には，一定の時期と順序があるとした解剖学の知見をヒントに，人生の過程，すなわち，人間として生きる営みの過程を表1-1（次頁）のように6段階に分け，それぞれの段階でクリアすべき課題を整理した。そして，これを「発達課題」と呼んだのである。

　我われが，「発達課題」について，このような理解を得ることにより，「子ども」の生活を支援（養護）する活動（practice of care for living）を開始すべき時期の決定や，一人ひとりの「子ども」が抱えている問題の発見，発達過程への評価等に役立てられるヒントを得ることになった。また，その発達の形態には，誰にも共通して見られる原則がある一方で，発達の道筋や速度等には個人差があり，個別性・独自性も見られる点を理解できることになった。さらに，「発達課題」には，当該期の課題が達成された場合，次の段階の課題達成が容易になったり，達成できなかった場合，次の段階の達成も困難になる等，「子ども」の育ちの特性理解について共有できる手がかりが与えられた。そのことは，子どもの養護に専門職の立場から携わる者にとって，一人ひとりの「子ども」が示す個性や性格等の個々別性を踏まえた上で，発達の底流にある原則に沿いながら「発達課題」の十全な達成に必要な条件や環境の整備に努める「目安」が

表1-1　ハヴィガーストの論じる「発達課題」の概要

発　達　段　階	発　達　課　題
乳児期（0～5歳） infancy and Early Childhood	①歩行の習得，②固形食物の摂取，③話し言葉の習得，④大小便排泄の自立，⑤性差の自覚，⑥社会や事物に関する言語的表現の学習，⑦読字学習の開始，⑧善・悪の学習と良心の形成。
児童期（6～12歳） Middle Childhood	①遊びに必要な身体的技能の習熟，②自己に対する健全な態度養成，③同年齢児との交友関係の形成，④性役割の学習，⑤読み，書き，計算の基本的能力の獲得，⑥人間生活に必要な概念の発達，⑦良心，道徳性，価値の基準の習得，⑧人格の独立性の達成，⑨集団や組織に対する態度の発達。
青年期（13～18歳） Adolescence	①同年齢男女との成熟した関係の形成，②性役割の理解，③自己の身体的構造についての理解，④成人からの情緒的独立，⑤職業の選択と経済的独立のための準備，⑥結婚と家庭生活のための準備，⑦成人として必要な知識の獲得，⑧自己の行動を律するための価値観や倫理観の形成，⑨社会的に責任のある行動への願望と実行。
壮年初期（19～29歳） Early Adulthood	①結婚相手の選択，②配偶者との生活の京成，③子どもの出産と家族の形成，④子どもの養育，⑤家庭の管理，⑥職業人としての出発，⑦社会的責任の分担。
中年期（30～60歳） Middle Adulthood	①10代の子どもの教育，②成人としての社会的責任の遂行，③一定の生活水準の確保，④成人としての余暇活動の充実，⑤配偶者との人格的結びつきの確立，⑥職業人としてのし出発，⑦老年の両親との関係の調整。
老年期（61歳以上） Later Maturity	①肉体的衰弱への対応，②退職生活と収入減少への適応，③配偶者の死に対する適応，④同年齢集団との親密な関係の確立，⑤社会的責任への関与，⑥満足な生活空間の確保。

出所：平山宗宏ほか編『現代子ども大百科』中央法規出版，1988年。

得られたことを意味する。

　現代社会に見られる「子ども」達を取り巻く問題の多くは，かつて想像もしなかった形態をもって出現している。このように，社会そのものに大きな歪みが見られる中で，「子ども」を養護する方法を，我われはいかに講ずべきであろうか。「子ども」が，真にその人格を尊重され，均衡のとれた発達を保障され，さらに，成長の場として望ましい家庭環境や生活環境を保障されるには，「おとな」や国家が総力をあげて取り組まなければならない課題は余りに多いといえよう。

　「子ども」の育ちに関する問題について，その意味と結果を最も深刻に受け

とめることになるのは「子ども」自身にほかならない。しかし，彼らは，自分に降りかかる問題の実態を正しく認識し，問題状況の解決を求め自ら行動を起こすこと等は基本的に考えにくい。さらに，現に問題が横たわっていても，その事実が，「子ども」以外の人びと（親や地域住民あるいは行政機関等）によって客観的に認識されない限り，放置され続けることも起きる。「おとな」社会の混迷が一段と深まる中で，その「おとな」の解釈を媒介に「子ども」の育ちに関する問題が浮上することになる意味を，ここで，あらためて噛みしめるべきであろう。

3　施設養護における生活と自立の支援

（1）生活についての理解

　我われは，日々，自分自身で打ち立てた生活上の目標を達成するため，常に何らかの行動を起こすことになる。これが，「生活過程」と呼ばれる営みである。そして，人間としての尊厳を維持するにふさわしい生計の確保を図るための「労働過程」と，より良い人生を送るために行う「消費過程」の統一者とも呼ばれる人間は，この「生活過程」を通じて，自己実現に向けて努力を続ける。自己実現とは，誰しもが等しく根源的かつ内在的に有する発達に向けての潜在的可能性のことであり，より良く生きたいとする人間としての基本的欲求を意味する。

　そして，このような努力を通じて，人間は，多様な出来事（events）と遭遇し，立ち向かう経験を蓄積することにより周囲の環境と適応できる能力を獲得することになる。ところが，「子ども」達を取り巻く生活環境は，順調な適応を促すことが困難に思えるほど混沌とした状況にある。しかし，いかに困難な状況にあっても，「子ども」達は，自らの生活の営みに必要な情報を揃え，その内容を整理し，適宜，自分の生活観や生活目標と照会しながら適切な行動を選択し，決定して行かなければならない。そして，それを円滑に進められる支援の体制も準備されていなければならない。

「子ども」の多くは，自分自身の養育者とともに，日々の生活そのものを順調に営むことが難しくなるような問題状況に繰り返し遭遇している。しかし，そのような時にあっても，多くの「子ども」は，それまでの生活を通して獲得できた「危難や危機を打開し処理する能力（論理的な技術や知識だけではなく，〈発達課題〉をクリアする過程で育まれた〈経験〉や〈骨〉〈勘〉〈直感〉と呼ばれるものも含まれる）」を活用することによって，実際に直面している危難や危機から無事に抜け出ることもある。その一方で，決して例外的な事態でなく，遭遇した危難の大きさと，自ら身につけた問題を処理する能力との間に不均衡関係が生じたため，いわゆる問題の渦中に置かれる「子ども」も我々の周囲には数多く存在する。

　すると，生活上の危難や危機とは，次のように説明することができる。

　すなわち，我われは，日々の生活過程で，あるいは，成長・発達の過程で多様な出来事に遭遇することになるが，その生活過程で獲得した「通常の問題を処理する能力」だけでは解決できない事態に直面している状態のことを意味しよう。このような理解を得ることにより，生活上の諸困難とは，一次的には社会体制の成立過程や構造に規定され，二次的には生活構造や生活意識に規定される特質を持つことが明らかになる。

　したがって，子どもの育ちを養護する支援活動は，いつの時代（あるいは年齢）にあっても遭遇せざるを得ない何らかの危難や危機を処理できる能力をいかに育むべきか，そのために必要な機会や場の確保・提供に努める課題を担うことになる。しかも，前述した二次的な特質については，これを日々の生活過程で生じた生活機能障害と捉えるならば，求められる支援活動は，「子ども」のみをターゲット（target）にするのでなく，彼らを取り巻く環境としての家族や集団（組織），あるいは，地域社会に対しても直接的に働きかける方法が模索される必要があろう。

（2）自立についての理解

　生活型児童福祉施設における実践は，常に子ども達の退所を想定しながら取

り組まれていることを考えるならば，実践目標には，一貫して「自律」あるい
は「自立」を掲げていたと考えることもできよう。「自立」とは，1997年に実
施された児童福祉法の改正時に登場した用語とすると，それを従前の取り組み
と同じ指標と見なすべきか否かは議論が分かれるところである。依然としてサ
ービス提供者側の優位性を残すことになったが，法の改正が，当事者中心の意
味するところを受けとめ，子どもの養護について，主体性，自己実現を支える
視点の導入を促したことは評価されるべきといえよう。

　ここでいう「自立」は，単なる「経済的自立」や「独立自活」を意味せず，
「多様性」に着目して説明すべき特徴がある。「多様性」とは，物の見方や考え
方そして価値観等の相違だけでなく，生活の仕方，嗜好あるいは容姿までも含
めて，そこに明確な「違い」が存在することを示している。したがって，人間
とは，このような多くの「違い」が集合することによって形成される環境との
間の交互作用（transaction）を通して安寧を維持し，発達していく存在なので
あり，多様な人間が存在することが，自分らしさを獲得する上で重要な要素に
なると説明することができよう。言い換えるならば，それぞれの人間が自らの
独自性を発揮し，あるいは，そのため他者と衝突し合う経験を繰り返しながら
生きる重要性も学ぶことで，環境としてのバランスが成り立っている社会を実
感する機会となる。そしてそれは，一人ひとりが決して束のように取り扱われ
ることのない社会・組織・集団が形成されていて実現可能になる事実を意味す
る。このような関係の中で，初めて「生活要求の充足を通して果たされる人間
たるにふさわしい全面発達と自己実現」が促進されることも銘記すべきである。

　すると，生活型児童福祉施設において，専門職の立場から「子ども」達を支
援する活動とは，前述した「自立」を図る過程で，彼らが何らかの不調和と遭
遇した場合，その状況を調整するための介入を試みる取り組みと言い直すこと
もできる。そして，その介入場面で，いかなる「関係」や「体験」あるいは
「場」を提供することによって，不調和状況をクリアできる「能力」を育める
かが具体的な支援課題になる。なお，ここでは，施設職員として施設における
子ども達との暮らし（＝集団生活）を通して見いだした「人」「問題」「環境（状

況）」といかに向き合うべきかについて，それを実践指針（guidance）として以下のようにまとめておきたい。

① 子ども達が積極的に関係を持ちたいと願う，選択するに幅のある「おとな」が身近に多数存在し，安定して許容的な関係・場を実感できる生活環境の創出に努める。
② 外的条件によって敏感に反応する生活状況をきめ細かく観察し，子ども達が真に求めているものに積極的かつ即時的に対応できるよう努める。
③ 日常生活の中に，具体的に分かりやすく示された自分への特別な配慮を実感しつつ，子ども達一人ひとりが自分の状況に相応しい「居場所」を見いだせるように努める。
④ 施設における生活リズムや生活環境の基調づくりは，子ども達との関係形成に努める過程で創出する。
⑤ 個別化・差別化の視点に立ち，受容を基軸とする実践を通して，子ども達同士の関係を正しく密接なものとなるよう促し，かつ，社会関係・人間関係への参加に自信を持つことに繋がる「居場所」の拡大に努める。

したがって，自立とは，「子ども」自身の努力を基本に，持てる能力や多様な物的人的資源や制度・情報等を活用し，自らの選択を前提とした自己決定の下で生活できることを意味することになる。そのためには，施設職員間にあって，「安心」「安全」「ゆったり」「いきいき」「穏やか」「のどか」の言葉に象徴される「暮らし」を，施設生活の中で子ども達が実感できる実践方法・方略を共有できていることが必要となる。自立に向けて本人が努力した時，その努力が確実に実る条件や環境の整備に努めることを自立支援とするならば，施設養護は，このようなことの合意が前提に展開されなければならない。

4　施設養護におけるソーシャルワーク実践

　現在，全国の児童養護施設に入所する子ども達の半数以上が「被虐待児」と
もいわれている。そのための対応として，後追い的な感は否めないが，これま
で，厚生労働省から複数の「通知」が発出されてきた。例えば，従前と同様に，
子ども達を問題ある「場（setting＝家庭）」から分離する「行政処分（措置）」と
並行して，支援の機動性を高めるため，子ども家庭福祉領域に連なる専門職や
機関・施設の「連携」「協働」の必要性を強調する施策もその一つである。し
かし，子ども達やその家族の暮らしに噴出している「生活課題（life task）」は，
新たに発出された「通知」やそれを受けて関係者が提起する現行制度への少し
ばかりの施策変更だけでいかんともしがたい様相を呈している。児童養護施設
が織りなす生活支援，自立支援，家族支援の過程で散見される「家族崩壊」問
題から「家族の液状化」問題へと深刻化する事態が解消されないままにある現
実がそれを物語っている。

　ところが，社会福祉の支援，とりわけソーシャルワークを駆使したそれは，
「施設養護の実態にフィットしない綺麗事」でしかないとして，精緻な検証も
ないまま，久しく取り込まれないままにあった。さらに，わが国の社会福祉学
研究では，その発展過程で生起した「社会福祉の本質論争」を契機に「政策
論」「技術論」なる用語の下に二律背反的な対立軸が定着した。「政策論」から
の揶揄的な表現を含意する「技術論」の範疇に含まれるソーシャルワークは，
以後，非学問的・非科学的なものとして一蹴され，併せて，ソーシャルワーク
を「対人援助」の「技術」として捉えることも社会福祉学研究にあって「自
明」視する傾向が定着した。

　しかし，筆者は，このような一連の論議の経過に些か懐疑的な立場をとり続
けてきた。ソーシャルワークとはそもそも「対人援助」のことをいい，そのた
めの「技術」をもって構成されるものなのか。ここでいう「技術」とは，ソー
シャルワーカーが支援過程で駆使する手段・道具（media）の一種とするなら

ば，それはいかなる意味で専門職としての固有性・独自性を醸成することに繋がるのか。「ソーシャルワーク」を学ぶこととは「技術」の習得に専心することなのか。専心することで，ソーシャルワーカーは，自らの立ち位置を確認できる「アイデンティティ（＝デモクラシーの発展への貢献）」の共有が可能になるのか。このような問いかけに対して，ソーシャルワーク研究を専門とする学識経験者からの積極的反応がないことに疑念を感じながら，筆者の回答は，いずれも「否」であることを明らかにしておきたい。その主な理由は以下の通りである。

　基本的人権の尊重なる視点を制度運営上に体現している社会福祉とは，社会における福祉（well-being）の総体を表すのでなく，市民一人ひとりの「福祉」を保障するシステムのことをいう。ところが，憲法第25条第2項に準拠して制度化されたシステムの運用場面で，すべての個人の事情に応じつつ十全に機能することは容易とならない。そのような中にあり，ここでいう運用場面で取り込まれるソーシャルワークは，多様な形態からなる分業と協働による成果を蓄積し，当事者主体の視点に立って，何よりも当事者の「現実」に寄り添いながら遂行するシステムや組織の再編に貢献してきた。民主主義（democracy）の哲学的な理念とも称される「社会正義」や「社会的公正」の実現を志向し，一人ひとりの独自性や尊厳を守るため各人の困難を跳ね返す力（resiliency）の諸相を評価しつつ，ストレングス（strength）の強化に努め，自己決定を尊重する立場から自己実現に向けた支援を試みること，すなわち，社会的に機能する能力（social functioning：本書では，これを「生活形成能力」「生活設計能力」と表現する）の再生化・活性化（treatment）と社会変革（social change）に貢献してきた。これをソーシャルワークの「大義（cause）」と呼んでおきたい。

　ところで，ソーシャルワークは，洋の東西を問わず，時空を超えて一貫して支援の対象となる「人」「問題」「環境・状況（時間・空間・関係）」の「個々別性（individuality）」に着目し，類似する支援論との差別化に努めてきた。そのため，ソーシャルワーカーは，当事者の生活実感として「他人には理解することのできない個人的事情による私だけの生活上の問題」のように受けとめられ

図1-1　現代社会における「人」と「環境」の相互接触面における連鎖的な交互作用

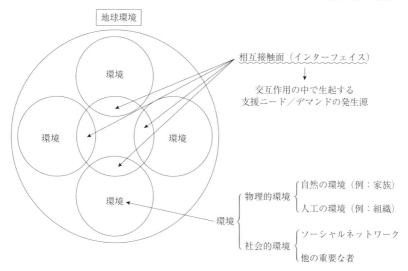

がちな「生活課題（life task）」について，これを支援が必要となる当事者と「環境」の相互接触面に生じた交互作用（図1-1）によって生起した「デマンド（demand）」として受けとめ，問題の渦中に置かれている当事者とともに相互の役割関係に留意しながら解消方法を検討してきた。言い換えれば，それは，時として厳しく対峙することもある当事者との協働作業を意味する，支援の「過程」および当事者とワーカーの「関係性」のあり方へのこだわりを体現するものであった。

　なお，ここでいう「生活課題」とは，次のような三層構造をもって説明される概念であり，支援課題の特徴を理解する際の分析視点になる。

① 発達課題：年齢（発達段階）に応じた生活のこなしの混乱。
② 状況課題：当該児独特の不定形な混乱状態＝居室での生活場面でのかかわり困難事項。
③ 普遍的課題：誰もが抱える／施設生活の中で体現されやすい／入所児が共通して抱える混乱。

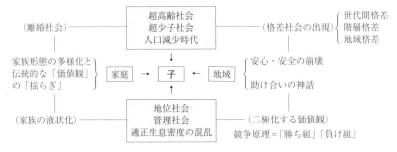

図1-2　現代社会における「人」と「環境」の相互接触面における連鎖的な交互作用

※図中の→，↓，←，↑は相互接触面を表す。

　また，図1-1で示した「人と環境の相互接触面」について，これを児童養護施設で暮らす子どもたちの「生きる諸相」に焦点化して説明すると図1-2のようになる。

　現在，わが国における子ども達を取り巻く状況は，社会的・経済的・文化的な変動が著しい中にあって好もしいものばかりではなく，逆に，深刻な危機が蔓延している実態がある。特に，先覚の努力によって宣言された児童憲章や児児童権利宣言も空文化し，むしろ，その存在すら知らない人びとが多くなってきている。物質的な豊かさの陰に，子どもを取り巻く生活環境は，発達・成長上に深刻な危機が広がっている。

　超高齢・少子社会状況の進展は，階層格差や地域格差等を包み込む格差社会を出現させ，暮らしの中に多様な形の「歪み」を生起させた。我われは，このような現代社会における人びとの生活について，多様な表現を用いながら次のようにも形容する。ほんの少しの地位の差にも一喜一憂することになる「地位社会」，人間性の喪失にも繋がる「管理社会」，過密や過疎の問題をもたらした「適性生息密度の混乱社会」等々がそれである。結果，競争原理を基底に持つ「競争社会」が定着し，随所にもたらされた人間関係の崩壊は，暮らしの中に「深刻で静かな危機」を招来させることになった。そして，このような事態は，家庭の中に離婚率の高まりや法律婚が想定した形態に留まらない多様な志向性を持つ家族を生み出すことになった。それは，家族にまつわる伝統的な価値の

「揺らぎ」とも呼ぶべき事態といえよう。一方で，生活の拠点となる地域社会は「安全神話の崩壊」なる表現に象徴されるように，安心・安全に包まれた生活環境と呼ぶには難しい混乱が垣間見られる。

　このように説明できる社会状況は，その「人」と取り巻く「環境」の接触面における不適切な交互作用によって生起する側面がある。そのため，支援を必要とする状況（環境）とは，心理的・身体的・社会的領域の課題を合わせ持っている場合が多い。そのため，ソーシャルワーカーは，当事者が訴える課題について，まず，周辺的な部分と中心的な部分の二側面から分析・検討する必要に迫られる。

　したがって，ソーシャルワーカーは，当事者が訴える事実関係や，当事者自身が意識しているかもしれないし意識していないかもしれない，あるいは口に出して表現しないかもしれない「思い」を受けとめ，どのような周辺的あるいは中心的な課題に直面しているのか，真に求めているものは何かを把握できるようにかかわることが求められる。これは，支援を開始するにあたって，ソーシャルワーカーとして取り組まなければならない「支援の入り口」を整える基本的作業と称しておきたい。つまり，支援を必要とする状況を当事者の歩幅に合わせて「探り」つつ，その結果，明らかなった要因を当事者とともに「取り除く」作業全体をデザインする取り組みを意味することになる。

　そのため，当事者が直面している課題と状況（環境）をソーシャルワーカーとして確認・理解するため，「人」としての当事者と日常的な生活状況としての「環境」との接触面（interface）に発生する不均衡な状態について必要な情報・資料の収集に努めることになる。その過程でソーシャルワーカーとして行う基本的作業には，次のようなものが考えられる。

　一つは，当事者の「主訴」を検討し，持ち込まれた課題がソーシャルワーカーとして取り扱うことができる課題か否かを確認すること。二つは，支援を開始する前に，得られた情報を活用して当事者理解に努めたり，課題解決のための支援計画を策定したり，必要な基礎資料を収集したりすることである。

　このような作業の過程では，ソーシャルワーカーとして，当事者本人が表現

した考え方や自らの行動に関連して示された主観的な見方，反応の仕方等を重視するよう求められることになる。つまり，それらが客観的な事実であるか否かよりも，主観的な意味を批判・非難することなく受け止めることの重要さを意味している。それは，当事者がソーシャルワーカーに自分の最も話したいことを聞いてもらった，理解してもらったという経験を実感できることが何よりも必要となるからである。そのため，当事者が持ち込んだ課題を次のような四つに分けて検討することもできる。

① 表現された訴え（complaint）
② 悩み，困っていること（trouble）
③ 必要不可欠なこと（need）
④ 要求（demand）

　すると，ソーシャルワークが「射程」に据えるべき「要求（demand）」とは，次のような説明が可能となる。すなわち，人として抱え込んだ「need」について，当事者の生活実態とは無関係に，ソーシャルワーカーは，これまで，その状態を判断・分析し，説明することを当然のように扱ってきた。しかし，「demand」とは，そのような取り組みと異なり，当事者が「人」として当然のように求めてよい需要を意味し，ソーシャルワーカーの判断が優先して支援が供給されるものでない点に「need」との相違がある。

　なお，このようなかかわり（捉え方）と並行して，現在，ジェノグラム，エコマップ，ネットワークマップに代表される「マッピング」の技法が開発されてきた。当事者の生活を取り巻く環境内にある社会資源の掘り起こしを図ったり，課題解決を阻む障害物を検討する際の資料として活用したりする技法のことをいい，課題の構造を鳥瞰図的に，あるいは，視覚的に把握することを最大の特徴としている。例えば，当事者の生活に影響を及ぼしている家族関係に代表されるような「鍵となるシステム」と，その周辺にあるシステムとの相互関係の全容を紙面上に描き出すことによって，より適切なアセスメントが可能に

なる。また，このような取り組みを通じて，やがて，ソーシャルワーカーとして当事者が抱える課題の性格を明らかにすることができたり，当事者の課題への対処能力が評価できたり，どの程度の課題解決と状況の変化が可能なのかを予測できるようになる。

　しかし，ソーシャルワーカーとして保持すべきアセスメント能力についていえば，このような技法を支援過程に取り込めないほどの脆弱ぶりが，領域の違いを越えて多くの実践現場で露見している。社会福祉士の登用も進みつつある児童養護施設においても同様の課題が散見され，ソーシャルワーカーとしての専門性の共有に向けた作業を困難にする要因の一つになっている。

<table>
<tr><td>第2章</td><td>継承すべき先覚者の実践思想
——先駆的な取り組みから学ぶべきもの</td></tr>
</table>

1　先覚から学ぶことの意義

　社会福祉の「支援活動」は，専門職としての取り組みである以上，日常的レベルで繰り広げられる自身の経験や信条，信念（これを本書では個人的「意味世界」と表記する）等によって醸し出される「人」一般としての営為との間に，明らかに異なる遂行形式を持っている必要があろう。なお，ここでいう「意味世界」とは，各人固有の認識の特性を育む主観性の領域（「経験，勘，骨，直感」，信念，信条等）のことであり，その人「らしく考える」「らしく行動する」要素を規定する「動機」「知識」「経験」によって構成される。

　したがって，いかなる専門職であっても，当然「どのように実践するのか」を考えるわけであるが，この場面で俎上するのが「理論」といえよう。我われは，哲学者・カント（I. Kant）が『純粋理性批判』の中で「概念なき直観は盲目であり，直観なき概念は空虚である」と論じ，理性（概念）を批判，吟味する立場をとったが，その意味するものを今一度考えてみるべきかもしれない。カントの主張を意訳すると「実践なき思索は空虚であり，思索なき実践は盲目である」「実践なき理論は空虚であり，理論なき実践は盲目である」となろう。理論のない実践，それは盲目的であり，本能的であり，主観的でしかない。専門職としての営為は，どこまでも理論と理想の上に立って展開されなければならない。施設養護の過程に参画するスタッフの場合も同様である。

　このような認識に立脚した専門職としての「秩序ある行為」が，「人」一般の「行為」と異質な特質を形成する手がかりは何に求められようか。社会福祉専門職による「支援活動」は，今や広範な領域に無数に存在するが，その底流

にいかなる共通した「行為」の源泉を読み取れるであろうか。

　社会福祉の研究や実践，制度は，時代の動きを鋭敏に読み取り，柔軟に変化しなければならない側面を持つ。しかし，そのあり様を導いた目的意識や現実認識を論じる視座には，今なお継承すべきものが多く見いだせ，時代を超えて引き継がれるべきものも多い。したがって，確固たる態度をもって「変えてはならないもの」を貫き通すスタンスをいかに育むかは重要なテーマになるが，その取り組みを社会福祉の実践現場では軽んじてきたかもしれない実態が顕在している。我われが継承すべきものを幾人かの先覚者が取り組んできた「支援活動」の中から検証してみたい。

2　欧米における先覚者と実践思想

（1）バーネット（S. Barnett：1844〜1913)

　バーネットは，キリスト教社会主義者としてセツルメント運動を展開したが，資本主義社会の矛盾，とりわけ，貧困問題に強い関心を持つことで社会改良に熱意を注いだトインビー（A. Toynbee）等に影響を与えたことで知られている。トインビー死後の1884年には，「セツルメントの生みの親」とも呼ばれる彼の名を付した「トインビー・ホール（隣保館）」がロンドンに建設される。バーネットは，その初代館長を務めることになるが，後に「トインビー・ホール」の精神的支柱であり，活動の指導精神の源泉と評される取り組みを始める。

　セツルメント運動とは，知識と人格を兼備した教養のある人間が，多くの貧民の居住するスラムに住み着き，ともに生活し，隣人として交わることによって，彼らと知的および人格的な接触を保ちながら社会改良に努めることを目標に取り組まれた。この運動は「トインビー・ホール」を拠点としながら，バーネット（夫婦）の指導とケンブリッジおよびオックスフォードの両大学関係者（学生）の協力を得て発展するが，やがて世界的に影響を及ぼすことになる。

　このように，セツルメント運動は，一面においてインテリを中心としたブルジョア的知識人の手による取り組みのようにもうかがえるが，社会の矛盾を真

正面から受けとめた姿勢は「慈善事業に社会改良的視点と民主主義的な対象者観をもたらし，20世紀の近代的社会事業の成立」に貢献することとなった。なお，このようなセツルメント運動の成果は，グループワークおよびコミュニティ・オーガニゼーションの理論と実践を体系化する基盤を整える上で重要な視座をもたらすことになった。

（2）バーナード（T. J. Barnardo：1845〜1905）

　ロンドンで医師になるための修業を続けていたバーナードは，その際に孤児の生活の様子を知り，1870年に浮浪児や貧児のためのホームを開設する。これが，後の児童養護施設の先駆をなした「バーナード・ホーム」である。ホームの入り口には「いかなる困窮児も入所を拒否されることはない」と記した看板を掲げ，世界の模範となる児童福祉施設の運営を図った。例えば，小舎制の採用，里親制度，職業教育，アフター・ケア等の取り組みを行いながら子ども達の完全な社会的自立に責任を持とうとしたのである。

　なお，バーナードによるこのような取り組みは，やや個人主義的でひらめきを重視する専制的（独断的）色彩が強かったともいわれている。しかし，それは，19世紀後半のイギリス社会に見られた自由主義の形式的な民主制から生じた悪平等を批判することによってもたらされたものであり，社会事業の近代化を推し進めるにあたり世界的に大きな影響を及ぼした点で重要な役割を果たしたといえよう。

（3）リッチモンド（M. E. Richmond：1861〜1928）

　リッチモンドは，19世紀後半からアメリカ合衆国で展開されたCOS運動の発展に貢献した。特に，この運動の中核をなした友愛訪問活動（friendly visiting）が，依然として友愛訪問員（friendly visitor）の「人格的感化力」を媒介とする慈善的価値観から脱し切れない状態にあったものを，よりいっそう専門的な水準に高めるための努力を行い，慈善事業の民主化・科学化を図ることで初期の社会事業への脱皮を指導した人物といわれる。

彼女の壮大な構想は，このような取り組みを通じて，ケースワークを体系化することに繋がった。『Social Diagnosis』（1917年）および『What is Social Case Work ?』（1922年）の二つの著書は，今もケースワーク理論の古典とみなされており，そのため，我われは，リッチモンドを「ケースワークの母」と呼んだりもしている。さらに，ケースワークが心理主義的な側面に走りすぎた反省に立ち，再びケースワーク本来の機能に目を向けようとした際，その一つの切り口に「リッチモンドに帰れ」なる視座が提唱されることになるが，ここからも彼女の貢献度の大きさをうかがい知ることができよう。

　彼女の理論の特徴は，民主主義の理念を基本に，ケースワークと社会改良を相互に関連するものとして捉える点にある(3)。そして，人間の生活過程に生じる課題を，単に個人の能力や責任に起因するものとせず，社会環境との相互作用によってもたらされたものと言及したことは特筆すべきものがあった。なお，ケースワークを，いわゆる貧困者一般ではなく，個々別々の状況と性格を持つ者に対する個別指導を進める方法として確立させたのは，隣友運動のチャルマーズ（C. Thomas）や住宅改良運動のオクタビア・ヒル（O. Hill）の業績を学んだことが契機になったとされている(4)。

3　わが国における先覚者と実践思想①——明治期～大正期

（1）留岡幸助（1864～1934）

　1864年に岡山県で生まれた留岡幸助は，同志社神学校を卒業する。生涯をキリスト者として信仰を貫き，監獄改良事業，感化教育事業等の開拓者・先駆者であるとともに，近代社会事業の創設者であり理論家として貢献した。

　同志社で新島襄らの影響を受けた留岡は，1891年，北海道空知にある集治監の教誨師となった。当時の教誨師は，服役中の囚人に対して改過遷善の道を説くことを主たる任務とする関係上，宗教家が多く携わることになる。それら教誨師の中で，留岡は，教誨事業に多くの工夫を重ね，個人面接も取り入れる等の体験を積む。その一方，囚人の生育歴を調べ，少年期に非行に走る事実を知

り，少年感化の研究を行うため渡米留学。そこで2年にわたり監獄学研究に取り組んだ。

　帰国後の1899年には，東京巣鴨に東京家庭学校を創設した。ここで，留岡は「家庭にして学校，学校にして家庭」という考え方に立ち，施設の中で非行少年一人ひとりにかかわりを持ちながら留学の成果を生かそうとした。さらに，1914年には，北海道庁より広大な原野の払い下げを受け，現在の紋別郡遠軽町に北海道家庭学校を創設し，教育農場としての実践に着手した。やがて，農業労働を中心とした家庭学校の教育方針を立てる（それは敷地内にある礼拝堂に掲げられている額縁に留岡の直筆で「流汗悟導」と記されていることから思いを寄せることができる）ことになるが，それは，留岡が二宮尊徳の報徳社に傾倒していたことと無縁でなかった（なお，東京家庭学校は児童養護施設として，北海道家庭学校は児童自立支援施設〈かつての教護院〉として現存する）。

　こうして，留岡は，教護処遇の先駆的な指導者として不動の地位を築くことになる。さらに，慈善事業の非合理的な自己犠牲やセンチメンタリズムを鋭く批判し，わが国における最も代表的な「学術的慈善事業」の提唱者としても大きな足跡を残した。[5]

（2）石井十次（1865〜1914）

　石井十次は，慈善事業の実践者としてヒューマニズムと慈善事業の結合を図り，処遇技術を重視すること等において先駆的な活動に取り組んだ人として広く知られている。岡山医学校で修学中に一人の孤児を救済した石井は，このことが契機となり1887年に岡山孤児院を創設する。以後，生涯を孤児の救済事業に捧げるが，熱心なプロテスタントであった石井は，幾度となく神の啓示を受けたとして，しだいに事業の規模も拡大する。1906年には施設定員400名に対して1,200名の入所児を抱える世界的な児童施設になった。その功績から「児童福祉の父」といわれ，アリス・ペティ・アダムス（A. B. Adams），留岡幸助，山室軍平とともに「岡山四聖人」と称される。

　石井は，子ども達をいかに社会的に自立させるかを考えながら，さまざまな

工夫を行っている。特に，孤児院の理想をイギリスの「バーナード・ホーム」に求め，そこでの取り組みの多くを採用した。例えば，里親制度や小舎制等がそれである。石井は，このような試みを「岡山孤児院十二則」と命名してまとめた。すなわち，「家族主義」「委託主義」「満腹主義」「実行主義」「非体罰主義」「宗教主義」「密室教育」「旅行教育」「米洗教育」「小学教育」「実業教育」「托鉢教育」がそれである。これらの多くは，今日の施設養護における活動指針として取り込むことも可能といえよう。また，社会が必要とする状況（濃尾大地震，日露戦争，東北大飢饉等への対応）があるならば，いかなる孤児・貧児でも引き受けるとする考えから「無制限収容」を宣言した。

　しかし，石井は，このような取り組みを行いつつ，岡山孤児院の存在にも疑問を抱いていた。やがて，孤児院という集団養護に問題があると考えるようになる。その後，孤児院を故郷に近い日向茶臼原に移転したり，大阪のスラムに保育所や夜学校を経営するセツルメント活動を開始したり等，新しい事業に着手することになった。

　なお，明治年間の出来事であったが，石井が「バーナード・ホーム」の存在を知り得る上で重要な役割を果たしたのが日本救世軍の創設者として知られるイギリス・ロンドンから帰国した山室軍平であった。山室はバーナードの孤児院を訪ねた際のことと併せて，石井について以下のように記しているのは興味深い史実である[6]。

　　「私が明治三十七年に，初めて倫敦(ろんどん)に行つた時に（略）ドクトル・バーナードの孤児院を訪ね（略）バーナードの傳二冊を買求めました。（略）一部は持歸つて石井君にお土産にせん爲であつた。處が同孤児院の役員が（略）奮い年報のやうなものを二，三冊，無料でくれた。それを持つて歸つて（略）一緒に石井君に贈ると（略）奮い年報の中から所謂『家族主義』といふことを見つけ，直ちにそれを實際に行ふて，それ迄は數百人の孤児を一つの大きな家に，ごつちやに住ませて居つたのを改めて，十二人か，十五人か，年齢の成るたけ異る兒童を組合せて，之に一人宛主母を添へて

一つ軒下に住はせ，出來るだけ彼等を家族的に世話すること〻なつたのであります。（略）之を實際に行ふた最初の人は石井君にて，（略）私が無料でもらうて來た，何でもない奮い孤兒院の年報の中から之を得來つたのでありました（原文のまま，ルビは筆者）。」

4　わが国における先覚者と実践思想②——昭和期

（1）高木憲次 (1889〜1963)

　高木憲次は，東京帝国大学医学部を卒業後，整形外科教室に入局する。患者との接触の中で肢体不自由者の治療に情熱を燃やし，特に，1916年以降にあっては，東京のスラム等において肢体不自由者の診療，調査にあたった。

　1922年，ドイツ留学からの帰国後，治療，教育，職業訓練を一体化したクリユッペルハイムの設立を提唱した。さらに，1942年には，わが国で最初の療育施設である整肢療護園を開設した。1952年に復興した療護園は，療育担当部門に日本のリハビリテーションの典型となる克服部を持ち，高木が長年にわたって追い求めてきた夢と理想がここに実現することになった。

　また，児童憲章の制定の際には，草案の段階にあった「心身の機能に欠陥のある児童」という表現に対して「欠陥があるのではない。不自由なだけだ。不十分なだけだ」と主張し，その結果，現行憲章にある「身体が不自由な場合または精神の機能が不十分な場合」と変更されることになった。このような事実こそ，高木の強い信念，障害者への愛情と理解，知識と説得力を余すことなく表しているといえよう[7]。

（2）糸賀一雄 (1914〜1968)

　高校（旧制）時代にキリスト教徒になった糸賀一雄は，京都帝国大学文学部哲学科を卒業後，滋賀県の吏員に就労する。やがて，第2次世界大戦後の混乱した社会の中で，困難で未開拓な知的に遅れのある人びとの「福祉（well-being）」の保障に情熱を燃やした。知的に遅れのある子ども達の「福祉」と「教

育」に一生を捧げ，戦後わが国の障害者福祉を切り開いた第一人者として知られ，「社会福祉の父」とも呼ばれる。

糸賀一雄は，1946年に近江学園を建設し，「重症心身障害児」と向き合い，実践しつつ「発達保障」なる用語を駆使して社会福祉関係者に止まらない多くの人びとに喚起を促し問題提起を試みた。

この「発達保障」の意味は，糸賀の提起したメッセージ「この子らを世の光に」について解釈を加えることによって一層鮮明になる。「世の光」とは聖書から引用したものとされているが，その淵現にある「理念」は次のような側面から成り立っている。すなわち，第一は，この子らを生活主体者（＝自己実現の主体，人権の主体）として受けとめることであり，第二は，潜在的可能性を持ったこの子らの個別的課題と向き合いつつ，発達と権利の保障を徹底的に実現することを目指して実践することであり，第三は，社会がそのような考え方を認め合い，実現するため人びとの福祉意識の変革や福祉社会の構築に向けた役割を果たすこと，である。⁽⁸⁾

その後も，多くの施設を創設しながら，知的に遅れのある子ども達に必要な社会福祉と教育の理論と実践の統合を目指し，学識経験者とともに当時でいう「精神薄弱児問題」の研究を行うが，その過程で言及された「療育」や「発達保障」の理論は著名である。さらに，心身障害児の早期発見・早期治療の重要性を強調し，滋賀県大津市において，医師・保健所・心理学者によるチームワークで「乳幼児発達検査」を実施し「発達相談室」を開設した。

晩年，糸賀は，著書の中で次のような社会福祉に関する思想をまとめている。すなわち，「生命と自由を尊重しない社会の現実の中で，施設社会事業はその極限的な状況の中に投げ出されている人びとの生命と自由を尊重し，そのことをとおして，社会に呼びかける役割をになっているのである⁽⁹⁾」と。加えて，それは具体的な呼びかけであるとして「見せかけのヒューマニズムに抗議し，挑戦し，人間の生命の真実を示したいと願うことが施設の積極的な存在理由である」「施設ははきだめではない⁽¹⁰⁾」とした。

このようにして，糸賀は，社会から一段と低く見られ，哀れむべき存在と考

えられていた心身障害児の中に，真の人間のあり方を見いだすことになった。知的な遅れのために課題を抱える子ども達が示す立派な生き方を説き続けること，すなわち「この子らを世の光に」することは，いかなる子どもにも成長し発達する権利を認めることに繋がると考え，やがて「発達保障」の思想を体系化することになった。

5　継承すべき「支援活動」を支える価値と思想

（1）均しく自由な生活の探求

　社会制度としての社会福祉は，いかなる場面においても，これを利用する者の立場からすると日常の暮らしの中で自身にとって現実的に意味ある形で機能することが求められている。言い換えれば，社会福祉とは，地縁血縁的関係を超えて，同じ時代や空間の中を生きる者同士が「悲しみを分かち合い」「寄り添い」ながら，再び同じような困難・課題に遭遇しないで済む生活の再建を促す働きを意味するとの説明も可能になる。したがって，社会福祉の制度や政策として整備された諸サービスと，これらを何らかの理由により利用することを迫られた生活者とをいかに有機的に連結できるのか，この両者の「橋渡し」をする作業が社会福祉における支援活動であり，その主たる担い手が社会福祉専門職とかソーシャルワーカー，社会福祉士等と呼ばれる人材である。

　社会福祉の支援活動は，確かにこのような行為がしだいに蓄積される中で独自性が付加され，専門性に裏づけられた取り組みとして体系化されることになった。そこには，神の下で平等に作られた同胞としてお互いに手をさしのべ合うことが動機となって始まった姿があり，ここでいう支援活動のルーツとなっている歴史がある。そして，時間の経過とともに，このような行為は，社会変動と呼応して個人的な動機に基づくよりも，社会的な性格や役割を帯びる側面を持つことになる。

　このように，人間として他者を支える行為や活動に変化が生じてきたのは，人間としての尊厳を保ち，かつ，個々人の個性が十分尊重される生活を営むに

あたり，平和的で相互扶助的な方法を拠り所に「均しく」かつ「自由に」生きることが何よりも必要になるという点で一致できたことを意味する。そして，このような事実は，法律や宣言がまとめられたことを受けて重視されてきたとするよりも，理論よりも先立つ概念としてア・プリオリ（a priori）であり尊重されるべき事柄であることが広く認識された反映といえよう。

　ブトゥリム（Z. T. Butrym）は，このような人間の本質に内在する普遍的ともいえる価値体系から，ソーシャルワーク実践の基礎であり前提となる価値を次のように整理している。すなわち，①人間尊重，②人間の社会性，③変化の可能性である。

　①において，人間とは，一体何ができるか，あるいは，何をするかにかかわりなく，生まれながらに価値ある存在として尊重されるべきことの意味を説く。②において，人間とは，それぞれ独自性を持った存在であるが，その独自性を維持し続けるには，他者に依存して良い存在でもあることの意味を説く。③において，いわゆる「決定論」「宿命論」とは異にする見解が論じられており，ソーシャルワーク実践が「変化」を実現する「過程」を重視する関係から，人間の変化，成長および向上の可能性について全幅の信頼を寄せるべきことの意味を説く。[11]

　このような相互扶助の淵源となるような，他者からの保護やかかわりを必要とする人間に向かって無為に手をさしのべようとする活動や行為がなぜ存在するのか。それは，人間が人間らしく生きるあり方として，平和的で相互依存的な方法を通じて「均しく」「自由に生きる」ことを何よりも必要とする点で共通する認識が得られたためといえよう。すると，このような考え方は，務台理作のいう思想と行動のヒューマニズムにほぼ類似する概念になる。[12]

　務台によれば，ヒューマニズムには三つの形態があるという。すなわち，共感としてのヒューマニズム，態度としてのヒューマニズム，思想としてのヒューマニズムである。そして，特に重要な意味を持つのは，生活意識を母体に形成される思想としてのヒューマニズムであるとした。そこには，概念を行動に転化する可能性が包摂されており，非人間的なもの，反人間的なものに対決し

得る「力」が内在しているためとする。務台は，このような認識を踏まえ，ヒューマニズムを次のように説明する。すなわち「人間の生命，人間の価値，人間の教養，人間の創造力を尊重し，これを守り，いっそう豊かなものに高めようとする精神」であり「これを不当に踏みにじるもの，これを抑圧し破滅させるものに対してつよい義憤を感じ，これとのたたかいを辞しない精神」であると。

（2）自由と平和と社会福祉

　このようなことを意味するヒューマニズムの「精神」は，人間否定にも繋がる疎外や排除，差別等を生み出す場面がきわめて複雑な形で出現する現実社会において，人間の存在を前向きに受けとめる社会的な正義や公正，平等感，幸福感に結びつきながら醸し出された側面が見て取れよう。すると，ヒューマニズムとは，これを言い換えれば「個人の価値，人間の固有の尊厳さ，個々人の福祉に対する社会の責任，共通の利益に貢献すべき個人の責任」という民主主義社会に広く承認されている価値と同一[13]のものになる。ところが，このように語られるヒューマニズムの「精神」は，きわめて抽象度の高い概念であり，必ずしも社会福祉固有の概念として形成されたわけでもなかった。しかし，今日でいう社会福祉の制度や支援活動のあり方を説く枠組みを創出する根源的な理念として機能するであろうことは，次のような幾つかの歴史的な事実からうかがい知ることができる。

　例えば，子どもを取り巻く生活に目を転じてみるとよい。

　かつて，エレン・ケイ（E. Kay）は「20世紀は児童の世紀である」と述べた。その背景には，1760年代のイギリスに始まり，1830年代にはヨーロッパ諸国に波及した産業革命の波が人びとの暮らしに押し寄せ，「おとな」の所有物として多くの子どもが工場の中で酷使され，搾取の対象となっていた事実があった。社会全体が，子どもを「おとな」と同じ高さの目線で捉え，産業革命期の労働需要に合わせて利用できる手段としての位置に置いていた時代であった。エレン・ケイの視座の底流にあった「精神」は，そのように置かれた子どもの「最

善の利益」を保障しようとしたジュネーヴ宣言（1924年），子どもの権利宣言（1959年），子どもの権利条約（1989年）へと受け継がれることになる。しかし，新しい世紀を迎えても，我われは，やはり「21世紀もまた児童の世紀である」といわざるを得ない状態に置かれている。そこには，依然として「おとな」によって引き起こされる「革命」「戦争」等の「争い」が絶えないままにあり，このような「おとな」や社会に翻弄されて生きる子どもの生活ぶりを払拭できない実態があるためであろう。[14]

　また，グループを媒介としたソーシャルワークの理論と実践がより精緻な内容を伴う支援の形として体系化された契機となった出来事に目を転じてみるとよい。

　グループを媒介としたソーシャルワークは，19世紀中頃のイギリス社会に萌芽が求められ，セツルメント・ハウス（隣保館）やYMCAにおける活動の成果から大きな影響を受けたことは周知の事実である。しかし，さらに理論的に精緻なものとして体系化されるには，第2次世界大戦におけるファシズムの出現を待たなければならなかった。当時の支援活動では，グループ活動そのものに大きな価値を見いだしていた。

　ところが，ファシズムは，グループの持つ破壊力や，グループを巧妙に悪用できる事実を明らかにした。そのため，ソーシャルワーカーは，支援の場におけるグループ経験の質への配慮が重要になることを自覚するに至った。合わせて，民主主義を実現するには，政治形態のみならず，人びとの生活様式や意識についても改善や改良を図る必要があり，目的意識的（purposeful）な絶えざる努力（conscious effort）を必要とすることが改めて広く認識されることになった。[15]

（3）社会福祉と民主主義（democracy）

　新しい時代の到来とともに，将来の経済や社会をどのように支えるかについては，常に議論されてきたところである。困難と安寧の繰り返しが，社会や人びとの生活の変化に何らかの影響を及ぼしてきたことは間違いのない事実であ

るが，そこには常に何かの誰かの犠牲が伴っており，また，それが必要であり必然であるかのように語られることも多い。社会福祉の支援活動においても，同様の経緯や論調が見られる。超高齢社会の到来を前に，その対処策として子ども達の健全な育成の必要性を説くごとき論調がそれである。このような子ども達に向けられる役割期待は，子どもを手段化する発想の名残を示すものであり，正当化できる論調といえない。

　社会福祉の思想的基盤は民主主義である。そして，民主主義の基本原理はベンサム（J. Bentham）のいう「最大多数の最大幸福」の実現にあった。さらに，ここから多数決の方法も編み出されるが，わが国では，この原理が，弱肉強食あるいは適者生存の傾向を示しがちとなる経済社会建設の指標に設定されたこともあり，多数決の前でマイノリティ（minority）の「福祉（well-being）」を埋没させる根拠として機能することになった。このような傾向に異議を唱える役割を社会福祉が引き受けるとするならば，社会福祉の支援活動は，マイノリティの，少数者の利益を守る取り組みが出発点になければならない[16]。

　このような認識に立脚した専門職としての「秩序ある行為」が，「人」一般の中にある「行為」と明確に異なる特質を形成できる手がかりは何か。大畑壮一の言を借りれば次のように説明できる[17]。すなわち，①専門職としての行為は，その目的は明晰かつ明瞭に認識に意識されており，自分の行動を自分ではっきり意識していること，②専門職としての行為は，一定の明確な意志をもって恣意的に行われるものであること，③専門職としての行為は，善悪を判別する能力を有し，自らの行為の善悪を識別できる心を伴っているものであること，④専門職としての行為は，その人の人格および人間性を表現しているものであること，⑤専門職としての行為は，客観的な知識によって保証されているものであること，という。そして，このように言及することの意義は，松井二郎が，社会福祉における支援活動との関係から，人びとに成長・発達を促し，課題達成のための新たな社会的学習を促すことに繋がる「ワーカーの態度的要因は，ワーカーの所有する知識，技術と同時に，時にはそれ以上に重要な位置を占めている[18]」と述べる点とも一致する。

6 施設養護の支援過程に取り込むべき実践的視座

1998年に実施された児童福祉法の改正に伴い，この領域の伝統的な生活型社会福祉施設として機能してきた教護院が，個々の子どもの状況に応じて，必要な指導と自立の支援を行うため児童自立支援施設と名称が変更されることになった。しかし，その変更過程で，新しい名称の下で取り組まれる「自立」を「支援」する方法について具体的に提示されることはなかった。

その新たな取り組みとされた方法が，これまでの教護院実践から継承されるとするならば，国立武蔵野学院第3代院長であった青木延春が述べる教護理念がその先導をなすものといえよう。青木は，教護の方法について，精神医学の見地から，職員だけでなく土地や建物等の設備が有機的に結合した「全体療法」であるとした。さらに，子どもを劣悪な家庭や地域環境から分離し，小舎制による家族形態の施設で，積極的な感情転移の設定と同一化を通じて超自我の変化を促す教護の方法として，児童精神医学者のカナー（L. Kanner）が論じた「児童とともにある精神」すなわち「with の精神」を，わが国の当時の教護院における実践理念として提示したのである[19]。

阿部志郎は，ソーシャルワークとりわけグループワークやコミュニティワークの理論と実践に強い影響を及ぼしたセツルメント運動に関する研究者の一人として知られている。その阿部は，セツルメント運動にかかわったトインビーの意識について「恩恵を施すという慈恵的思想からではなく，貧しき隣人との接触を通じて〈教える〉とともに〈学ぶ〉という人格的交わり，〈与える〉ことによって〈与えられ〉，自分の存在がそれによって支えられ実践が生み出されるという相互的関係への信頼に立つもの[20]」であったと言及する。そして，このような精神と思想は，今なお現代の社会福祉において大きな意義をもっているとした[21]。

このような提起から我われは何を学ぶべきであろうか。

社会福祉においても，専門職として何らかの判断に基づき行動しようとした

場合，意識する／しないにかかわらず，過去の，あるいは，既知の支援活動に
関する価値や知識等を集合させ，専門職と呼ばれるにふさわしい判断や行為の
準拠枠（思考の枠組み：perspective）を自らの内に構築しようと懸命に努力する
ことになろう。しかし，実際には，その準拠枠を他者に向けて十分に理を立て
て説明することは，きわめて難しい作業になる事実を，これまでにも多くの事
例を通じて知るところであった。結局，その準拠枠を，普遍的で客観的な概念
から導き出された理解や認識を基礎に構築しようとしたものの，にわか仕立て
の努力ではいかんともしがたかったからだけでなく，その人自身の実践を通じ
て描いた，その人独特のイメージに依拠して構築されたものが，実は，普遍性
や客観性から 甚 だしく乖離し，しかも，そのような事実について，本人はま
ったく気づいていない実態がそこに横たわっているためといえよう。

　支援を必要とする人の多くは，一般的に傷つきやすく弱い立場に置かれてい
る。そのため，ソーシャルワーカーには，そのような人びとが自身との出会い
を通じて，安全で脅かされず，自由なままにいることが許容される状況に置か
れている現実を感受できるような働きかけが求められる。この時に，初めて，
支援を求めている人びとは，自分のこれまでの経験と相容れない現実もあるこ
とを認識し，そのような現実を自らの内に受け入れようとする柔軟な自分に変
わる可能性が生じてくることになる。

　このように，支援を求めている人びと，すなわち，社会福祉サービスの利用
者にとって，他者との関係を通じて真実の自分を自由に安心して語れるために
は，この仕事に携わる者に，以下のような視座の共有が求められることになろ
う。すなわち，一つには，仕事への責任と誠実な姿勢を現実のかかわりの中で
明確に体現できること。二つには，多様な知識をバラバラに保持しているので
はなく，それらの知識を社会福祉としての支援活動の本質に照らして統合的に
活用できるようになること。三つには，人間の生活が「時間」「空間」「関係」
からなる多様な環境との向き合いを通じて営まれている以上，実際の支援活動
でいかなる知識を必要とするかというよりも，その知識を当事者への支援場面
でいかに用いるかに関心を向けていること。[22]

社会制度としての社会福祉は，時代の進展に合わせてシステムを変えながら運用が図られ，運営管理の方法も一段と合理的効率的に推進することが求められる。その過程では，制度的な仕組みや関連法が持つ特徴であり限界性でもある，人と課題を「最大公約数」的に捉える力が強く押し出され，一人ひとりが抱える悲しみや苦しみに「心を込めて」「心を寄せて」かかわることは，ともすると軽視されがちになることも稀ではない。そのため，ここで言及した視点への配慮が欠いた場合，その一方で，制度内部に緊張や葛藤，すなわち，スティグマ（stigma）が生じ，何らかの生活困難に遭遇している人びとへの働きかけに相応しくない行為が定着しても正されることなく放置されたり，恣意的に利用されたりする歴史が繰り返されることになる。[23]

注

(1)　吉田久一ほか『社会事業の歴史』誠信書房，1964年。

(2)　詳しくは，北川清一『未来を拓く施設養護原論──児童養護施設のソーシャルワーク』ミネルヴァ書房，2014年を参照されたい。

(3)　リッチモンドが体系化したケースワーク理論の概要については，M.リッチモンド／杉本一義訳『臨床福祉学』誠信書房，1976年に詳しくまとめられている。

(4)　柴田善守『社会福祉の史的展開──その思想を中心にして』光生館，1985年。

(5)　北川清一編『新・児童福祉施設と実践方法──養護原理のパラダイム』中央法規出版，2000年に詳しくまとめられている。

(6)　山室武甫『社会事業』（山室軍平選集Ⅵ）教文館，1952年。

(7)　詳しくは，北川，前掲書，を参照されたい。

(8)　糸賀一雄『福祉の思想』日本放送出版協会，1968年。

(9)　詳しくは，北川，前掲書，のほかに，糸賀一雄『この子らを世の光に──自伝・近江学園二十年の願い』柏樹社，1965年，糸賀一雄『愛と共感の教育──糸賀一雄講話集』柏樹社，1972年を参照されたい。また，糸賀の遺産を詳説したものとして，京極高宣『この子らを世の光に──糸賀一雄の思想と生涯』日本放送出版協会，2001年がある。

(10)　糸賀一雄「施設養護の将来」糸賀一雄ほか編『施設養護論』ミネルヴァ書房，1967年。

(11)　ブトゥリム，ゾフイア・T／川田誉音訳『ソーシャルワークとは何か──その本

質と機能』川島書店，1986年。

⑿　務台理作『現代のヒューマニズム』岩波書店，1961年。

⒀　ベーム，ワーナー・W／仲村優一訳「ソーシャル・ワークの性格」松本武子編訳『ケースワークの基礎』誠信書房，1967年。

⒁　花村春樹・北川清一編『児童福祉施設と実践方法——養護原理の研究課題』中央法規出版，1994年。

⒂　北川清一『グループワークの基礎理論——実践への思索』海声社，1991年。

⒃　阿部志郎「戦後社会福祉の総括／思想史的立場からの反省と課題」『日本社会福祉学会第45回全国大会シンポジウム報告要旨』1997年。

⒄　大畑壮一『倫理学の基本問題』大明堂，1979年。

⒅　松井二郎「ソーシャル・ワーカー論——哲学的基盤を求めて」『北星論集』15，北星学園大学，1977年。

⒆　国立武蔵野学院編『武蔵野学院50年誌』1969年。

⒇　阿部志郎「アーノルド・トインビーの生涯と思想——セツルメント運動の社会思想史的考察（Ⅱ）」『明治学院論叢』44(1)，1957年

(21)　阿部志郎『福祉実践への架橋』海声社，1989年。

(22)　ブトゥリム，ゾフイア・T／川田誉音訳「The Nature of Social Work」『ソーシャルワーク研究』20(3)，相川書房，1994年。

(23)　松井二郎『社会福祉理論の再検討』ミネルヴァ書房，1992年。

<table>
<tr><td>第3章</td><td>施設養護の理論的系譜</td></tr>
</table>

1　わが国におけるホスピタリズムに関する「論争」

　子どもを家庭環境から分離し，長期にわたって病院や施設に入所することで生じる弊害は，1950年代以降，欧米におけるホスピタリズム（hospitalism）研究を通して明らかにされてきた。ここでは，児童養護施設における取り上げられ方と，その後の影響について整理してみたい。

　「施設病」とも呼ばれたホスピタリズム，あるいは，インスティテューショナリズム（institutionalism）に関する研究は，わが国の場合，児童養護施設に代表される生活型施設における実践（child care in residential setting）を批判的に捉える萌芽になった。このような傾向が強まった契機は，多くの学識経験者によって，オーストリアの精神医学者・フロイトが創始した精神分析学の影響を強く受けたためと指摘されている。特に，アメリカやイギリスにおいてフロイトの理論が急速に支持を得たため，その結果として，乳幼児期における母子関係のあり方が注目されるようになった。イギリスの精神医学者・ボウルビィ（J. Bowlby）がまとめた『Material Care and Mental Health』（黒田実訳『乳幼児の精神衛生』岩崎学術出版，1962年）は，このような動向の影響を受け，母性的養育の喪失がもたらす科学的研究に努めた成果であった。これ以降，子育て過程における母親の役割や意味の究明が本格的に始まることになる。

　わが国における，このような系譜を持つ取り組みは，堀文次による論文「養護理論確立の試み」（1950年）の発表を契機に[^1]，主に児童養護施設関係者が中心になって展開された。これは「ホスピタリズム論争」と呼ばれることになるが，その「論争」に参加したのは，当時の児童養護施設に多大な影響力を持つ立場

にあった瓜巣憲三，潮谷総一郎等であり，施設養護のあり方の抜本的な見直しを提起する論調が主流をなしていた。その過程で明らかになり，共有できた事柄を整理すると以下の通りであった。

① ボウルビィの知見から学び得たこと。

・乳幼児期に母性的養育（母親あるいは代理者）を剥奪され，以後，施設の中で画一的に扱われ，しかも，個人的な配慮に欠く環境の下で養育されることによって，肉体的にも精神的にも不健康な兆候が見られる。

・そのような子どもは，彼らが成人しても，自分の子どもを正しく養育できない大人になってしまう。

② このような知見の裏付けになったこと。

施設で暮らす子ども達に共通して見いだせる傾向として，主に，ⅰ身体，知能，社会性，自我等の発達障害，ⅱ神経症的傾向，ⅲ対人関係障害が指摘された。

③ その主な要因として指摘されたこと。

ⅰ居室担当職員との接触時間が短いこと。ⅱ施設職員が頻繁に交代し，永続的な人間関係の形成が困難なこと。ⅲ施設生活の規則が多く，生活を営む際の自由で主体的な選択の機会が乏しいこと。ⅳ画一的なかかわりが多く，個々人の個性に対する配慮が欠けること。

④ 提起された改善を必要とするとされた課題。

ⅰ「経験，勘，骨，直感」のレベルから離脱し，施設ケアの科学化に向けた取り組みに着手すること。ⅱ支援の道具としての職員の質や配置のあり方の検証に取り組むこと。ⅲ「働きやすい環境」の整備，あるいは「生活しやすい環境」の整備に向けた施設運営の見直しを図ること。ⅳ「人間のパーソナリティを作り出す工場」としての生活環境を施設ケアを通じていかに創出できるかの課題に真摯に向き合うこと。

ところが，「論争」の今日的評価を概観すると，既述したように，施設で暮らす子ども達の実態を深刻に受けとめ，施設養護のあり方を探求しようとした

にもかかわらず，時代の変化や施設で暮らす子ども達の抱える課題が複雑多様化するスピードに追いつけず「事実，現象の指摘という感をまぬがれず，論争，議論の流れの中での解明はなされないまま」であったとするものが一般的な評価であった。

　その後，わが国では，「ホスピタリズム論争」以降，そこで明らかになった施設養護の課題を踏まえ，養護理論に関する論争も始まる。すなわち，家庭的処遇理論や集団主義養護理論の台頭であり，両者の対立関係の芽生えである。そのような中にあって，宮本実は，ホスピタリズムや養護理論の論争では，主に生後間もない乳幼児に焦点があてられたが，施設で暮らす「子どもたちの精神発達における臨界的課題は，愛情関係を中心とした深層心理学的課題だけではない。この子どもたちの発達課題として，集団における仲間関係，同一視による社会的行動基準の獲得，象徴的活動の出現とその上達，社会的役割行動の展開，学校生活への適応，自我の確立などがより重要な発達課題である」と指摘し，施設養護は，この点への配慮も必要になるとした。

　なお，このような「論争」の経緯を踏まえ，根本博司は，生活型施設の特徴をなす「人為的生活集団」に内在する欠点を次のように説明した。

① 規則が作られ，行動の自由が制限される。
② 自己決定や自主，自治の範囲が狭くなる。
③ プライバシーが侵害される。
④ 私物が制限され，また，個人の生活領域が限られる。
⑤ 職員がすべてをするため，入居者は役割を喪失し，一方，依存的になる。
⑥ 処遇が一律化し，標準化され，また，柔軟性に乏しいものになる。
⑦ 親族，以前の知人，友人との関係が引き裂かれたり，希薄になる。
⑧ 集団の成員は互いに他人どうしで関係が薄く，集団所属意識も低くな

る。

⑨　施設の雰囲気はただザワザワしていて落ち着きがなく，その中で各成員は孤独である。

⑩　居室集団が持つ人間関係がその構成員の個人生活の安定に強く影響する。

　我われ人間は，子どもを養育する本能を持たない動物とも説明される。「きょうだい研究」で著名な依田明も，養育行動ないし母性行動とは，文化情報としての上の世代から伝承される学習の所産とする考え方を示している⁽⁵⁾。しかし，養育行動を取り巻く社会的環境は大きく変貌し，その影響もあって，養育行動を学ぶ環境は，子どもの発達課題をいかに達成するかを考えた場合，望ましい状態にあるといえない事態が顕在している。未熟な父と母に育てられ，人格も十分に育たず，養育行動の学習も不全状態のままの人間が，やがて成人する。我われは，これまで，ホスピタリズムとして説明された現象を，環境刺激としての人的・物的働きかけの乏しさに注目してきた。

　ところが，現在，施設養護の重要な担い手であり，一つの環境刺激になる施設職員の子ども達に対する働きかけの脆弱性が問題視されている。つまり，養育行動に潜む今日的課題は，負のスパイラル（spiral）のように施設職員の支援にも見いだせることを意味している。子ども達が施設の暮らしを通じて施設職員に示す否定的反応の要因と，その事の重大性を状況に巻き込まれずに冷静に受けとめ，その結果を施設養護の過程にいかに取り込むかの議論は深まらないままにある。このような状況の打開に向けた検討の必要性について，施設養護の担う機能が親による養育行動の代替や補充にあるのではないとする考え方に立たない「新しい社会的養育ビジョン」（2017年）の中で，議論された形跡は確認できない。

2　集団主義養護をめぐる「論争」

　本書が取りあげる児童養護施設は，児童福祉法に掲げられた目的を果たすために人為的に形成された集団であり，合理的・機能的に運営される組織としての特徴を持つ派生集団の類型に属する。そのことと関連して，「集団」を媒介とした施設養護に関する議論には，これまでのところ，四つの流れを確認することができる。

　一つは，わが国の文化や風土の中で培われ，日本人特有の行動様式（例えば，画一的な社会的行動，過度の集団・組織への同調傾向，等）ともいえる「日本的集団主義」[6]に影響を受けた施設養護である。このような考え方は，日々の営みの広範な領域で深く浸透しており，多様なタイプの集団活動に見いだせる，そこに所属する構成員全体が，無意識のうちに同一行動を取りがちとなる傾向は，我われが日常的に経験するところであろう。

　二つは，心理学者・石井哲夫の提唱する積極的施設養護論と称された立場である。その論旨は，より科学的に個人の自立を促進する子育てを，施設生活の集団性を媒介に追求しようとした点に特徴がある。したがって，施設養護については，小規模の環境下で取り組む経験を評価し，決して否定的に捉えていない。むしろ，地域における子育て相談の拠点として機能できる施設養護の形を求めていた。[7]

　残り二つは，前述した「日本的集団主義」に影響を受けている施設養護の克服を意図して論じられたものである。この両者は，すでに体系化された理論に基づき，その汎用を試みようとするものと，現実に取り組んでいる実践（経験）の積み重ねを通じて，その理論化を試みようとするものとに分かれ，議論の組み立てには大きな相違点がある。すなわち，前者は，ソーシャル・グループワークをベースに論じることを特徴とする施設養護であり，後者は，積惟勝が唱える集団主義養護である。

　施設養護の方法として，この二つの流れが明確に認識されたのは，1965年に

行われた雑誌『児童養護』おける誌上座談会以降のことである。[8]この座談会では，集団主義養護を提起する積の発言に対して「グループワークの原理でいわれていることと同じ」「集団主義教育というよりも，むしろグループワークをかなり活用されている」と指摘することに終始した。これ以降に，積は，持論とグループワークとの「違い」を説くため『集団養護と子どもたち』（ミネルヴァ書房）を出版している。[9]その論旨の特徴は，例えば，「単なる収容とか保護とか，あるいは治療とかいった消極的な救済的な地点にとどまっているのではなく，あくまでも対象児童の諸権利を守り育てる立場から，より積極的に，人間らしい人間に教育する，育成するといった教育理念が『児童養護』の基本的な機能役割」[10]と言及する中に見いだせる。

　集団主義養護は，その理念を集団主義教育に依拠して説明する傾向がある。そのため，集団主義養護の特徴とされる「集団づくりと話し合い」も集団主義教育から援用された用語の一つになっている。そのため，学校教育では有効な方法であっても，施設養護の場では果たして効果的な取り組みになり得るかについて慎重な吟味が必要になる。すなわち，例えば，非社会的・反社会的課題を抱えているため集団生活に馴染めず，対人関係にも積極的に参加できず，情緒的に不安定な状態のまま入所となった子ども達を，入所当初から話し合いの場に参加させ，情緒的安定を図ろうとする支援は，施設養護の標準化に繋がる取り組みになり得るであろうか。

　このような特徴を持つ集団主義養護について，批判的に評価を加えたのは大谷嘉朗であった。その要旨は以下の通りである。

①　家族による子育てと施設養護の相互関係，役割関係の捉え方に対する疑義。

②　集団という場で子どもの発達を保障するメリットを認めながらも，個々の子どもが抱える問題の個々別性（individuality）が軽視されがちな傾向。

③　実践とは不即不離の関係にある理念（価値）に見いだせるイデオロギー。

　これら諸点の骨子は，集団主義養護の特徴として説かれているため，ソーシャルワークの理論に依拠する大谷の批判の的になったが，一方で，そこに大谷の論じる施設養護の特徴が読み取れることになる。

　大谷は，児童養護施設で暮らす子どもが抱える入所理由（主訴）を「家庭における養育」機能の限界によるものと捉えた。さらに，家庭の本質的機能について，これを子どもの「パーソナリティの社会化」の促進にあるとする大谷は，施設養護の役割機能を「家庭における親の手による育児の能力をあらゆる社会資源を動員して補完・強化・維持すること[11]」と言及し，その目的は「施設児童のできるだけ早い機会における家庭復帰・社会復帰の実現」を目指すことにあるとした。そのため，「集団」を媒介とした施設養護は，当然のこととして「技術的処遇過程なのであって，これを実現するものとして，一人ひとりの子供の問題を個別的に処理し得るケースワーク的処遇が中心の技術」になると論じるのである[12]。

　現在，ソーシャルワークに関して，このような論じ方に問題をなしとしないが，集団主義養護と対照すると，当時のソーシャルワーク（ケースワーク）理論に忠実に依拠して施設養護の体系を論じようとする努力の跡を読み取ることができる。すなわち，子ども達にとって児童養護施設は「家庭復帰・社会復帰」のための「一過的存在」であり，それ以上のものであってはならないと言及する。それは，ソーシャルワークにおけるミクロ・アプローチの「伝統的」な理論体系から導き出された視座であり，大谷の中にあって何ら矛盾しない主張であったと思われる。それは，次のような大谷の取り組みから読み取ることが可能になる。

　一つは，北米社会から移入されたソーシャルワーク（ケースワーク）は，修士課程修了者が担う専門職機能であり，大谷の実践現場となった「バット博士記念ホーム」でも，当時では珍しく，スタッフとして修士課程修了者の登用に努めていた。彼らが担う職務を「ファミリー・ケースワーカー」としたのは必然であり，児童養護施設を子どもやその家族にとって「一過的存在」としたのも，アメリカ合衆国で開催された第1回児童福祉白亜館会議の表明に準拠した

ものであったことがうかがえる。

　1950年代にアメリカ留学を経験された阿部志郎は，その時の体験を回顧する中で，訪問した孤児院の様子について次のように紹介している。

　　「『The Hershey Industrial School for Orphans』という孤児院に行きましたところ，1,200人の孤児が生活していました。700人の職員がいましたが，マスターコースをもっていることが条件でした。職員のレベルが非常に高いのです。」

　つまり，大谷が「バット博士記念ホーム」でソーシャルワークを取り込む際の発想は，阿部の回顧からもうかがえる通り，当時のソーシャルワーク理論に整合していたのであり，施設養護の専門性を論じる切り口は明確であったことがわかる。

　二つは，施設養護の過程でグループワークが成立する要件の説明がそれである。その説明は，ソーシャルワークを熟知しない者に誤解を与えるものであったため，以後，それが「ソーシャルワークは綺麗事」と唱える関係者の有力な根拠の一つになった可能性がある。すなわち，①保母は大小の違いがあっても，常に集団として一定数の子どもを担当するが，それを根拠に自らをグループワーカーと安直な受けとめ方をしてはならない，②保母はケースワーカー（ファミリー・ケースワーカー）でも，グループワーカーでもない，③児童指導員の職務内容をグループワーカーとして分掌化すると論じた点である。しかし，大谷は，このような論点に依拠して，施設養護の過程で展開される「集団処遇」と「グループワーク」は異なる機能を担うことになるにもかかわらず，集団主義養護は，その棲み分けが不十分とした。このような指摘は，今日，施設養護の専門性を論じる際の重要なテーマの一つになり得るものであり，その先見性は評価されるべきものがある。

　しかし，その論理展開全般は，ホスピタリズム論争以降，施設養護否定論が根強くある中で，大谷が言及するほど，施設養護の役割に積極的で独自な機能

を明示したといえないものがあった。したがって，このような「伝統的」なソーシャルワーク理論が要養護問題に有力な支援方法になり得なかった閉塞性は，積の提唱する集団主義養護が関係者の多くに受け入れる素地となった。

　なお，このような集団を媒介とする実践の異同を論じる際に遡上にあがった「理念」に関する議論をいかに収束させるかに関連して，かつてあった「戦後の社会福祉（本質）論争」における主要な論客の一人であった考橋正一が，折衷論的な方向性を模索することに極めて懐疑的な立場をとっていたことは注視すべき論点といえよう。すなわち「この種の統一原理とは，その主張の触れ込みとは別に，どうひっくり返してみても本来的な総合・統一できないはずのものを総合・統一したかのように思い込んでいる観念論的錬金術の幻想[16]」と。

　つまり，「当事者主体」の立場を強調することで，施設養護を論じる理念的立脚点を曖昧にすることは，誰に対しても，何に対しても利益をもたらさず，混乱を招くだけと論じるのである。すると，ソーシャルワークの何が施設養護の未来を展望する際の有効なロジックになり得ないのか，あるいは，なり得るのか，専門職としての立ち位置と絡めながら検証する必要があろう。

3　施設養育論の台頭とケアワーク

　現在，児童養護施設実践は，「施設養護」に代わり「施設養育」と呼称されることが一般的である。そもそも，「施設養育」とは，自身が運営責任を担っていた施設内に「養育研究所」を開設した児童養護施設・美深育成園元園長の木下茂幸が，関係者に「要養護児童の実態に対応しきれない施設養護の閉塞状況」の打開策を説く際の自らの実践感覚を言語化したものであったが，今日では「施設の小規模化」と併せて「施設における家庭的養育」のように表記して用いられている。

　しかし，このような捉え方を基盤に制度化された社会的養護としての「形」を「護送船団的」に推進しようとする現在の傾向には，マイノリティとしての扱いを受けてきたために支援を必要とする状況に置かれた子ども達と家族の抱

える個別的な事情を軽んじる土壌の醸成に繋がり，そこに「はしがき」「序章」で触れた「タイガーマスク運動」に抱いた危惧と同じものを覚える。形式が重要であり，個々の状況（時間，空間，関係）が，その中で埋没していく「現実」の精査には関心を寄せることのなかった「員数主義」と近似する問題性が包摂されているように思えてならない。[17]

　「養育の危機」を論じ，「施設養護」と表記するよりも積極的な意味合いが付加されるとして「施設養育」を提唱した木下は，その概念を論じる中で心理学，社会学，生理学等をはじめ諸科学からの知見を取り入れる必要を強調している。[18]すると，社会福祉学（ソーシャルワーク学）の文脈で論じられる「施設養護」とは同床異夢の関係にあり，「それを理解することが最大の治療」（傍点筆者）[19]の意義を解き明かすことになると評論された「施設養育」が「治療する／される」営為として説明されるならば，その場面に参与する人の立ち位置（例えば，主体と客体）は，「人称」の用い方によって，支援関係に内在する課題[20]を解消できない可能性が高まるかもしれない。

　木下は，「養育」について英語表記して説明することをしていないが，最も近似する用語をあてがえると「bring up」になる。その意味合いには，私的空間としての家庭内でわが子を「育てる」あるいは「躾ける」行為が含意されていることになろう。その意訳的な表現が「施設養育」とした場合，専門職論を切り口に実践方法を論じようとすると欠落せざるを得ない視点も指摘できることになる。

　一つは，そこに，「小舎制養育」「家庭的養育」に努めた木下の「経験，勘，骨，直感」がいわしめた側面もあるため，「bring up」の変容型ともいえる「施設養育」概念の生成に関係する「基礎となる学問（discipline）」の内実や，その実践を担う人材に求められる「課題解決能力」のあり様は極めて曖昧にしか説明されていない問題性である。

　二つは，「bring up」の特徴として個々人の「経験，勘，骨，直感」に依拠する側面もあり，他者への伝承が難しいことを考えるならば，「施設養育」に取り組む実践現場に登用する人材に求めたい「専門性」を明確に論じ難い課題

も浮上してくる。

　三つは，木下の思惑と異なる事態と想定されるが，施設養護への参入ルートを問わず，児童養護施設の「家庭的志向性」の強まりと併せて，男性を「児童指導員」，女性を「保育士」とする職掌が固定化される遠因にもなったといえよう。

　四つは，施設養護の過程に取り込む「家庭的」なる用語の曖昧性は，支援の意味合いに多様な解釈を持ち込むことになった。例えば，社会福祉の支援過程で取りあげられる「非対称性」との関連で，核家族から現代家族の時代に進展しても，家父長制の下で育まれた「子育て」文化が未だに残存する影響は軽視できない課題といえよう。(21)「施設養育」は，「非対称性」の課題をいかに清算し，体系化を図ろうとしているのか，その論理性は不明である。

　児童養護施設実践の担い手について，仮に，「施設養育」とした場合は，ケアワーカー（child care worker）と呼び，「施設養護」とした場合は，ソーシャルワーカー（social worker）と呼ぶとしても，人材養成機関の教育課程から輩出される人材は，生活型施設で就労することを第一義としない子どもの「健やかな成長・発達」を「健康」「人間関係」「環境」「言葉」「表現」の「5領域」から捉えることを必須として育成された保育所保育士であり，相談援助を「業」とする社会福祉士であることに制度的変更は加えられていない。入職後の十全な人材育成なくして「非対称性」の問題への気づきも，その問題を支援過程に顕在させない「内省」も，個々のスタッフの実践感覚として育まれることは難しい。

　あらためて，児童養護施設実践が専門職実践の水準に到達するために検討を要する課題について列挙してみたい。(22)

① 専門的レベルにない実践内容。

② 多大な施設格差を埋め切れない実践力。

③ 実践理念（profession identity）の共有が図れず，説明責任（accountability）も担いきれない漫然としたケース管理と施設運営。

④　問われることのない曖昧な施設職員の専門性と人材育成。

⑤　体験的名人芸的実践の際限ない拡散をくい止め，「当事者主体」に軸
　　足を置く実践環境の定立を促進するパラダイム転換の方略。

　児童養護施設実践に限らないが，現在，社会福祉制度下にある多様な実践現
場は，旧来からの「枠組み」に「変化」を必要とする状況に置かれている。し
かし，我われは，自ら「変化」する必要を感受できても，そのための作業に立
ち向かうことが容易とならない場合も多い。このことは，施設養護に参与する
関係者においても同様である。そのような「現実」を乗り越えるにあたり，ソ
ーシャルワークにおけるグループ支援研究の第一人者とも評された一人のコノ
プカ（G. Konopka）が，その支援について日常的経験や常識に依拠して進める
べきでないとし「我われが知っていること，知っていると思っていることは絶
対的でない」[23]と戒めた意味は，児童養護施設関係者に進むべき道標を示してい
るように思えてならない。

4　グループを媒介としたソーシャルワーク

（1）課題の分析視角

　人間であることの特質は，他者との関係を離れて自己の生命を維持できない
社会的存在とする点に求められる。また，誰もが，自己の生活周期において，
人間関係の「もつれ」を含め，いかなる障壁にも遭遇せず人生を終えることは
できない。そのため，個々人の発達段階に応じた支援（support）と健全かつ適
切な集団生活経験が提供されない場合，社会的存在としての人間は崩壊する。
そのため，ソーシャル・グループワーク（social groupwork）とも表記する集団
支援活動は，生活周期上に何らかの障壁や課題を抱えた人びとを対象に，その
解消を図る際に用いられるソーシャルワークの主要な支援方法の一つとして体
系化された。

　そこで，本節では，ソーシャル・グループワークとして論じられる理論的枠

組みを援用しながら，施設養護の場面で集団を媒介に進める支援活動の意義と
有効性について整理する。

　ところで，施設養護に限らないが，専門職が担い手となって取り組まれる社
会福祉の支援活動は，人の苦しみや悲しみに直接触れる事態に遭遇することが
多い。そのため，自分とは異なる多様なタイプの人の抱える痛みを感じとり，
対峙する関係の作り方が問われることになる。その過程で，人の思いを感じと
る側が傲慢であったり，不遜であったり，差別的であったりするならば，それ
は，相手の苦しみや悲しみを軽減するというより増幅することにもなりかねな
い。施設養護も，社会福祉における他領域で取り組まれる支援活動と同様に，
支援を求めている人びとが暮らしの中で実感できる「安寧」の確保に向けてい
かに「貢献」ができるかを明らかにしなければならない。

　先覚者は，ここでいう「貢献」について多様な表現を用いて説いてきた。

　例えば，ソーシャル・グループワークについて，これを日々の暮らしの中で
遭遇する生活課題に対処する礎となり，誰しもが備えている「社会的に機能す
る能力（social functioning）」の活性化・再生化（treatment）を図るソーシャル
ワーカーによる「支援過程（helping process）」として体系化したことで知られ
るのはコノプカである。彼女の代表的著書の『収容施設のグループワーク（邦
訳題）』には「新しい挑戦（new challenge）」なる副題が付されている。その意
味は，「収容」された社会福祉施設での暮らしを余儀なくされた「人生の正常
な流れの外へ出されてしまった人たち」に「最善を尽くして，再び有能な，誇
りある全体として，流れの中に彼らが戻れるよう」支援すること（挑戦）の必
要を明らかにする意図が込められている。そこには「個別化こそグループワー
クの命」とする視座に立って，人びとの暮らしの「実態」に挑みながら，個々
人の状況に応じて寄り添うことを意味する「個別化」を軽んじる社会的風潮へ
の対抗軸として「グループワークが役立つ時代がきた」とした意図が含み込ま
れている。

（2）ソーシャル・グループワークとは何か

　わが国の場合，社会福祉におけるグループワークへの関心の寄せ方は，その本質から逸脱する，かなり異質な形で受けとめられている。例えば，レクリエーション場面におけるグループ活動やグループ・ディスカッションの方法とする捉え方がその典型例である。さらに，最近では，領域の違いを超えて，「事例分析をグループワークで行う」とのように，複数の人間が集合して取り組むグループ活動（cooperative work のような意味合いで用いる活動）の一形態のように用いられる事態が広がっている。

　社会福祉においてグループワークという言葉を用いる場合，それは，ソーシャル・グループワーク（social groupwork）を意味しており，社会福祉専門職としての業務の「形」が体現される「支援過程」の展開に寄与するソーシャルワーク（social work）の方法の一つのことをいう。そして，ここでいう方法とは，ソーシャルワーカー（social worker）として掲げた特定の目的を達成するための手段（media）のことをいい，対象へ働きかる際に，意図的かつ実践的な措置として「支援過程」に取り入れることが求められる。

　したがって，グループワークとは，ソーシャルワーク実践の特徴を論じる基盤となる価値，知識，技能によって策定する支援の目標や枠組みに基づき，ソーシャルワーカーとして意図的（purposeful）に編成した小集団（small group）の構成員間に生起する相互作用（interaction）を活用しながら取り組む「支援過程」を意味する。言い変えれば，自身の内にある損なわれた「社会的に機能する能力」を回復したいとするデマンド（demand）を持つ者，あるいは，その能力の維持・増進を権利として図りたいとするデマンドを持つ者が直面している状況の再生化・活性化を目指した働きかけを，このように編成された「場（setting）」において展開することになる。なお，ここでいう「社会的に機能する」とは，個人や集団，地域社会の各々が統合体として主体的に社会生活を維持・向上するために必要な，社会環境との相互作用の中で獲得する「能力」を意味することになる。

　ところで，人間は，日常生活の様々な場面で，絶えず集団とのかかわりを持

ちながら営みを続けている。特に，対面的小集団（face-to-face group＝いわゆる膝をつき合わせて語ったり活動したりするような小集団）では，その構成員間に，相互に影響を及ぼすような感情の交流や反応が活発に見られる。そのため，人間は，このような集団に置かれると，自分自身の考え方や行動様式，さらには生き方（こだわり）までを変えられたりすることがある。また，いかなる人間も，不満足や欲求不満を自身で処理するための多様な能力を備えているが，時として，その能力を遙かに超えた障壁と直面することがある。しかし，そのような場合でも，人間は，他者から意図的に手を差しのべられることで，自己の能力を高めていく性質を備えている。

　そのため，グループワークは，個人の行動と集団構成員間に派生する相互作用（interaction）について十分な見識を持つワーカーが，集団と個人の直面している障壁の解決を図る場で用いる手段として体系化されたのである。一方，この集団活動に参加している構成員からすると，ワーカーの働きかけは一つの経験として受けとめられることになる。そこで，ワーカーは，そのようにして蓄積された経験が，構成員にとって自己を内面より変容しようとする動機づけ（motivation）になることを期待して支援に取り組むことになる。

　なお，集団活動を支援する際，ワーカーは，集団の構成員一人ひとりの参加度を最大限に高め，集団内の相互作用をいかに活発にするかの配慮が求められる。そのため，ワーカーは，構成員とともに集団過程（group process）に働きかける上で重要な手段であり，支援の媒体（helping media）の一つとなるプログラムの展開を促すことになる。ここでいうプログラムの意味を以下のようにまとめておきたい。

① 　グループおよび構成員のすべての活動，あるいは，相互関係，相互作用と経験のすべての範囲をプログラムという。

② 　プログラムの目的は，構成員が抱えるニードや興味に基づき，また，それを満足させながら構成員間に活発で望ましい相互作用を促進し，構成員に対してともに楽しみ，ともに成長する豊かな集団経験を与える。

③　プログラムは，構成員自らがワーカーの支援を受けながら計画し，実行し，評価する取り組みをいう。

④　集団活動の目的は，プログラム活動によって達成される。その意味で，プログラムは手段であって，それ自体が目的なのではない。

　このように，グループワークとしての集団活動の特徴を形成するプログラムは，構成員一人ひとりの興味や関心に基づいて企画されるものであり，ワーカーの支援を受けながら計画された活動，相互関係，相互作用，集団経験のすべてを含む，計画から準備，実施，評価に至る全過程を意味している。したがって，このような集団活動は，構成員が自らの興味や関心を充足するために行う取り組みと，ワーカーが行う目的意識的かつ専門的な支援との接点にあるものとして重要な意味を持つことになる。なお，ここで論じた取り組みの実際は第6章で詳述する。

（3）ソーシャルワーク実践としてのグループワークの意義

　社会福祉における支援活動の一つとして取り組まれるグループワークは，それゆえに，常に時代状況を写す人間関係の中で機能することが求められる。しかも，人と課題と状況に応じた「個別的なかかわり」が求められ，このことは相互関係（relationship＝人と人との情緒的な反応）や相互作用（interaction＝人と人との具体的な力のやりとり），交互作用（transaction＝人と環境の連鎖的な関係）を取り扱う集団活動では必須の条件となる。このような配慮の下にある集団状況に置かれることによって，構成員は自分を変えたり，自分の存在が集団そのものを変えたりする経験を得ることになる。ところが，集団は，すべての人にとって必ずしも意味ある経験をもたらすわけでない。そのため，集団を媒介に関与する支援活動の効用については，これまで，次のような考え方（視点）が伝統的に認められてきた[26]。

①　人びとが集団活動や意思決定の場に直接参加することは，洞察力や主

体的に問題解決を図るに必要な力量を備えた市民として成長できるよう
促すことに繋がり，民主社会を維持するための学習機会を創出する「手
段」になるとする視点。
②　対面的小集団（face-to-face group）での活動を通して個々の構成員の
発達が促進され，かつ，社会的技能や社会的価値の修得が可能になり，
パーソナリティの社会化を促す「手段」になるとする視点。
③　少年期の非行問題に代表される社会的な不適応行動の改善を促す「手
段」になるとする視点。

　ソーシャルワーカーとして取り組む支援活動は，2000年から始まる社会福祉
基礎構造改革の理念の一つに掲げられた人間として対等・平等な関係を基本に
展開されるべきという視座を包摂する。しかし，今日に至ってもなおワーカー
中心主義（worker centered）あるいは成果（活動）主義（activity centered）とも
いえるようなかかわりを払拭できない実態が広範な実践現場に側聞される。つ
まり，かかわりの効率性にこだわり，そのため，ワーカーとして自らの意のま
まに当事者を「操作する」「あやつる」「誘導する」が如きかかわりが「支援過
程」で常態化している課題である。さらに，このようなワーカー自身が作り出
している「現実」認識の欠如が，「個人」「職業」「組織」内部に生起している
不祥事をさらに深刻化させる要因になっている。
　花村春樹は，グループワークを論じる場で，その担い手になる者にいつも
「手を放せ目を離すな」と語りかけていた。それは，集団を媒介に繰り広げら
れる支援活動に散見するパターナリズム（paternalism）の名残に対する戒めを
意味している。パターナリズムとは，強い立場にある者が，弱い立場にある者
に対して，後者の利益になるとして，その後者の意志に反してでも，その行動
に介入・干渉することをいう。グループワークは，支援の展開過程（＝集団構
成員からすると自己の経験の質と幅が拡大することを実感できる機会）そのものを重
視する点に特徴がある。すると，いかに子ども達の健全かつ適切な発達を促す
ことを目的に掲げた集団活動であると標榜していても，そのすべてがグループ

ワークと同じ視座に立って取り組まれていると言い切れない実態（上意下達の人間関係形成の強要，パワーハラスメントの横行，少数意見の軽視等）が広範に存在することは気がかりである。

　我われの周囲には，多様な形態をもつ集団活動が存在し，そこでは特定のプログラム活動（group activity）を楽しむため，多くの構成員がその場に参集する様子を目にすることもできる。そのため，グループワークも同様のタイプのプログラム活動を取り込む場合が多くなればなるほど，集団単位で展開する活動そのものがグループワークであるかのように認識される傾向を生むことになった。そのような活動の過程でも，構成員間に多様な対立が生まれ，役割遂行の仕方も個人差があり，結果，集団内に何らかの葛藤（コンフリクト）が生起することは決して稀なこといえない。

　しかし，グループワークの場合，このような「現実」を収束させることを目的に機能することはない。対立や葛藤，すなわち，集団内の人間関係に波風が巻き上がったり，それが収束していく過程（体験）を重視し，そのこと自体を「支援過程」として捉えている。そのため，プログラム活動（集団活動）は，グループワークにとって，そのような波風を起こす「道具」として用いられるものであり，「目的」として機能するわけでないとする認識を共有できることが重要になる。

（4）グループワークの展開方法

　集団活動の運営と管理に携わる指導者の中には，自身が構成員のために好ましいと思えた行事や活動を綿密に計画・準備し，提供する方法の重要性についてことさら強調する傾向もうかがえる。これを行事中心（activity centered）あるいは指導者中心（staff centered）の集団活動と命名しておこう。このような取り組みでは「集団活動の参加者のため」として指導者自らがすべての事柄について判断を下し，計画が進むことも多い。ただし，そのような場合でも，経験が豊かで，見識の高い指導者によって綿密に計画・実施されたものであれば，そのような集団活動への参加は，構成員にとって意義深く，楽しい経験として

受けとめられることもあろう。

　しかし，それでもなお，依然として，このようなタイプの活動では，指導者による強い統制の持ち込みと合理化の余地が残ることになる。さらに，構成員が，常に受動的な姿勢で参加するような客体としての位置に留め置かれやすい要素を含み込むことになる。そのため，構成員の興味や関心に基づいた，集団意志決定による自主的で創造的な活動の展開を期待することも難しい。また，真の参加があって初めて得られる充足感・満足感も容易に得られないことになる。

　一方，当事者主体の志向性を掲げるグループワークの考え方に立脚する集団活動は，前述したタイプの取り組みと対照的である。すなわち，集団構成員を常に活動の主体に置き，彼ら自身の興味や関心に従って活動を計画・実施し，構成員相互の高め合いを目指す，いわば人間中心（persen centered）と呼べるような活動となる。このようなタイプの活動では，グループワークが，人格の尊厳や自己決定の権利，個々人の独自性の尊重等からなる価値体系を容認している関連から，行動やその結果よりも，活動に取り組む人間そのものに大きな価値を見いだすことになる。つまり，自主的で創造的な活動経験を積み重ねることによって得られる自信と充足感こそ，真にデモクラシーに根ざした社会の形成に奉仕する市民としての成長を促す契機になるとの考え方である。

　このような視点に立つグループワークでは，集団構成員個々の「能力に応じた」支援のあり方を第一義に考慮する点で特徴的である。したがって，構成員が活動を自ら計画・立案できない状態にある時でも，ワーカー側から複数の提案を受け，個々の構成員が自らの興味や関心に従って主体的に選択・決定できるような支援を継続する。

　また，ワーカーは，構成員が自由に各自の意見を発表し，交換し合える受容的で許容的な雰囲気の中で集団関係が形成できるよう努める。つまり，このような目標に到達する手段としてグループワークを導入するねらいには，構成員自身が集団活動に参加して得られた多くの経験を咀嚼し，日々遭遇するさまざまな人間関係の中に取り込む動機づけを促すことと併せて，集団内に派生する

関係（グループダイナミックス）を媒介に構成員個々の成長と社会的適応を図り，加えて，成熟した社会づくりに貢献できる人材の育成に繋げたいとする思いがある。

実践展開上のヒント

　施設では，入所児へ全員参加を求めるような行事が計画されることも多い。しかし，なかには行事に参加することを拒否し，一人だけ別行動を求める子どももいる。このような事態への対応も施設によって多様である。グループワークの視座に立てば，施設間で対応を図るベースラインの共有が可能になるかもしれない。

　グループワークとして織りなす集団活動は，施設養護の過程でしばしば見られる「一斉行動」「団体行動」を求めることをしない。それは，子ども達に無理強いを求めない，各自の能力に応じた参加を励ますことに工夫を加えることを第一義に考えるからである。ある施設における夏休み中の行事では，手数をおしまず「複数」のプログラムがスタッフによって「意図的」に準備され，その中から，何を幾つ選択するかの話し合いから「楽しむ」子ども達の姿を見ることができた。

　このような取り組みを通じて，我われは，自らの周囲に人間だけでない，さまざまない命が交錯する地域社会が，環境が，自然が，相互に依存し合いながら息づいていることを気づかせることになる。ところが，目を転じると，同じ地域社会，環境，自然でありながら，まったく異なる状況の存在を知ることになる。それは，豊かさと引き替えに大切なものを失った文明の錯誤によって生じた現象のようにも側聞できる。

　そのためであろうか，現代社会に生きる子ども達の暮らしからは，どのように望んでみても否定的な集団経験しか持ち合わせられない実態を見いだすことになる。そこで，集団を媒介に取り組まれる施設養護としての支援は，集団構成員個々の現実的で日常的な生活の体験を手がかりに，①子ども達の自我の「強化」，②人としての生き方や態度の「変容」，③生活過程の「改変」等を目指して取り組まれることになる。その限りにおいて，集団活動は，依然として人の成長・発達・変化に限りなく貢献できる側面を失っていない。多様な意味世界（信念，信条）の中に生きる多くの人びととの交わりを持つことなしに，

人として生きるに必要な「社会化の過程」が十全に機能することはない。一様には説明できない情緒的で情動的な反応を示し，人との対立を経験する一方で，時として陥る孤独や不安な事態が，集団の中で支えられ，励まされることで自身の「安寧」を得ることもしばしばである。

　社会福祉による支援活動の一翼を担う施設養護も，当事者の主体形成に貢献し，自立を促進する実践現場で機能することが要請されて以降，ものの考え方や価値観だけでなく，各人の暮らし方に至るまで，その「多様性」を認めることを前提に介入する方法の確立が急務の課題となっている。そこには，ソーシャルワーク独自の「人」理解の視座が内包する。すなわち，人は，このような「多様性」「相異性」が顕在する「環境（集団）」の中で活発に生起する交互作用（transaction）を通じて「安寧」を体感し，成長・発達・変化を促される側面に着目する視座である。したがって，ソーシャルワーカーには，個々人を取り巻く環境内の選択する上で幅のある多様な「人」「価値」「対立」「安寧」等の存在が，主体形成や自立の支援に繋がるとする認識の共有を求められることになる。これをグループワークの視点から言及すると，個々人が自らの独自性を見いだしつつ，他者と共存することによって「環境（集団）」としてのバランスが成り立っていること，言い換えれば，「環境（集団）」を構成する個々人の「個性」「独自性」を相互に尊重し合う考え方であり，支援過程の基礎をなす揺るがせない理念となっている点に注目すべきであろう。

　人間らしく生きること，暮らすことが，あまりにも切なく，苦しい時間や空間，関係の中で営まれていても，他者への恨みや腹いせ，怒りの感情を抱きながらのものでないことを祈りたい。争いが絶えない世界，その影響が家庭の中で，会社や職場の中で，友人との関係の中で，どのような影響を受けているのか必ずしも判然としないものがある。しかし，社会福祉による支援活動では，自らの暮らしを通して「自由」「平和」「民主」「平等」の実現に向けて「希望」を捨てずに生きることが求められている。争いの多い時代だけに，現実の暮らしの厳しさに押し流され，大切なものを見失うことのない人間としての生き方を希求しつつ，集団を媒介とする児童養護施設実践を通じて，子どもやその家

族との向き合いに新たな展望を見いだしてみたい。

注

⑴　堀文次「養護理論確立への試み⑴」『社会事業』33(4)，中央社会事業協議会，1950年，および，堀文次「養護理論確立への試み⑵」『社会事業』33(6)，中央社会事業協議会，1950年。なお，ホスピタリズムに関する「論争」に至る経緯や多様な問題提起対する評価は，藤本拓己「児童養護施設におけるソーシャルワークの展開可能性に関する研究——グループを媒介とした専門職支援のあり方」(2019年度明治学院大学大学院社会福祉学専攻修士論文)に詳しい。

⑵　吉澤英子「養護施設」日本女子大学文学部社会福祉学研究室編『児童福祉——日本の現状と問題点』家政教育社，1971年。

⑶　宮本実「養護施設におけるホスピタリズム」『教育と医学』21(2)，1973年。

⑷　根本博司「施設実践——施設処遇の基本的課題をみなおす」『社会福祉研究』25，鉄道弘済会，1979年。

⑸　依田明『家族関係の心理』有斐閣，1978年。

⑹　例えば，犬田充『集団主義の構造』産業能率短期大学，1977年が詳しい。

⑺　石井哲夫「養護機能の基本課題——積極的養護理論⑶」『社会事業の諸問題』11，日本社会事業大学，1963年。

⑻　「座談会——養護施設のなかの児童観」『児童養護』1(2)，全国社会福祉協議会養護施設協議会，1974年。座談会は，村岡末広の司会で瓜巣憲三・大谷嘉朗・潮谷総一郎・積惟勝の各氏が参加して行われた。

⑼　積惟勝『集団養護と子どもたち』ミネルヴァ書房，1971年。

⑽　積惟勝「児童養護と教育」『社会福祉学』13，日本社会福祉学会，1972年。

⑾　大谷嘉朗ほか編『施設養護の理論と実際』ミネルヴァ書房，1974年。

⑿　大谷嘉朗「児童福祉施設におけるケースワークの役割」『社会事業』41(5)，中央社会事業協議会，1958年。

⒀　大谷らによるバット博士記念ホームにおける「ファミリーケースワーク」の取り組みに関する経緯は，2019年6月28日に実施した宮本和武氏への聞き取りから確認できた。

⒁　阿部志郎「ソーシャルワークの基底にある実践的思想——アイデンティティの共有を目指して」『ソーシャルワーク実践研究』4，ソーシャルワーク研究所，2016年。

⒂　大谷嘉朗ほか編『施設養護の理論と実際 改訂版』ミネルヴァ書房，1978年。

⒃　考橋正一「現代社会事業理論の基本的課題」吉田久一編『戦後社会福祉の展開』

ドメス出版，1976年。

⒄　山本七平『一下級将校の見た帝国陸軍』文芸春秋社，1987年。

⒅　木下茂幸「養育の危機」『養育研究』1，小舎制研究会・養育研究所，1981年に詳しい。

⒆　大坂譲治「美深育成園における『養育』の実践と研究について」『養育研究』1，小舎制研究会・養育研究所，1981年。

⒇　稲沢公一「ソーシャルワーカー実践と『非対称性』の課題——支援過程に内在する『つまずき』の実践を読み解く」『ソーシャルワーク実践研究』10，ソーシャルワーク研究所，2019年。

(21)　北川清一「児童養護施設のソーシャルワーク実践と『非対称性』の課題——『養育』実践の構造的問題から読み解く」『ソーシャルワーク実践研究』10，ソーシャルワーク研究所，2019年。

(22)　北川清一『未来を拓く施設養護原論——児童養護施設のソーシャルワーク』ミネルヴァ書房，2014年。

(23)　コノプカ，G.／福田垂穂訳『収容施設のグループ・ワーク——新しい挑戦』日本YMCA同盟出版，1967年。

(24)　パールマン，H.／松本武子訳『ソーシャル・ケースワーク——問題解決の過程』全国社会福祉協議会，1967年。

(25)　北川清一『グループワークの基礎理論——実践への思索』海声社，1991年。

(26)　リード，K. E.／大利一雄訳『グループワークの歴史——人格形成から社会的処遇へ』勁草書房，1992年。

(27)　北川清一「わが国におけるグループワークへの新たな期待と思考の枠組み——『グループワークは死んだ』と宣することの意義」『ソーシャルワーク研究』36(1)，相川書房，2010年。

<table>
<tr><td>第4章</td><td>施設養護と基本原理
——生活の場から生きる力の再生を図る場
　　への転換を目指して</td></tr>
</table>

1　施設養護の基本原理を構想する手がかり
——問われる施設養護の専門性と「不適切なかかわり」

　2019年8月2日付の新聞紙面の見出し「児童虐待／最多15.9万件／2018年度児相対応」が目に入った。署名入り記事であったが，児童相談所が対応した児童虐待件数は，15万9,850件で前年度より2万6,072件多く，調査開始（2009年度）から28年連続で増加したと報じていた。

　これよりも遡ることほぼ5年前，今回とは異質な問題性が内在する「虐待」について，同じ新聞社が2014年3月15日付の新聞紙面で以下の見出しを付して報じた「施設・里親の子ども虐待被害71件／性的虐待，急増13件」の「問題」は，一向に事態が改善された状態にないだけに，忘れ去られた「問題」となっていないかと気がかりである。この時の署名入り記事の骨子は，以下の通りであった。

① 　施設や里親のもとで暮らす子ども達への虐待件数・被害者数ともに調査開始（2009年度）以来の最多になる。最も多いのは身体的虐待で45件，性的虐待は13件に急増している。
② 　施設別では児童養護施設が最多で51件であった。
③ 　加害行為者の半数近くが実務経験5年未満の職員や里親である。

　とかく閉鎖的と指摘されてきた児童養護施設の運営管理や支援の実際を地域住民・当事者・関係機関等に広く知らしめることは，施設養護が信頼感・安心感に支えられ機能する上で必要不可欠なことといえよう。そのような取り組み

の先駆けとなった「北海道（児童）養護施設ケア基準」（1994年：以下，「ケア基準」）は，多様な支援課題との向き合いが求められる施設養護の標準化を企図した前例のない取り組みとして高く評価されて良いものであり，[3] その後の施設養護に参与するスタッフの手によって取りまとめられた「権利ノート」等の端緒となった。

　これまで，施設内での「不適切なかかわり」がクローズアップされる契機となった事例として，1995年に発覚した福岡育児院の不祥事を取りあげる向きがある。[4] しかし，その10年程前に羊ヶ丘養護園（札幌市）の千葉智正を「ケア基準」の策定に駆り立てた出来事が北海道内で「不適切なかかわり」として引き起こされていたことは，あまり知られていない不祥事の一つとなっている。

　地元新聞社によって報じられた出来事とは，児童養護施設実践に内在する「非対称性」[5] にまつわる問題指摘であった。すると，福岡育児院の出来事は，10年もの間，道内で起きていた「不適切なかかわり」を全国の関係者が真摯に受けとめ，改善に努めてこなかったことに背景的要因があったとも考えられる。ここで関係者の多くが速やかに対処行動をとらなかった事実は，施設養護においても自らを支援関係の中でマジョリティのような位置に留め置き，マイノリティとしての子ども達の声を「代弁」する責務の放棄といえよう。所詮，「我が事」でなく「他人事」でしかなかったことになる。

　地元新聞社が指摘した事項は「児童福祉施設の設備及び運営に関する基準」（昭和23年厚生省令第63号）第45条に規定された「職業指導」に関連するものであった。当該施設が子ども達の退所後の生活を慮っての「指導」と釈明した当時，「職業指導」については「勤労の基礎的な能力及び態度を育てるとともに，児童がその適性，能力等に応じた職業選択を行うことができるよう，適切な相談，助言，情報の提供等及び必要に応じ行う実習，講習等の支援により行わなければならない」と規定されていた。

　紙面で問題視されたのは，中学校卒業とともに退所となる予定の子どもを対象に当該施設の運営管理者が経営する「ミンク工場」で「職業指導」が行われていた点であった。施設養護の一環と説明された「職業指導」がキツネを媒介

に広がるエキノコックス症の感染も危惧される場で行われていたこと，その「職業指導」が支援の名の下で「無給」で行われていたことの「問題性」を，子どもは不衛生な環境で過酷な労働を強いられることから守られるとした児童憲章第8項の違反行為として報じたのである。

　道内の児童養護施設関係者は，このような報道を受けてからほぼ10年の時間を費やした議論の成果を踏まえ，それぞれの施設にある「こだわり」の違いを乗り越え，相互に遵守すべきスタンダードな施設養護の「形」として取りまとめたのが「ケア基準」であった。最終的には関係者間の協定として署名する手続きを取ったことは，当時にあって（今なお）画期的であった。

　しかし，一施設の「職業指導」場面で行われていた必ずしも「適切」といえない出来事に対する実践者の「態度表明」のように始まったその歩みは，決して平坦なものでなかった。署名と前後して開催された関係者の研究協議会で示された「基準」条項個々に発せられた疑義は，施設養護の過程に何らかの暴力が介在している実態を，関係者の総意として払拭できないと認識している現実を露呈した。

　例えば，提出された原案に盛り込まれていた「一切の体罰を禁止する」なる文言の「一切の」が削除されたのは，当時にあっても深刻な事態にあった荒れる子どもへの対応に施設養護の「決め手」を失うとして，職員の子どもに対する「力ずく」的なかかわりを容認すべきとした意見が支持を得てのことであった。また，「欲求に即応的に応える」なる文言も，オーバーワークの危惧から「欲求に適切に応える」と変更された。

　このような議論を概観すると，子どもとのかかわりに「抑圧」「威圧」等の「力関係」を介在させたり，事態の改善を「置き去り」にしたりするかのような実践の展開もやむなしとする認識や文化が関係者の中に支配的であった様相もうかがい知れることになる。それは，子どもの最善の利益を保障するとした理念との間に齟齬があったことを意味しよう。これ以降も，後述するが「恩寵園事件」等に象徴される児童養護施設関係者による不祥事や，子ども達が引き起こす事故が続発していることは周知の通りである。

児童養護施設の場合，一連の暴力との向き合いは，歴史的に見る限り決して新しい課題といえないものがある。「躾」と称した体罰が横行する施設生活の背景には，第2次世界大戦後の生存自体も難しくさせる貧困によって生み出された暴力（＝生き残りをかけた力関係）と類似するものがあり，施設養護の支援過程に内在する課題となった。そこには，時に暴力をともなう子ども間の序列関係や抑圧関係，職員と子どもの力関係として施設生活の「伝統」の如く受け継がれてきた問題性を指摘できよう。我われは，暴力に繋がる課題の背景に，このような認識や文化，慣習を是認する土壌（すなわち「非対称性」の問題）を放置してきた実態と関連するものを読み取るべきといえよう。

　つまり，課題を論じる際の論点が，このような実態への「内省」から始まるとする合意がない限り，混迷を生み出し，関係者自身が「問題の再生産」に加担してきたかのような構造を十分に解明できないことは明白である。すると，そのような実践は「乱暴な」「目的と手段が顛倒するような」「修正のきかない」かかわりとなり，当事者の自己決定権の本質を軽視する，対等・平等な関係の否定にも繋がりかねないパターナリズム（paternalism）が施設養護の過程に温存されることになろう。

　また，施設養護の実践原則なり，専門職としての実践指針なりを形骸化させないためには，遵守システムを立ち上げ，施設養護の内部質保証に努める必要がある。そのことと呼応して立ち上げられた苦情解決体制は，社会福祉法（2000年）の施行と併せて構築されたものであった。苦情解決への適切な対応を目指して，事業者レベルでは，法第82条の規定により「苦情解決の仕組み」が導入され，都道府県レベルでは，法第83条の規定に基づき「運営適正化委員会」が設置された。

　ところが，現在，児童養護施設の場合，子ども達の権利や人権の蹂躙状態が沸騰するに至っても，これらのシステムは十全に機能していなかった実態が明らかになっている。[6] 閉鎖的な環境とも指摘されてきた施設内部で生じている混乱の真相が明らかになるのは，いずれの場合も，真の被害者の声がまったく届かないまま事態が最悪状態に陥ってからであった。千葉県児童福祉施設協議会

（以下，千児協：県内に所在する児童養護施設，児童自立支援施設，母子生活支援施設，児童心理治療施設によって組織されている）が「恩寵園事件」を契機に独自に立ち上げたものとして，関連法や規則等々に規定されていない「児童福祉施設生活等評価委員会」がある（2001年）。それは，関連法に規定された「苦情解決の第三者委員」においても，また，「運営適正化委員会」おいても適切かつ迅速に対応し切れない出来事へのセーフティネットの機能を期待したものであり，千児協が1年程の時間をかけて取りまとめた「千葉県児童福祉施設職員倫理綱領」（2000年11月13日に宣言）を遵守するためのコンプライアンス（compliance）としての働きを期待したものであった。

　なお，「児童福祉施設生活等評価委員会」の活動は，いわゆる「第三者（委員）評価」とは些か異なる側面がある。委員会委員の任命権者（施設長等によって構成されている千児協）そのものも委員会からの評価を受ける対象とするため，委員会活動が，任命権者およびその下部の構成員（施設職員等）からのコントロールを受けないための独自性・独立性をいかに担保できるかの配慮が立ち上げの際の重要な論点になった。そのため，委員会の運営規定には，委員会の「独立性の保障」規定と併せて，委員の「要件」「使命」「解任」規定，委員会「勧告」に対する「取り扱い」および「勧告」に応える「取り組み」の「責任」規定が定められることになった。

　したがって，委員会の立ち上げに参与した施設運営責任者（法人理事会も含む）および現場実践者は，ともに，この委員会を自己点検・自己評価を推し進めるシステムとして機能させる責務を負うことになった。とりわけ，施設養護の過程に参画する個々の職員は，専門職実践や専門職倫理に離反しない職務遂行への拘束性が求められ，加えて，このような過程を踏まえて策定された「千葉県児童福祉施設職員倫理綱領」の各規定を遵守するコンプライアンス・システムとして立ち上げた委員会機能を形骸化させない「不断の努力」のあり方が問われることになった。

　「児童福祉施設等生活評価委員会」が千児協に提出した第1回活動報告書（2002年）は，代表委員の任にあった筆者が取りまとめた。施設養護の内部質保

証を企図した評価基準を以下のように示し，千児協傘下の全施設に配布した。

① 禁止や制限の少ない，温もりと穏やかさが実感できる生活環境の定立をいかに図るか。

② 個室化の前提となるプライバシーを相互に侵襲しない意識と行動を生活文化としていかに醸成するか。

③ 生活場面における人格の尊重，命の尊厳への配慮をいかに徹底するか。

④ 生活の支援と豊かな個性を育むことにも繋がる「自己選択，自己管理，自己決定」を促す継続性のある取り組みの展開を③の取り組みと連動させるように，いかに計画するか。

⑤ 「説明と同意（選択）」と「意見表明」による施設生活への参加および自治が尊重される実践環境をいかに確立するか。

⑥ 形骸化することのない苦情・要望の申し立てを保障するシステムの定立をいかに図るか。

これらの各項目は，建物規模の大小を問わず集団生活が前提となる生活型社会福祉施設で暮らす子ども達に「質の高い生活（quality of life）」を保障する「指針（guidelines of institutional practice）」が全国児童養護施設協議会等でまとめられるであろうことを想定し，その「たたき台」の一つになることを願って関係者に提示したものであった。その際に留意したのは，子ども達が「安心」「安全」「ゆったり」「いきいき」「穏やか」「のどか」の言葉に象徴される「暮らし」を施設における日常生活の中で実感できる実践方法・方略を千児協として共有できる必要性を説くことにあった。

なお，付言するならば，施設養護のパラダイム転換を促す際，当時から関係者の中でメインストリームのように論じられていた施設の「小規模化」「家庭的養育」の展開を前提にする必要はないとのメッセージを発信するねらいもあった。しかし，今日に至っても，児童養護施設実践に内在するパターナリズムの問題，権利を擁護するシステムの機能不全問題，職業倫理の空洞化・形骸化

問題等が，施設養護の新しい形を論じる場で重要なテーマに位置づけられた事実は確認できない。

それから35年ほどが経過している。しかし，社会福祉（施設養護）領域では，看過できない当事者に対する「人権や権利（基本的人権）」の侵害に繋がる出来事が後を絶たない。このような事態が頻発するのは，「人としての命」も脅かすという意味で危機的である。国民の「意識的な努力（conscious effort）」なしに「人権や権利」は実質化されないとされる。その作業に連なる社会福祉専門職による「努力」とは何か。本書では，ソーシャルワーク実践の基底的理念（価値）ともいえる「生命への畏敬」「尊厳ある生き方の保障」「権利の擁護と代弁（advocacy）」を支える制度と実践の構築を目指した確かな取り組みの「形（performance）」が共有できる方略について，以下では児童養護施設に焦点化しながら整理してみたい。

2　施設養護の過程で権利を擁護する汎用作業が破綻した要因

（1）施設養護が陥った「混迷」への後追い的取り組みの隘路

社会福祉実践の一形態をなす施設養護が共有すべき実践原則なり基本原理を形骸化させないため，実践現場に何らかの遵守システムを立ち上げ，拘束性を高める必要を論じる条件は，「苦情解決委員会」や「苦情箱」「運営適正化委員会」の設置によってシステム化された。ところが，児童養護施設の場合，子ども達の権利や人権への蹂躙状態が明確になっても，本システムが十全に機能しない事態が明らかになっている。そこでは一体何が起きているのか。

子ども達の多くが施設入所を余儀なくされた背景については，第1章第1節で触れたが，児童養護施設関係者によって引き起こされる「不適切なかかわり」についていえば，このような事態をもたらした支配（power）や排除の論理と切り離して論じられない側面もある。しかも，社会福祉サービスの大衆化が進展する中で，遺棄とか育児放棄（ネグレクト）のような古典的困窮は，子どもと家族を取り巻く課題が複雑化する中で深刻度を増している。様相は複雑

表4-1 「児童養護施設等入所児の権利擁護」に関連する主な通知等

1997年12月	通知「児童養護施設等における適切な処遇の確保について」
1998年2月	通知「懲戒に係る権限の濫用禁止について」
1999年10月	通知「児童養護施設等に対する児童の権利擁護に関する指導の徹底について」
2000年06月	通知「社会福祉事業の経営者による福祉サービスに関する苦情解決の仕組みの指針について」
2000年11月	子どもの虐待対応の手引きの改正
2001年6月	通知「児童福祉施設等における児童の安全の確保について」
2004年12月	児童福祉施設最低基準の改正：児童福祉施設職員が入所児童に対し，虐待等を行うことの禁止
2005年2月	児童福祉施設最低基準の改正：児童福祉施設職員の専門性

化しながら施設で暮らす子どもの「未来」を切り拓くことに危機的なダメージももたらし，「かかわり困難」となって実践現場の苦悩が続く。本書は，このような実態を「深刻で静かに迫りくる危機」と表記してみたい。

　このような実態は，多くの関係者が時間を無為に過ごしたことによって招いたものなのか。そうではない。改正児童福祉法の2009年4月施行と併せて「被措置児童等虐待」なる概念が登場し，さらに「被措置児童等虐待対応ガイドライン」（2009年3月）が取りまとめられた。しかし，このような取り組み以前から，厚生労働省は，深刻な事態が表面化するたびに「児童養護施設等入所児の権利擁護」に関連する通知等を発出していた。その主なものをまとめると表4-1のようになる。

　ところが，いまだに「不適切なかかわり」「施設内虐待・ネグレクト」は施設養護の場で払拭できないままにある。⁽⁸⁾深刻化・悪質化の様相すら呈している。しかも，浮上する課題の元凶を「被害—加害」の関係から子ども達になすりつけ，さらに「問題の個人化論」「自己責任論」と符合して専門職としての機能や責任が曖昧になりつつある。発出された通知が，このような実態の改変に繋がらない「現実」は何を意味するのか。混乱や対立（紛争）は，組織内で何らかの合意を得る機能の定立なしに本質的な解決を図ることは難しい。しかし，そもそも施設養護とは何かの問いにも一定の合意がない中で，施設の暮らしに安定と秩序を取り戻す作業の標準化は容易とならない。現場実践を拘束する準拠法と関連させて論じられてきた組織論や施設長論，労働論等とは異なる切り

口からの検討も必要となろう[9]。

　我われは，言語を介した討論と説得に反応し，行動するが，その起点は「自己解釈（持論＝practice theory-in-use）」に依拠しがちとなる。このような反応の仕方や行動に変容を促すためには，持論や「認識枠組み」の新たな構築に向けた英知を結集する取り組みも必要といえよう。このような視点が発出された通知から読み取ることはできない。

　人間社会の崩壊にも繋がりかねない「深刻で静かに迫りくる危機」への対応は，持続可能な未来社会のあり方を論じる際の主要テーマにもなり得よう。したがって，子どもを養護する営みに専門職として参与する場合，極限的な状況に置かれている子ども達の生命をエビデンスに裏づけされた具体的行動を通して擁護し，そのような取り組みの必要性を社会に呼びかける役割を担うことになる[10]。

　ところが，施設養護を社会制度化することで，担うべき機能の遂行が硬直し，社会制度に共通する「結果論」的な働き（社会福祉も，他の社会制度と同様に関連法に基づく制度的対応が基本になるため，規定にない事態の対応は制度の「狭間」となって放置される意）となるがゆえに，支援活動を通じても支えきれない課題が連鎖的に生起したことは何とも皮肉である。以下では，社会福祉の仕組みまでが人としての命と尊厳を軽視することに荷担しているかのように側聞される「深刻で静かに迫りくる危機」と向き合うに際，専門職として均しく共有できる「専門性」への志向を自らのうちに自覚的に恒常化できる「実践感覚」や「認識枠組み」の再構築をいかに図るべきかについて提起してみたい。

（2）なぜ権利を擁護する取り組みが破綻したのか
──「恩寵園（千葉県）事件」「救世軍愛光園（広島県）事件」から考える

　不祥事が続く児童養護施設には，行き過ぎた暴力と一度暴発したら容易に制止できない，あるいは，発達障害の故に理解するに難しい言動で周囲を振り回しがちな子どもが少なからず存在する。そのような彼らと施設でともに過ごす他児は，混乱が連鎖する環境に置かれ，表現のしようのない荒んだ表情を浮か

べ佇んでいる場合が多い。何らかの暴力的言動を伴い広がる混乱は解消の見通しが立たず，施設内の人間関係や生活関係にも「諦め」や「投げやり」のような現象をもたらし，そこで働く者と暮らす者の間には相互不信が蔓延する以下のような「状況」を生み出した。[11]

恩寵園事件——状況①

　ここでは，「意識的な努力」の成果でもあった「ケア基準」が，この業界では汎用されない実態を詳らかにした。それは，1995年8月，児童相談所に施設長や幹部職員による子どもへの暴力や不適切なかかわりを告発する匿名電話から表面化した。その後，同年9月の新聞紙面に「千葉県児童相談所長協議会が入所している子どもや保母と面接し，体罰を確認」，1996年4月に「園児13人が脱走，児童相談所に駆け込む」，同年5月に「園児が千葉県知事に『園長を辞めさせて』と手紙」等と報じられた。

　しかし，「不適切なかかわり」は，子ども達の生活を直接間接に支援するスタッフにも見いだせたのである。その実態は，金属バットや木刀で殴る，乾燥機に入れる，足を包丁で切る，男児性器を切りつける，強姦等，非道の限りを尽くしたものであった。支援過程に内在する問題性の指摘に対する返答は「今まで通りの仕事をしている」「先輩職員や施設長から教えられた通りの仕事をしている」等というものであった。躊躇いなく語られる部分に「不誠実」「不適切」なかかわりを生む元凶があるとの認識の共有は困難であった。「倫理綱領」の存在を知っていても内容にまで触れる機会はない，各条項を正しく理解できていなくても／自分に都合良く解釈しても日常業務に支障はないし現場に理屈など必要ないとする語りは，もはや驚きに値するものでなかった。

救世軍愛光園事件——状況②

　地元テレビ局の報道番組や地元新聞の「公費の小遣い教会献金」「県〈不適切〉と改善指導」（2006年4月上旬），「非常勤職員，複数の女児にセクハラ」「園は否定」「県は文書で指導」（同年4月中旬）等々と見出しが付された報道を通じて知られることとなった。以後，連日マスコミからの取材を受け，落ち着きとはかけ離れた雰囲気に包まれる生活が続いた。その騒然とした様相は，子どもの権利条約の底流にある「あらゆる危難に際し優先して救済されるのは子ども」なる理念を空しく感じさせるものがあった。

　ところで，問題は，突然に降って湧いたものではない。その伏線は，2005年秋頃から燻っていた雇用問題，施設の運営責任を担う施設長に対するスタッフや子どもの不信感，現場の実態把握ができない法人機能等にあった。この状況を救世軍愛光園に関与する「個人」「職業」「組織」が「当事者目線」に立って解消できなかったことで施設として抱えていた課題が一気に噴出する側面もあった。加えて，地方に所在する定員30名の小規模な児童養護施設の出来事が，全国の関係者に驚きを持って受けとめられた直接的な契機は，広島県およびマスコミ関係者に向けて出された内部告発（2006年3月上旬）にあった。

　ここに例示した「状況」には，幾つかの共通する課題が見て取れよう。

　一つは，専門職アイデンティティ（identity）の欠如であり，施設養護の機能や役割（大義：cause）に関する実践基盤（common ground）が共有できないまま放置されてきた問題である。

　社会福祉における支援活動の基本となる価値は人間の尊厳であり，ソーシャルワークは，その人間に接近する方法を構築してきた。しかし，混乱状態に陥った実践現場で側聞したものは，当事者の生活課題を個別化して把握できない，当事者の「語り（story）」を「聞く」「訊く」ことはできるが「聴き取る／聞き入る」（active listening）ことができない，そのため，支援の入り口を整える鍵になる「意向」をインフォームド・コンセント（informed consent）なる考え方（理念）から確認しないばかりか，その必要性の認識も持ち合わせない実践感覚であった。子どもと協働して支援計画を策定（＝アセスメントを通じて生育歴やジェノグラムを取りまとめながら「語り」を引き出す作業も並行して行うことが含まれる）したり，日々の記録が綴れない，支援計画の形式的策定はチームとしての実践展開に結びつかない等の問題もあった。状況が施設養護の対象（いわゆる普遍的社会問題）とする受けとめ場面においても，招来した事態への「自己責任」とする表現に連動して「問題の個人化論」的認識（必要以上に「自助」「自己決定」「自己責任」を強調する状況の創出）が広がりを見せていた。

　二つは，そもそも人権や権利との向き合いとする認識が欠落し，事態への対応も，いわゆる「喉元過ぎれば」の類の感覚が払拭されない問題である。

人として「住まう」に相応しい環境の整備を目指した「ケア基準」や「権利ノート」等の策定に向けた努力とその成果は，すでに形骸化していたようにうかがえた。前述したが，〈「状況①」〉に示した「恩寵園事件」以後に策定された「千葉県児童福祉施設職員倫理綱領」に対するコンプライアンス・システムとして千葉県児童福祉施設協議会が立ち上げた「児童福祉施設生活等評価委員会」も，現在，その過程で交わされた議論の内容を知らない関係者が多くなり，時間の経過とともに機能の空洞化を危惧しなければならない状況にある。千葉県内施設で引き起こされる「不祥事」は絶えることなく続いている。事態を引き起こす元凶にも大きな変化は見られない。

　三つは，ソーシャルワークの中核機能ともいえる「代弁（advocacy）」を支援過程で身体化（performance）する方法の了解ちがいである。

　「救世軍愛光園事件」を構成する要因の一つとなった不当解雇問題は，施設運営の「改革」を標榜した係争にまで発展した。その後しばしば登場した「園関係者」や「園関係者の有志（匿名）」から，和解が成立した時点で，同園にソーシャルワークの視点を取り込んだ新しい暮らし（施設養護）が定着している現実へのコメントを聞くことはない。しかも，その時にあった「改革」の主張は，新しい暮らしの中で既に支持を失い，同僚のみならず子どもの中で「関係者」「有志」は不快な存在となったことの振り返りは，専門職の責任として取りまとめるべきといえるが，そのような認識は共有できないままにある。

　係争過程で明らかになった園および法人の前時代的施設運営のあり方は，公的責任を担う組織として速やかに見直されなければならないものであった。過酷な労働環境にある実践現場にあって，不当労働行為への対抗軸として労働組合が組織されることは，施設の実践と運営の科学化・専門化の促進に繋がる限り大きな意味を持ち，正当に評価されるべきである。しかし，同園では，それら関係者によってまとめられた内部告発の文書において愚弄する表現を浴びせた同僚だけでなく，子ども達からも不信感・不快感を持たれたことは不幸であった。

　困難が続く園内に一人留まり，周囲からの批判を一身に浴びながら子どもを

支えてきた「園関係者」に思いを寄せることもなく，最後に，いわゆる「組合アレルギー」を蔓延させただけでしかなかったのは，「改革」を論じた方略に誤りがあった証左といえよう。子ども達に「保身のために私達を利用した大人達ばかり」と語らせた責任の重さを真摯に受けとめなければならない。それは，子ども達を児童相談所に飛び込むよう「園関係者」の「陰」に隠れ主導した人物にも当てはまる。飛び込んだ後に生じた状況に苦悩する子ども達を「置き去り」にした振る舞いの責任を受けとめている様子はうかがえない。

　閉塞する社会状況との対峙を必要とする社会福祉実践とって，専門職として失ったものを検証する機運は，終息しない持論のぶつかり合いがある限り湧き上がることもない。

3　施設養護の基本原理

（1）「破綻した取り組み」の再生から学んだもの

　筆者が「破綻した取り組み」に研究関心を持つ契機になったのは，前節で取り上げた「状況①②」に類似した出来事と幾度も遭遇した体験にあった。そこで考えるべきテーマは，眼前にある「現実」を専門職らしく「知ること」「感じること」「思索すること」であり，技術の修得に専心することではないとする思いであった。そのような営為の起点となる専門職として取り込むべき「実践原則」は，「いい加減な」「曖昧な」態度を排し，「本当のことを知ろうとする態度」を育むベースラインとする理解が共有される必要がある。そのための人材育成では「思索すること」を必要とする〈状況〉について詳らかにし，その過程で動員した知識の妥当性も「振り返る」循環的学習が修得されていなければならない。しばしば論じてきた「内省的思考」がこれにあたる[12]。そこでは，自らの職務遂行の態様が，専門職としての「実践原則」に準拠したものか否かを「見分ける眼と感覚」を育む方法を論じた。

　いかなる組織にあっても，内部に共有された価値観や行動規範あるいは信念が，構成員の行動や組織の活動に影響を及ぼすことは，既に了解事項となって

いる。この目に見えにくい力動が，組織や構成員の行動パターンの生成にどの程度まで影響するのか，その程度が何らかの不利益をもたらす方向に作用したならば，それを食い止める操作化の試みはソーシャルワーク（組織）の場合も重要なテーマになる。かつてレヴィン（K. Lewin）ら[13]が言及したように，構成員（個人）の行動や性向は，人間の内面だけではなく取り巻く環境要因からの影響も受けるため，社会福祉においても，その両面から「破綻した取り組み」のメカニズムを検討すべきとする所以である。

　なお，同様の課題意識から，組織の構成員に共有されるべき何か（集団規範，イデオロギー，制度理念等）が，基軸から離れることなく共有度も深まり，メンバー間の力動も活性化し，構成員個々が持つ知識や情報を活かす機会の生成を促す方略研究の成果が，社会福祉領域も含めて散見できるまでになった[14]。それらの文献から，時として持論も含めて現状維持を志向するパラダイムを持つ組織の実態を変革するには，構成員の行動や判断に自由度や自立性を認め，失敗も許される文化（＝安心・安全を実感できる実践環境）の醸成が必要と説く点に注目したい。そこから，構成員に求められる行動規範として何が重要であり，何が重要でないのかを判断する「価値観」や，見て触れたものをいかに認識するかの基盤となる「認識枠組み」を共有する作業をルーティン（routine）化する方略（＝理論と実践の融合を探る）について論じる視座の読み込みも必要といえよう。

　ところで，職種の異同を問わず，熟達（expert）化を通じて高いレベルの知識やスキルを獲得するには，およそ10年程の年月をかけた練習や経験が必要との考え方がある[15]。他者を感化し，薫陶を授け，主体的・自律的態度や意識を育むには，過酷な試練に立たせ，闇雲に「鍛える」だけで十分とならないことを教えている。したがって，理論と実践を融合する取り組みは，経験を共有し，その経験に内省的考察を加え，その過程で持論と異なる切り口（ソーシャルワークの視点）から対話を重ねる機会を提供できるか否かが鍵になると考えたい。

　以下では，「破綻した取り組み」の再生の過程で筆者も加わり取り組んできた，ソーシャルワーカー・アイデンティティに支えられ，ソーシャルワーカー

「らしく」考える（think like a social worker）ための実践環境を整えることに努めた作業について説明しておきたい。

　主に保育士と児童指導員によってスタッフが編成されてきた児童養護施設は，現在（東京都の場合），いわゆるインケア担当として基幹的職員，心理職，家庭支援専門相談員，自立支援コーディネーター，治療指導担当職員，看護職，里親支援コーディネーターが加わった。新旧職種間の相互役割の合意もないままの増員は，施設養護について何を目指す支援論として構築すべきかの説明を一段と難しくした感も否めない。支援課題（demand）への多様な分析視角を持つ専門職集団が繰り広げる支援過程を施設養護の総体とするならば，この過程（＝入所前から退所後までの生活を視野に入れた計画性・一貫性のある支援）を一元的に管理する「ケース管理の責任体制」[16]（＝スタッフが「一人歩き」状態で職務遂行にあたることのないシステムの意味）の構築を図ること（＝実践環境を整えること）は，事業体（組織）として当然の責務といえよう。

　ここでいう実践環境を整える作業のコンセプトは，子ども達の暮らしを通じて浮上する支援課題（demand）への対応方法として，「悲しみを分かち合う（omsorg＝スウェーデン語）」ことに留意し，彼らととともに模索する（active listening）ことによって，児童養護施設のソーシャルワーカーとしての自覚を促すことに繋がる点に求めてみたい。ソーシャルワーカーとしての自覚は，子ども達が抱える主訴の特徴を解析するアセスメントにおいて，①支援課題となる主訴は，なぜ，どのように形成されたのか，②それが形成された構造の特徴はソーシャルワークの射程に据えられる課題なのか，③取り巻く環境や家族の状況は，その課題の形成過程にいかなる影響を及ぼしているのか等[17]を分析視角とする必要を共有できる実践環境の醸成に貢献することとなる。

　ここで論じたいことは，施設養護の過程に参入するスタッフが共有すべき事項を「話し合う・考える→子どもと家族が抱える課題の現実を知る→実践の方向性を共有する→実践する→振り返る」過程を辿り，学ぶ機会を構築する必要性である。このことを意識して筆者とともに取り組んだ児童養護施設での「事例研究」の進め方について，渡部律子は「施設の管理者が職員の資質向上を真

剣に考え，（事例研究の過程で浮上する）課題排除のための条件整備ができたことと，職員全員の参加による継続的な事例検討会の積み重ね効果（括弧内は筆者）」に着目し，施設全体の実践力の向上と，職員の「燃え尽き」を予防できる可能性があると言及された。⁽¹⁸⁾施設養護の機能や役割の共有化を目指した「個性的」取り組みが第三者による評価の主要事項となり，評価を受けながら（修正を加えながら）積み重ねる「変革」は，そこに目的意識の烈しさがある限り漸進主義に依拠してなすべきことを学んだ。

　ソーシャルワーカーとして向き合う当事者の現実を的確に「認識（知覚）」できなかったり，支援にまつわる「解釈」「決断」が曖昧なため「行為・行動」も杜撰であったりすると，ワーカーのみならず所属する組織までが自浄能力を失い，やがて「個人」「職業」「組織」の各々が機能不全に陥ることは，恩寵園や救世軍愛光園への関与から筆者が学んだことであった。施設養護の過程も，子どもやその家族との間に双方向（対等・平等）の関係を構築し，展開されるべきであったが，その理解を欠いたことが，深刻な事態を連鎖的に引き起こす要因となっていた。「問題」が顕在する端緒となった内部告発は，そこに関与した者が語るように，子どもの権利を擁護し「子どもの最善の利益」の保障を目指すソーシャルアクションとしての側面を持っていた。しかし，その志は変質し，子ども達を引きずり込んだ「果てしなき消耗戦」と化す要求運動，あるいは，どこの施設（組織）でも話題になる職員間の好き嫌いの感情から派生した人間関係の縺れを適切に処理できなかったための「問題」に変容した様相も明らかになった。

　混乱と混迷が沸騰する状態に陥った児童養護施設では，ソーシャルワークの逆機能の連鎖ともいえる不祥事が繰り返されていた。なぜなのか。それは，社会福祉の基礎構造改革に関する論議以降，法制度的に対等・平等の視点に立脚した支援方法の標準化が推進されてきた一方で，旧態依然としてパターナリズム（paternalism）が温存された施設養護を払拭／清算できない現実と関係していたようであった。いずれの施設においても，スタッフの多くが自らの考え（持論）のままに子どもを「操作する」「あやつる」「誘導する」かかわりを，

仮に無意識であっても常態化させた現実認識の欠如が，実践を構成する「個人」「職業」「組織」の各々に見いだせたのである。

「深刻で静かに迫りくる危機」の意味と結果を最も深刻に受けとめるのは子ども達自身にほかならない。子どもの権利は，大人の権利や人権の意識水準によって制約される特徴を持つ。本書が関心を寄せる施設の暮らしは，子ども達にとって安心・安全を実感できる水準になく，その実態は「個人」「職業」「組織」各々の権利や人権に関する意識水準を物語っていた。併せて，そのような「個人」「職業」「組織」を繋ぎ合わせる共通基盤も存在していないことが明らかになった。

「組織」のみならずスタッフにも見いだせた自信喪失が，混乱を乗り越えるエネルギーまでそぎ落とした事実も浮上してくる。我われは，自身の中で「自明としてきた思考（持論）」が壊れていることに気づかず，「問題の再生産」に荷担する構造も解明できなかった事実を内省したい。子ども達やその家族の「語り」「意向」に寄り添い，「課題の共有」から支援が始まる視座を持ち合わせていたのか否か等を検証するだけでなく，さらに前へと踏み出す取り組みに着手する視座（基軸）の共有を図る時期にあるといえよう。

（2）「個人」「職業」「組織」を繋ぐ「基本原理」

施設養護の「基本原理」とは，施設職員と子ども達が生活をともに営むことの意味を見失わないための実践指針のことをいう。ここでは，ソーシャルワーク実践の根本原則でもある「個別化の原則」を中核に据えた実践指針を提示してみたい。

「施設養護の基本原理」について，本書では，サービス需要者である子ども達に対して，施設が／職員が権利を主張することも，提供されるサービスの質を評価することも許さない状況に置き続けてきた事態を直視し，内省することの眼差しを堅持できるか否かを検証するための視点として位置づけてみたい。なぜならば，それは，専門職として共有すべき「行動指針（guideline）」を意味し，施設／施設職員が改善すべき「実践」が広範に存在する現状の超克を目指

す際に唯一の拠り所となる共通基盤（common green）だからである。

　本書では，厚生労働省が，2010年7月に保育士資格取得に関する省令の改正で提示した「社会的養護」の「シラバス」に準拠することにこだわらず，大谷嘉朗，吉沢英子，豊福義彦や積惟勝等が著書に著した基本原則に学びながら「基本原理」について論じてみたい。そこで，まず，集団生活を余儀なくされる施設生活の「特殊性」を勘案し，その「空間」で子ども達が施設退所後に続く人生を歩む上で必要な知識をいかに獲得し，それを駆使して自分らしく生きるための「術（すべ）」として活用できるようになるかの方略（strategy）を，試論のレベルにとどまるが，「行動指針（guideline）」あるいは実践展開上の「共通基盤」として提示してみたい。

　①　第1の方略＝「個別化の原則」「個性の尊重」を基底に据えた「差別化の視点」に貫かれた支援的態度が体現された実践の展開に向けて

　人，問題，環境（時間，空間，関係）の一つ一つが全く異なる存在であるとする認識を前提にした実践。

　②　第2の方略＝「劣等処遇」思想（意識）の払拭に向けて

　権利保障・人権擁護の視点に立った実践。それは，各人に相応しい安心，安全を実感できる環境の保証を意味し，子ども達に義務を求める前に，権利と人権に対する「不断の努力」の意味を伝える実践。

　③　第3の方略＝人間らしく生きる尊厳の確保に向けて

　施設養護の過程を通じて対等・平等な人間関係をいかに実現し得るか，それをさまざまな「空間」で体感できるような「経験」「機会」「場」の提供に努める実践。

　④　第4の方略＝発達保障に向けて

　施設養護の過程は，子ども達が語る「現実」から取り組みが始まり，その上で「エンパワメント（empowerment）」「ストレングス（strength）」「ナラティブ（narrative）」概念の導入方法を探る実践。

　⑤　第5の方略＝家庭的なるものとは異質な実践の展開に向けて

　家庭的なるものが醸し出すファンタジーのような雰囲気の呪縛から解き放さ

れ，人間らしく生きる生活環境の創造を目指す実践。施設養護は，常に，家庭的なるものとの相対比較の中で論じられるべきものなのか。そのことで，今や行政処分として機能していた「措置」とは異質な，多様な選択肢を準備した上で機能する「利用（契約）」と呼称することが一般化しつつある時代への準備はできるのであろうか。施設養護が影響を受けるのは，家庭という場のことか，関係のことか，状況のことか，雰囲気のことか。この点の整理を曖昧にしたまま家庭との比較で施設養護の課題が論じられことは，施設で生活する子ども達の尊厳を冒とくすることにならないのか。

⑥　第6の方略＝自由と選択の確保に向けて

施設（職員）から求められる指示や強制とは異なる「制限（limitation）」との関係から考える実践（例：施設生活に日課を取り入れたり，自由時間なる時間帯が生活の中に存在することの合理的な説明は可能か）。

⑦　第7の方略＝当事者参加の実現に向けて

支援が必要となる課題の明確化（共有化）と，支援の意向を確認（契約）することから始まる施設養護の確立を目指した実践。それはパターナリズムの克服に繋がる。

⑧　第8の方略＝専門的知識に保証された支援の確立に向けて

「経験，勘，骨，直感」だけに依存しない実践の展開を目ざすことと併せて，ケアワーク組織ではなくソーシャルワーク組織（organization）として定立させることを目指した支援方法の体系化に努める実践。それは，他の専門職がすでに「エビデンス・ベースド・プラクティス（＝科学的証拠に基づく実践）」を志向している状況にコミットできる実践環境の整備に繋げること＝養育でも，保育でも，生活療法でもない施設養護を身体化（performance）できることを意味する。

このような「行動指針（guideline）」からイメージできる施設養護の「形」を以下のように説明しておきたい。

① 施設で生活する子ども達にとって，関係を持ちたいと願う選択に幅の
ある「おとな」が彼らの身近に多数存在し，安定して許容的な「空間」
となる生活環境の醸成に努めること。

② 外的な条件によって非常に敏感に反応する子ども達の生活状況をきめ
細かく観察し，彼らが真に求めているものに積極的かつ即応的に対応で
きるよう努めること。

③ 施設における日常生活の中で，子ども達一人ひとりの状況に応じた
「居場所」の確保に努めること。

④ 施設における生活リズムや生活環境の基調づくりは，子ども達との信
頼に満ちた関係形成に努める過程で創出すること。

⑤ 「受容」と「傾聴」を基軸とする施設職員の実践（これとは異なる取り
組みを例示すると，力関係を利用しながら「躾」とか「常識的な規範」の名の下
で施設が設定した「枠」を従順に遵守して生活するよう子ども達に求める実践）
を通じて，子ども達同士の関係を正しく密になるよう働きかけ，社会関
係・人間関係への参加に自信が持てる生活の営みに繋がる「居場所」の
拡大に努めること。

（3）ソーシャルワーク実践としての施設養護

しかし，児童養護施設職員が向き合う支援課題の中には，現在，行き過ぎた
暴力行為と一度キレたら容易に止められない子ども達の混乱も含まれ，今やそ
れは施設内で日常化する実態にある。そのため，子ども間に見られる暴力問題
への対応場面では，ソーシャルワーク実践にとって自らの専門性を語る際の揺
るがせない視座にも，それを堅持することへの疑義が表出している。すなわち，
ソーシャルワーク実践が「主体性尊重の原理」から導き出される「個別化した
対応」に努めることを最大の特徴としている点についてである。それは，施設
職員の眼球や鼻に向けて手加減なしに殴りかかってきたり，刃物を手にして凄
みをかけてくる場面等では自身の身に危険を感じることになる実態に対して，
ソーシャルワーク実践はいかなる意味で有効な手段になり得るのかというもの

であろう。

　ここで，施設養護について，社会福祉制度の枠組みの中で展開される支援活動を意味するソーシャルワーク実践に関連させながら，暫定的であるが定義してみたい。なお，その場合，次のように説明できる施設養護の構造的特徴をいかに取り込むかも考慮してまとめてみたい。すなわち，①業務の過程で取り得る手続きや方法を自らの意思で自由に選択できる余地がある。②経済的効率性を厳しく求められないため，非生産的手作り性が残っている。③業務の目的と現実の仕事が一体化しており，自らの仕事の跡を，利用者の成長・変化の上に確認できる喜びを残している，である。

　すると，施設養護（institutional care）とは「子ども家庭福祉に連なる法制度が共通して掲げる理念や目標を達成するために，あるいは，各人が保持する困難を跳ね返す『力（resiliency）』に着目しながら，環境との相互接触面に生起した，施設に住まう子どもとその背後にたたずむ家族が抱えるデマンド（demand）としての生活課題（life task）への処理能力（coping ability）を高め，応答性（responsiveness）の増進を図るにあたり，人間としての尊厳に満ちた生活の基盤となる衣食住ならびに健康管理に関する知識と技術を駆使しながら，実際の業務は日常生活上の『世話（care)』を媒体（support media）に，子どもと家族の生活の活性化（treatment）に向けた支援（practice of social work with care for living）と，権利を擁護する取り組み，あるいは，目的意識的なかかわりの過程（purposeful supporting process）と，それを計画し評価するまでの取り組み全体によって構成される」と。なお，定義中にいう「子ども家庭福祉に連なる法制度」とは，日本国憲法，児童憲章，児童福祉法，世界人権宣言，子どもの権利に関する条約，児童虐待の防止等に関する法律，児童福祉施設最低基準（現・児童福祉施設の設備及び運営に関する基準），等々を意味する。

　このように定義できる施設養護の過程に新しい地平を切り開くため，施設職員として共有しておきたい「ソーシャルワーク実践に連なる分析視角」を以下のように取りまとめてみたい。

　一つは，「人」が問題なのではなく「問題」そのものにソーシャルワーカー

として向き合うべき実践課題があるとの理解に立つこと。その上で，当事者との対等・平等な関係に立って展開する支援[21]を推進するにあたり，「人」と「社会」の相互接触面に渦巻く「問題」についてソーシャルワーカーとして担う「射程」の明確化に向けて，内省的思考の方法を駆使できる実践力の習得に努めること。

　二つは，支援を必要とする「人」が誰であろうと，どのような事情に置かれている「人」であろうと，民主的手続きに則った公平なサービスの提供を目指し，さらに，提供の迅速化が可能となる制度・政策の「変革」も含む支援方法の習得に努めること。

　三つは，人間の尊厳とは何かを問いながら，構造的弱者（＝「直したい，変えたいと思っていた」としても適わない現実に置かれている者の意）の立場に置かれ続けている人びとに集中的に覆いかぶさりがちな社会的な不公正や不正義の実態を見いだし，このような状況との闘いを辞さない分析力や構想力の涵養に努めること。

　四つは，ソーシャルワーカーとして当事者と協働（collaboration）しながら，直面している，あるいは，認識している諸困難と建設的に向き合うように努めること。それは，全ての事柄を肯定的に受け入れるように求めていることを意味しない。ソーシャルワーカーが自ら当然のように思い込んでいる（受け入れている）事柄（価値，制度，対処方法，等も含む）を今一度見直し，再構築する過程を重視することを求めている。

　五つは，多くの専門職が「エビデンス・ベースド・プラクティス（科学的証拠に基づく実践：evidencebased practice)」を志向する実践のあり方に関心を寄せている中で，ソーシャルワークとしても積極的にコミットすることは業務上の「責任」として自覚すること。このことは，児童養護施設実践が，久しく，あたかも合理的な雰囲気を醸し出すような理由（言葉）を付与しつつも，実際の支援過程では当事者の存在を片隅に追いやり，再び「ワーカー中心主義」「ワーカーによる操作主義」を現出する「罠」に陥りかねない可能性を払拭できてこなかったことについて，その是正を図る契機になるかもしれない。したがっ

て，ソーシャルワーカーとして専門的な「知識」だけに関心を寄せるのではなく，当事者が持つ「知識」にも関心を向けつつ支援過程に取り込み，併せて，当事者の困難を跳ね返す力（resiliency）に着目する支援的態度を身につけること。そのことにより，当事者の尊厳に思いを寄せつつ，当事者の生きる世界にも，ソーシャルワーカーの認識を遙かに超えた「現実」が存在することに気づけた自分と向き合えるに違いない。

　六つは，ソーシャルワーカーは，自らの「知識」を手がかりに対峙する「現実」を分析し，支援の必要を説明できる「証拠」を整えるほかに，当事者と織りなす支援過程で当事者の「情動」を受け止め，当事者が体験した「現実」についての「語り」に耳を傾け，人間としての尊厳を侵襲することなく，当事者の願う暮らしの再建に貢献すること。それは「情動」を批判的・審判的に解釈する，「現実」を客観的に見る／主観的に見るということだけでなく，当事者にとって一体何が「現実」であり，それをソーシャルワーカーがいかなる価値観（ワーカー個人の私的な「意味世界」）に依拠して受けとめているかを把握すること，言い換えれば，自己理解の程度が問われることを意味する。

（4）ソーシャルワーカーと「自己理解」──なぜ求められるのか

　施設養護においても，他領域のソーシャルワーカーと同様に「自分自身の感情の存在を認識する」こと，すなわち，自己に関する知識（knowledge of self）とも称される「自己活用」「自己覚知」「自己理解」の重要性について十分認識できていることが求められる。

　そこには，ワーカーへの期待が込められている。

　ワーカーは，当事者から受け入れられようと，拒否されようと，一貫して善意を持ち続け，かかわることが期待されている。当事者の立場に立ったつもりのワーカーの助言が，その人によって頭から拒否されたり，まったく実行に移されなかった状況に立たされても，それでもなお，その人を信頼し続けることが期待されている。しかし，このような期待に応えることは，決して簡単なこととならない。ワーカーも生身の人間である以上，自ら語っている言葉と，自

分の思い（気持ち）とが一致しない場合も少なくない。可能な限りそのような「ズレ」をなくすことが優れたワーカーになる要件の一つになる。

　どのようにすると，そのような要件を満たすことができるだろうか。何よりも重要なことは，ワーカーが自分自身の性格，特に，その長所や短所，自分の育った文化等について理解し，洞察できるように努めることであろう。このような洞察に欠いた場合，ワーカーは，自身の内にある偏見や感情の動きによって，自分の態度や判断に偏りがあるかもしれない事態を的確に認識できない状態に陥ることになろう。

　重要なことは，ワーカーとして自身を客観的に感じ取り，理解すべき意味を「わかっている」ことと，当事者に働きかけている過程では，可能な限りありのままの自分でいられる「自己一致」に努めることである。ワーカーが，自身に真実である時，当事者との間に見せかけではない関係の形成が初めて可能になるように思える。

注
⑴　「朝日新聞」東京版社会面，2019年 8 月 2 日付朝刊。
⑵　「朝日新聞」東京版社会面，2014年 3 月15日付朝刊。
⑶　千葉智正「北海道養護施設ケア基準」『道養協』23，北海道児童養護施設協議会，1994年。
⑷　西澤哲「児童養護施設におけるマルトリートメントを超克する視座——支援者への支援」北川清一編『社会福祉の未来に繋ぐ大坂イズムの継承——「自主・民主・平和」と人権視点』（大坂譲治先生追悼記念論文集），相川書房（私家版，頒布先：明治学院大学北川研究室），2014年，119頁。
⑸　北川清一「児童養護施設のソーシャルワーク実践と『非対称性』の課題——『養育』実践の構造的問題から読み解く」『ソーシャルワーク実践研究』10，ソーシャルワーク研究所，2019年。
⑹　このような実態は，稲垣美加子編著『ソーシャルワークにおける権利の擁護と第三者評価——母子生活支援施設の「子ども主体」を読み解く』ソーシャルワーク研究所，2019年，に詳しい。
⑺　この宣言に遅れて10年後（2010年 5 月17日）に全国児童養護施設協議会も「倫理綱領」の取りまとめを行っている。その全文は，「千葉県児童福祉施設職員倫理綱

領」とともに，本書の「参考資料」に掲載した。

⑻　高田祐介「問われる権利擁護と専門職実践──社会的養護の担い手にある課題」『社会福祉研究』119，鉄道弘済会，2014年。

⑼　詳しくは，北川清一「ソーシャルワークの大義（cause）を身体化（performance）する方略──"かかわる"営為の再検証」『ソーシャルワーク研究』40⑴，相川書房，2014年を参照。

⑽　例えば，北川清一「社会福祉を取り巻く支援環境の構造的変化を読み解く視座──越境するソーシャルワーク論序説」『ソーシャルワーク研究』39⑷，相川書房，2014年を参照。

⑾　詳しくは，北川清一「施設における不祥事発生のメカニズム──専門性と意味世界のはざま」『社会福祉研究』100，鉄道弘済会，2007年を参照。

⑿　例えば，北川清一『ソーシャルワーク実践と面接技法──内省的思考の方法』相川書房，2006年を参照。

⒀　Lewin, K. et al. "Patterns of Aggressive Behavior in Experimentally Created 'Social Climates" *The Journal of Social Psychology* 10, ⑵, 1939.

⒁　例えば，北居明『学習を促す組織文化──マルチレベル・アプローチによる実証分析』有斐閣，2014年，西村公孝『社会形成力育成カリキュラムの研究──社会科・公民科における小中高一貫の政治学習』東信堂，2014年，小山聡子『援助論教育と物語──対人援助の「仕方」から「され方」へ』生活書院，2014，等である。

⒂　金井壽宏・楠見孝編『実践知──エキスパートの知性』有斐閣，2012年。

⒃　詳しくは，北川清一『児童養護施設のソーシャルワークと家族支援──ケース管理のシステム化とアセスメントの方法』明石書店，2010年を参照。

⒄　同前書。

⒅　渡部律子「職員相互に力量を高めるために──事例検討会の取り組み」『世界の児童と母性』74，資生堂社会福祉事業団，2013年。

⒆　北川清一編『三訂・児童福祉施設と実践方法──養護原理とソーシャルワーク』中央法規出版，2005年（一部加筆訂正）。

⒇　活性化（treatment）とは，再生化とも邦訳が可能な用語であり，各人の生きる力の蘇生を促す取り組みをいい，ソーシャルワークの基本的機能を意味する。

㉑　本書は，児童養護施設関係者が，久しく／今も用いている「処遇」「指導」「援助」と表記しないことにこだわっている。

<table>
<tr><td>第5章</td><td>ソーシャルワーク組織として取り組む
実践
──状況論的アプローチの探求</td></tr>
</table>

1　ソーシャルワーク実践の特徴

　ソーシャルワーク実践は，洋の東西を問わず，時代を超え，一環して支援の射程に据える「人」「課題」「環境（時間，空間，関係）」の「個別性（individuality）」に着目しながら，類似する支援論との差別化に努めてきた。そのため，ソーシャルワーカーは，生活実感として「他人には理解することのできない個人的な事情による生活上の問題」のように受けとめられがちなデマンド（demand）（第1章第4節参照）としての生活課題（life task）について，これを支援が必要となる当事者と環境との相互接触面（interface）に生じた交互作用（transaction）を通じて生起したものとして捉え，問題の渦中に置かれている当事者とともに相互の役割関係に留意しながら課題の解消方法を検討してきた。言い換えるならば，それは，当事者との暮らしの向き合い，すなわち，日常性との向き合いそのものを意味するものであり，支援の「過程」および当事者とワーカーの「関係性」のあり方への「こだわり」でもあった。

　すると，ソーシャルワーク実践とは，社会福祉専門職として人びとが抱える課題の解決を目指して介入（intervention）を試みる支援活動のことをいい，その特徴は，人（当事者）と環境との相互接触面に焦点を当てながら関与する過程から導き出されることになる。言い変えるならば，人びとが暮らしの営みにおいて直面する生活上の諸課題を，人と環境との相互接触面に生起したものと捉え，両者の交互作用（transaction）に目的意識的（purposeful）に関与する働きかけを通して，人の環境に対する対処能力や生活課題に対する処理能力を高めることと併せて，応答性の増進を図るよう支え続けること意味する（第4章

参照)。

　ところが，本書が取りあげる当該領域にあっては，「施設養護とは何か」の問いが常に存在し，それへの応答自体がきわめて難しい課題となっている。しかも，児童養護施設は，ソーシャルワーカーにとって揺るがせない視座も含めて，ソーシャルワークの効用に久しく疑義を表明してきた歴史がある。すなわち，「机上の空論」とする類いの批判である。第3章で言及したが，大谷嘉朗が「バット博士記念ホーム」をフィールドに施設養護の方法としてファミリー・ケースワークを論じて以降，ソーシャルワークの実践現場（setting）として説明することを拒絶し続けてきた児童養護施設には何が起きていたのであろうか。ここで，この実践現場に対して幾つかの課題を提起してみたい。なお，その際の分析視角は「クリティカルな眼差し（critical perspective）」と「行動理想主義（actionidealism）[1]」に求めてみたい。

　一つは，施設養護に限らないが，ソーシャルワークを取り込んだ支援方法の独自性は，何を対象に捉えているか（すなわち射程）を明らかにすることなしに説明できないために浮上する課題がある。例えば，構造的弱者（＝「直したい，変えたいと思っていた」としても適わない現実に置かれている者の意）とも規定できる要養護児童が，施設における暮らしの中で「暴力」に走る背景的な要因について，児童養護施設実践はその「現実」をいかに解析してきたのかが問われる。それは，臨床心理学者の田嶌誠一が提起する「安全委員会」[2]方式なるものの導入の必要性を論じる文脈が社会福祉の実践現場といかに相容れないかを指摘するにあたり，施設養護が「暴力」との向き合い場面でソーシャルワークといかなる関係（context）を持つべきかを明確に言及しなければならないことを意味する。

　二つに，現行の施設養護の取り組みは，ソーシャルワークが実践理論の中に掲げてきた「人」ではなく「問題」を支援課題として捉える「視座」を共有し，子ども達や家族が保持する困難を跳ね返す力（resiliency）に信頼を寄せ，それを支援過程でストレングス（strengths）に変容する方略に親和性を持てるかの課題が浮上することになる。

　三つに，児童養護施設が置かれている現行制度の下で，ソーシャルワーカーを，あるいは，ソーシャルワーク実践の組織を自認する者として，施設養護も子ども達と家族の主体形成に寄与することを目指して「契約」の取り結びから始めるとする合意形成の意義を認識できるかの課題が浮上することになる。施設養護としての支援スタイルは，実践現場の建物構造（規模）と同様に多様である。したがって，そのような異同を超え，サービス供給の「第一受益者」である子ども達にとって，自身が抱える事情のいかんを問わず，措置先から受けるサービスは施設生活を通じて「安心」「安全」「ゆったり」「いきいき」「穏やか」「のどか」なる思いが実感できるものでなければならない。

　四つに，子ども達が，施設で「住まう」ことを通じて尊厳ある自身の命に自信と誇りを覚え，自身の人生に希望や夢を抱く土台となる「生活設計能力」を育む方略（strategy）について，その取り組みの方法を専門職としての「説明責任（accountability）」なる視座から言語化することの意義を共有できるかの課題が浮上することになる。

　五つに，以上の問いかけにいかに応えるかは，決して「どうでも良いこと（indifferent）」にならないとする点で合意形成を図ることが可能かの課題が浮上することになる。

　今なお措置制度の下で運営されている児童養護施設にあっても，前述した課題を施設養護の過程に抱える事態を乗り越えるにあたり，「権利擁護」に連なるシステムの構築は重要な実践テーマとなる。建物構造（規模）に大小の違いはあるが，施設での暮らしは「集団生活」を余儀なくされる。そのため，子ども達は，日常生活のあらゆる部面で集団規範の遵守を強いられることが多く，支援の「場」となる日々の暮らしも「個別化」より「平均化（組織の中で例外的対応を認めないことの意）」を起点に営まれがちとなる。施設養護の過程で施設が／施設職員が，子ども達に「平均化」を強いる必要性を説明することは必ずしも困難な作業にはならない。

　しかし，社会福祉専門職として「平均化」を推進する必要性を当然とするような意味合いを含意しながら説明する判断（決定）の過程にいかなる「価値」

なり「認識」なりを介在させているかを分析すると，子ども達の「目線」と必ずしも交差しない支援の「現実」が浮上することもしばしばである。そして，我われは，支援の方向性を規定する「価値」が錯綜し，「目線」が交差しない支援の「現実」から，施設生活内に派生する多様な「事件」や「事故」に結びつく要因が抽出できる実態を側聞することにもなる。

　すると，施設養護の過程がソーシャルワーク実践の一翼を担う実践体系を持ち合わせるには，我われも，社会福祉専門職として，その支援方法に関するシステムついて，これを「人」「課題」「環境（＝時間，空間，関係)」の「個別性(individuality)」との関連を包摂しながら説明できる以下のような視座を共有できることが必要になる。

　①　クライエントシステム

　ここでは，児童養護施設の「クライエント」とは誰のことをいうのかを明らかにする作業を導くことになる。

　②　ニーズシステム

　ここでは，「クライエント」として浮上した「人」が，いかなる支援課題（デマンド＝demand）を抱え，それは児童養護施設として受け入れ可能な要件（＝主訴，支援の射程，守備範囲）をいかに具現化している状態にあるのかを明らかにする作業を導くことになる。

　③　ソーシャルワーカーシステム

　ここでは，アセスメントの作業を通じて確認できたデマンドとしての支援課題に対応するにあたり，ソーシャルワーカーがいかなる「支援の道具（知識，スキル，資源＝helping media)」を持ち合わせる必要があるかを明らかにする作業を導くことになる。

　④　社会および個人の資源システム

　ここでは，支援課題としての主訴を解消する上で，児童養護施設は「クライエント」に対していかなる社会および個人の資源と繋げられる状態にあるのかを明らかにする作業を導くことになる。

　いずれにしても，問題意識に欠ける人間は，「専門職」としての「成長」も

期待できないことを銘記すべきである。

2　施設養護の過程に介在するソーシャルワークの「形」

（1）脱措置制度を希求する施設養護

　すでに取り上げたが，阿部志郎は，ソーシャルワークとりわけグループワークやコミュニティワークの理論と実践に強い影響を及ぼしたセツルメント（隣保館）運動に関する研究をまとめた論文の中で，セツルメント運動に参与したトインビー（A. Toynbee）が導かれた意識について，これを「恩恵を施すという慈恵的思想からではなく，貧しき隣人との接触を通じて『教える』とともに『学ぶ』という人格的交わり，『与える』ことによって『与えられ』，自分の存在がそれによって支えられ実践が生み出されるという相互的関係への信頼に立つもの[5]」であったと言及した。そして，このような精神と思想は現代の社会福祉において，今なお大きな意義を持つと論じた。

　このような問題提起から，我われは何を学ぶべきか。

　我われは，専門職として社会福祉の立場から支援活動を「する」という。あるいは「している」という。しかし，その実態はいかなるものであろうか。ソーシャルワークを駆使した支援活動は，果たして「する」ものなのであろうか。この支援活動に携わる者が，どれほど自分の取り組みを専門職として「している」活動と語ってみても，その取り組みが客観的に「支援活動をする」「支援活動をしている」として証明されない限り，それは単なる主観的な思い込みでしかないかもしれない。それでは社会的な意味と価値を担った専門職としての支援活動になり得ない。その取り組みが「する」「している」と表現されるレベルから，当事者によって「役に立った」と評価されるレベルへと変容することによって，初めて専門職による支援活動としての意味が付与されることになろう。

　例えば，居住型施設としての特徴を持つ児童養護施設で生活した経験のある人が，自身の生涯を振り返る機会に遭遇したとしよう。施設職員によってなさ

れた支援活動が，その人にとって自分の人生の基礎を形成する時期に適切かつ十分に意味あるものであったと評価されるものでなければならない。花村春樹によれば，そのような評価と結果が得られる支援活動とは，「する」「される」という単純で常識的関係から作り出されるものでないと論じる。(6) そのような取り組みでは，単なる繰り返しや日常の慣れが生み出すルーチン化されたようなかかわりからの脱却を要求される。そうすることによって，施設養護は，初めて「支援する」活動から当事者にとって利用するだけの意味のあった「支援となる」活動へと，あるいは，「経験，勘，骨，直感」等によって生成される実践感覚に依拠することをしないソーシャルワークを駆使した支援活動へと，理念的にも構造的にも大きく変わるべきことが自覚できることになる。

　措置制度は，行政主導でサービス提供のあり方を規定し，社会福祉における支援論の基底を支える「価値」までも誘導するような構造を持ち合わせている。しかも，このような方向性の問題は，サービス提供の「公正性」「公平性」を強調することで合理化され，支援の内容を「平均化」することの「正当性」を導き出した。そして，このような現状は，施設養護の過程にソーシャルワークの「命」ともいえる「個別化」の視点を取り込む際の障壁になることもしばしばであった。そのため，社会福祉による支援活動が，契約・利用のサービス構造へと変革することを求められても，人びとの暮らしが，ソーシャルワーカーにアウトリーチの必要を求めていても，久しく混迷と混乱の渦中（situation）に置かれてきたワーカーの多くは（詳細は第4章参照），すでに，要請に対処する余力も，意思（意欲）も喪失したかのような状態にあり，当事者の主体形成を促す取り組みを難しくする要因にもなっている。

　以下では，児童養護施設がこれまで行ってきた子ども達とその家族の権利を擁護し，生活を支援する取り組みそのものについて内省的に見直すことをしてみたい。そのため，まず，多くの児童養護施設実践に見いだせた，措置制度下でサービス需要者に権利を主張することも，サービスの質を評価することも許容しないかのような実践水準から離脱を図る方略（strategy）を持ち合わせるべきとする切り口から論じてみることにしたい。

（2）施設養護をソーシャルワーク実践として体系化するために

　我われは，児童養護施設実践に関連する以下の質問を受けた時，いかに「わかりやすく」答える準備ができているのであろうか。ここで「我われが知っていること，知っていると思っていることは絶対的でない」（コノプカ〔G. Konopka〕）[7]との思いを込めて問われた事項への応答に努めることは無意味であろうか。

　①　第1の問いかけ

　児童養護施設とは，そもそも何を行う所なのか。言い換えれば，施設とは，当事者としての子ども達を管理・収容する場なのか，あるいは，「治療（therapy）」を施す場なのか，教育的に指導・鍛錬する場なのか等の問いかけになる。回答は，いずれも否である。児童養護施設は，社会福祉制度固有の組織として機能してきたことは明らかである。その意味で，実践環境の整備と運営は社会福祉専門職が第一義的責任を担うことになる。それは，病院や学校で就労する社会福祉専門職と些か異なる機能を担うことを意味するが，児童養護施設もソーシャルワーク組織（organization）として機能すべき責任があることを共有できた時，施設養護の固有性・専門性なるものの体現に向けた作業を着手できる条件が整ったことになる。

　なお，ここでいうソーシャルワーク組織とは，スミス（G. Smith）[8]によると，サービス組織として当事者に利益を与え，その中心課題は，作業効率を最大限に増大させ，専門的サービスと行政過程（法や制度の運用過程）との調整を図る点に特徴があるとした。つまり，社会福祉による支援活動に取り組む事業組織という明確な方針を掲げ，社会福祉制度に包含すべき支援課題の充足過程とサービス展開過程の調整に関与する経営戦略を持ち続けている事業体を指していうのである。児童養護施設も，このような文脈の中で運営と実践のあり方が検討されるべきといえよう。

　②　第2の問いかけ

　児童養護施設とは，施設における日々の「暮らし」を通じて子ども達の「生活設計能力」（＝主体的に自らの「暮らし」を構想し，その実現に向けた実行能力の意

で用いる）の再形成（再構築≠治療）」を促進する場ではないのか。ここでは，このような支援活動を推進するにあたり，これまでの取り組みの実態に鑑み，以下に説明する事項の共有は難しいことなのかと問いかけ直してみたい。

① 施設での「暮らし」を通じて，一人ひとりに相応しい「居場所」を見いだす努力を支えること。

② その努力を通じて個々人に相応しい「生活設計能力」の増強を図れるように支えること。

③ このような取り組みの総体は「自立」を目指した専門職による「目的意識的（purposeful）な営為」と説明できるシステムとして構築すること。

なお，このような問いかけに応答する「方略（strategy）」には，①児童養護施設実践も他の社会福祉の実践現場と同じ地平（common ground）に立って子ども達や家族の暮らしに寄り添い，「安心」「安全」「ゆったり」「いきいき」「穏やか」「のどか」の言葉に象徴されるような「暮らし」の営みが可能になる実践方法，実践理念（価値）等を共有する取り組みが含まれるべきであり，②「生活設計能力」をいかに育成するかであり，そこには，応用力，柔軟性，創造力，独創性，状況判断力等々に欠ける生き方の要因の一つとなった子ども達の「育ち」の過程への向き合いを共有できる取り組み（＝アセスメントと支援計画の策定およびケース分析）が含まれるべきと考えたい。

③ 第3の問いかけ

社会福祉サービスは，現在，当事者に安心・安全をデリバリーする取り組みと捉える時代になったが，そのためのシステム作りとの関係で，施設養護はなぜに「家庭的」であることを起点に取り組まなければならないのかの問いかけになる。このことは，今や，自明のように，施設養護が「家庭的」であらねばならないかのように語られる現状からすると，関係者への挑戦的な意味合いを含むことになるかもしれない。

　それでもなお，そこに「問題性あり」と「こだわる」のは，ソーシャルワーク組織としての児童養護施設が，現在も「行政処分」としての措置制度下で機能しているものの，これとはまったく異質の「利用（契約）」へと呼称することが一般化（それは，今般の制度的要請であるとともに，ソーシャルワークの本質でもある「当事者主体」の体現に繋がる取り組みの意）しつつある時代への準備を怠らないことの「態度表明」としておきたい。子ども達や家族が施設養護に何を望むのかを明確にしないまま（「説明と同意・選択」の手続きを省略することの意），彼らの生き方の活性化・再生化（treatment）を果たすには「家庭的」な場が必要になるとし，そのための「枠組み」を一方的に提示「する」「している」ことは，施設養護に参与する者の傲慢な態度といえまいか。児童養護施設は，今や孤児院時代とは異なる家族状況，すなわち「液状化する家族」との暮らしを経て，施設入所を余儀なくされた子どもの対応に追われている。そのような子どもと家族の再生に貢献する施設養護のあり方とは，少なくとも，イノベーションレベルの発想では担いきれないとする認識の共有が必要である。

　④　第4の問いかけ

　前述したが，社会福祉においても看護支援や心理支援と同様に「エビデンス・ベースド・プラクティス（evidence based practice＝科学的証拠に基づく実践）」を志向する社会的な責任と義務があるといわれている。このような志向性とは対局の関係にある「経験，勘，骨，直感」を重視しがちな傾向のある施設養護の場合，まさにパラダイム転換の必要を迫られる状況にあるといえようが，そのための準備をいかに整えているかの問いかけになる。

　施設職員の中に「今まで行ってきた方法に問題がなかったのだから，今後の仕事も変更を加える必要はない」とする実践スタイルや思考形式があったならば，それは，子どもやその家族に向けられた「不遜な態度」というべきものかもしれない。結果，実際の支援には「乱暴な」「終わりのない」「目的と手段が顛倒するような」事態が日常化し，制度改革の根幹的な理念ともいえる当事者との対等・平等な関係の否定にも繋がるパターナリズム（paternalism）に陥っている実態を放置したままになりはしないのか。児童養護施設実践は，今なお

散見される子どもと職員の間の「抑圧」「威圧」関係や子どもの「置き去り」状態をいつ解消できるのか。施設養護（実践環境）の変容を急ぐべきと強調する所以である。

　我われは，このような「問いかけ」から浮上する施設養護の「現実」に内包される多くの「課題」を真摯に「認識」することは可能か。ここでいう「認識」は，各個人の特性形成に関与する「意味世界」の影響を受ける点に目を向けるべきであろう。すでに第1章第1節で論じたが，「意味世界」は，現実・事実として把握した内容が，各人によってバラツキを生む要因として介在する。したがって，事態に対応してきた取り組みが，新しい時代的要請に応えるに相応しい専門職としての職務遂行能力へと変容するには，まず「主観性に彩られた意味世界」を「客観性が担保された意味世界」に向けていかに「再構築」できるか，その必要性を共有できることから始まると説明しておきたい。

3　施設養護の新たな視座の確立と組織文化の変革
──ソーシャルワークを取り込むために

　児童養護施設実践を取り巻くさまざまな混乱と混迷と喧噪は，子ども達一人ひとりが穏やかな内に日常生活を営む上で深刻な阻害要因となる。利那的な言動の多い生き方から前向きな生き方に繋がる生活の再生を図ることは，やがて自らの人生に夢と希望を語れる子ども達へと変容する道筋を見いだすことに繋がる。しかし，彼らの多くは，次のライフステージを迎えるための準備（レディネス：readiness）も不十分なまま（＝無計画な暮らし）施設に留め置かれがちな実態も側聞される。

　社会福祉の立場から支援方法に関する理論と実践の体系化（連結）を促す作業では，これまでのところ，経験的な現実に依拠しながら当事者が抱え込む生活課題（life task），すなわち，支援課題（demand）の改善に役立ったと認識できた方略（strategy）に検討を加えるという切り口（remind）から論究することを一つの特徴としてきた。それは，業務に専従することで多様な実践体験を蓄

積し，何らかの慣習行動を次第に習熟する過程で得た知見を「経験，勘，骨こつ，直感」の如く語るスタンスに近似する。

　このようなスタンスを問題視しない組織文化が支配的な児童養護施設に就労する職員が，専門職として安直で闇雲な経験至上主義的な着想の中に埋没しないためには，自らの意味世界の中で形成された意見や感想，価値を絶対化することなく，他の捉え方と相対比較しながら点検・検証する作業を取り込む努力を続けていかなければならない。このような視点から，以下では，日々の業務が施設養護として共通基盤に立脚した支援の展開に向けて収斂できるための「入り口」を整える作業の内容を検討してみたい。

（1）「集団生活」支援に潜む施設養護の隘路

　本項では，施設養護の最大の特徴であり，実は，それが本領域における実践課題の元凶ともいわれる「集団生活」（大規模であろうと，小規模であろうと，集団のサイズに関係なく，施設という環境下での生活は当事者にとって快適性や融通性等に欠けることは間違いない事実であろう）状況に焦点化しながら検討してみたい。施設で生活する子ども達への身辺や日常生活上の世話は，ここでいう「集団生活」を通じて繰り広げられる。そのため，このような部面で明らかになる生活上および発達上の諸欲求の充足を図るにあたり，あるいは，生活自立に必要な生活技術や知識の習得を目指すにあたり，また，生活意欲の高揚等を目指す支援活動の体系化を図るにあたり，これまでのように（チャイルド）ケアワークを中核に据えて説明することは果たして「妥当なのか」という問いかけから検討を加えてみたい。

　施設養護としての支援過程を円滑に展開するには，ソーシャルワーク実践において強調されることと同様に，施設職員と施設で生活する子どもとの間に信頼に基づく人間関係（rapport）の形成が欠かせない。そのためには，子どもの目線に立ち，施設における毎日の生活を通じて，具体的で理解しやすく示される自分に対する特別なかかわりや配慮が実感できる（＝自らの「居場所」が実感できる生活の意）機会の提供が必要になる。

ところが，実際の支援過程では，個々の子どもの生活課題（life task）を「平均化」して捉える以外の視点を持ち合わせていないような実態と遭遇することが多い。例えば，第4章で触れた「恩寵園事件」のかかわりを通じて知り得た実態として指摘したが，子どもの「語り」を「訊く」ことしかできない。そのため，子どもの願いを支援過程に取り込む際の鍵となる「意向」を「インフォームド・コンセント（informed consent）」なる考え方（理念）に依拠して確認しようとしないばかりか，その必要性の認識もない。子どもと協働して支援計画や記録（生育歴やジェノグラム等）が作成できない。チームとしての実践展開が図れない等々の問題性が確認できた。そこでは，各人固有の認識の特性を育む「意味世界（主観性の領域）」を超克できず，施設養護としての支援過程に参与する者が同じ地平に，あるいは，共通基盤（common ground）に立てない実態がもたらす混迷状態を示していた。ここでいう「意味世界」は，個々の子どもの「現実」を把握する際，個々人（スタッフ）によってバラツキを生む要因として介在していたのである。

　このような実態（問題性）を内包する児童養護施設実践について，本書が，措置制度下での施設運営が続く限り法制度的な縛りを受けざるを得ないが，そのために派生する弊害を自ら意思して乗り越えるには，施設入所を必要とする事態に置かれた子どもやその家族を「第一受益者＝当事者」とする，あるいは，「主体」とするソーシャルワーク組織として機能する運営管理に努める必要を強調する所以である。なお，ソーシャルワーク組織として機能する志向性を取り込んだ児童養護施設が，その支援過程で留意すべき事項をまとめるならば以下の通りになる。

①　全制的施設（a total institution）が持つ特性に関する理解に努め，その拡散を防ぐこと。

②　当事者の多くは自由意思で施設に入所しているわけでもなく，そこに永久に止まりたいと願っているわけでもないことへの配慮が過程全般にわたって徹底されていること。

③　（ネガティブな意味で）社会的文脈とは大きく乖離した異質な暮らしに陥らない配慮が行き届いていること。

④　組織運営に責任を負う役割を担う者が，ソーシャルワークの／児童養護施設の／所属する組織のミッションを体現できるよう機能していること。

⑤　このようにまとめられる各項目の理解が組織を構成するメンバー全体に共有されていること。

　このような留意事項といかに対峙できるか，児童養護施設は，その実践の質が厳しく問われることになる。それは，異議申し立て制度を保持するものの，児童相談所との間に，いわゆる「行政処分」としての機能が優先する措置制度を残し，我われが専門職集団と自負してみても，児童相談所の「下請け」的立場に甘んじる関係を強いられることも起きているからである。加えて，児童養護施設は，全制的施設としての特性からも逃れられない生活型施設のためだからである。

（2）ケア研究の誤謬と齟齬

　第3章第1節で整理したが，児童養護施設における「実践のあり方」に関する議論においては，施設関係者による専門職実践としての「質」の点検・検証の側面も含まれており，その端緒は，1950年代に堀文次らの提起が契機となった「ホスピタリズム（hospitalism）」にまつわる論争に求められる。その後は「家庭的養護か集団主義的養護か」の議論へと進展する。しかし，主題であった「集団生活」が及ぼす「ホスピタリズム」への問いかけは，今なお広く合意が得られないままにある。また，この論争以降，施設養護の科学化や専門性についても論じられることになるが，児童養護施設関係者の多くは，施設養護としての支援過程を身体的ケアに力点を置く（チャイルド）ケアワークと関連させて説明する傾向を強める。

　壮大な「ケアの社会学」を構想し，精力的に論考を重ねている研究者に上野

千鶴子がいる。しかし，ケアの歴史的整理における子ども領域の以下の部分に些か誤謬（ごびゅう）がある点は気がかりである。

　一つは，ケアが日本語に翻訳しない形で使われ始めたのは「最近（＝上野は90年代以降としている）」のこととする指摘。二つは，英語圏の場合，第一義的に「チャイルド・ケア」を「ケア」の同義語としているが，この事情が日本語圏では逆転して高齢者介護から用いられてきたこととする指摘。三つは，日本で刊行された書物にケアが使われた「もっとも古い」のはメイヤロフ（M. Mayeroff）の『ケアの本質』であることとする指摘。

　社会福祉の実践理論に向けられた上野千鶴子の論考ほどではないが，上野加代子の論考にも小さな誤謬が見られる。認識の相異と反論を受けるのであろうが，本章の論点からすると，認識の前提にある齟齬（そご）は看過できるものでない。学会誌の文献紹介欄を担当された一文に「『バブル景気』の中，トラウマや心理療法などさまざまな援助技法，アセスメントの開発に傾注しすぎた児童福祉の研究者」（傍点筆者）と，筆者をはじめとしたこの領域で研鑽を重ねる者への戒めとも取れる記述がある。ここでいう「援助技法」や「児童福祉の研究者」であるが，論考を進める文字数に制限があるものの，果たして用いられた用語と現状認識の整理は妥当であろうか。また「援助技法，アセスメントの開発に傾注しすぎた」ことによる課題については具体的に指摘していないが，このように言及された根拠が何であったかも気がかりである。

　少なくとも，ここでいう「トラウマ」は社会福祉や児童福祉の実践理論研究の基礎となる学問（discipline）の範疇（対象）にない概念であり，加えて，現在，この実践理論研究を「専門」にする研究者の先行研究に「心理療法」に傾注した領域が存在する事実も知らない。幾つかの概念と現実との関連を整理する作業中に散見された齟齬（そご）はやはり気がかりである。

　これらの誤謬（ごびゅう）（あるいは齟齬（そご））の中に，社会福祉士国家試験制度がもたらした影響として見逃してはならない課題が含まれているかもしれない。相談援助を業とする「社会福祉士」，相談援助を機能の一部分として取り込んでいる「援助技術」をソーシャルワークとし，それを駆使する「社会福祉士」は「ソ

ーシャルワーカー」が担う機能を含み込むとする位置関係の定着化。この似て非なる両者の二重構造的関係が生み出した課題は，ソーシャルワーク実践のわが国における「土着化（indigenization）」に向けた取り組みを一層難しくさせた。国家試験制度が，当事者の「現実」に寄り添う成果物として浮上する個性的にブレンドされたソーシャルワーク実践のスタイルと理論の生成に貢献したというよりも，専門職として成立した意義や使命を歴史的に学ぶ重要性を捨象し，「技術」「技能」の習得のみに専心する傾向を創出させたことによるソーシャルワーク研究の衰退に加担した事実は重いものがある。

　なお，厚生労働省は，現在（2019年12月1日），法改正作業の終了を待って実施する新たな社会福祉士および精神保健福祉士の養成カリキュラムを提示している。これまでの「社会福祉援助技術」とする表記を「ソーシャルワーク」に，また，「相談援助」とする表記を「ソーシャルワーク機能」に変更するべく周知を図っている。これまで，厚生労働省は「社会福祉士」と「ソーシャルワーカー」は異質のものと明言してきたが，それを変更する弁明は聞こえてこない。

（3）施設養護はケアワークなのか

　ところで，施設養護としての支援過程を論じる際，臨床心理学を専門とする西澤哲に代表されるように，それを身体的なケアに力点が置かれる（チャイルド）ケアワークと関連させて説明しようとする傾向が，今や，メインストリームになっている。本項では，このような傾向に些か疑義を抱きながら論述してみたい。それは，現場における支援課題への対応は，ケアワーク論の範疇で説明を尽くせないとする意味においてである。

　以下では，大坂誠（児童心理治療施設・小松島子どもの家元園長）が言及する着想を手がかりに，施設養護の支援過程をソーシャルワークと関連させた場合，どのように理論化することの展望が持て，ソーシャルワーカー「らしく」身体化（performance）できるのかについて，その取り組みの共通基盤（common ground）とすべき内容を説きながら考えてみたい。

　施設養護としての支援過程について，大坂誠は「生活するという場合，生活

の構想であり，生活の設計であり，それを生活集団につたえ考えてもらう会話や討論がある。そして実践する時，生活構造を考え，生活技術を用いて，生活行為，生活行動を行って，各人の生活の中での充足をはかって行く。生活を作り出す食事作りや洗濯・掃除・修理など家事労働を子ども達が行うということは，そのメンバーにとって集団生活の在り方そのものを理解させ，実践させることにつながる。これは人生観・生活観を学ばせ，集団メンバーの協力によって運営が図られるために，共感する体験や労働の機会を持つことができる。また，生活は現実性の強いものであるから，現実を直視させ，生きている実感を生み出させる[12]」ことに着目しながら取り組まれるべきという。

　大坂誠の実兄であり同一社会福祉法人が運営する仙台基督教育児院長であった大坂譲治によれば，実弟が実践を理論化しようとしたパラダイムは「生活療法[13]」なる概念（大坂誠による造語）に収斂されるものであったという[14]。さらに，このような取り組みのポイントについて，大坂誠は，子ども達の示す多様な形からなる「歪み」「未熟性」を施設での「生活を通して是正する」ことに求めようとしていたという[15]。このような着眼点は，コノプカが主著『Group Work in the Institution』の中で言及する「treatment（＝活性化，再生化）」ときわめて類似した概念であった点に注目してみたい。すなわち，コノプカが「it is clear that the main purpose of institutional placement today is treatment」とし，また「institutional treatment has its core in the group living situation」としたそれである[16]。施設で「住まう」ことを支える支援の「主たる目的」は「in the group living situation」にあり，ソーシャルワーク実践は，その「場（setting）」で「treatment」を企図した取り組みに努める営為としたのであった。ここでは，第2章第5節で触れた国立武蔵野学院第3代院長・青木延春がいう「児童とともにある精神」や「全体療法」との類似性についても共感を覚えるものがある。

　その上で，本書は，大坂誠による一連の主張に，次のような「視座」が包摂されていることに注目してみたい。

　すなわち，明確な意図の下で目的意識的（purposeful）に組織された人為的

集団としての機能を持つ児童養護施設であるが、その機能の特徴を最大限に活用する方略（strategy）についてである。そこでは、施設で暮らす子ども達のデマンド（demand）として捉えるべき生活上の諸課題の解消を図るにあたり、ソーシャルワークに関する知識やスキルを改まった面接や特別なレクリエーションの時間を設定するのではなく、可能な限り自然な生活関係の中で、そこで生起する出来事（events：人としての喜怒哀楽をともなう生活事象）を取り込みながら活用する道具・手段（helping media）とする必要を説いていた。ソーシャルワーカーにとって支援の場（setting）となる児童養護施設の暮らしが醸し出す環境（＝時間、空間、関係）へのアプローチ、すなわち、暮らしの「日常性（informality）の活用」の取り込みを強調する「生活療法」なる用語に込められた大坂誠の主論には、支援を開始する「入り口」をこのような視点から整えることの意義が論じられており、「児童養護施設のソーシャルワーク」を言及する際のヒントとなるきわめて優れた見識と考えたい。

　なお、このような大坂誠の主論には、自身の下でセラピストとしての就労経験を持つ西澤哲が訳出し、独自の邦訳題を付したトリーシュマン（A. E. Trieschman）らが著した『生活の中の治療』を通じて提起された治療（therapy）的なかかわりと根本的に異なる視点が含み込まれていることにも注目しておきたい。

　同書で強調され、児童養護施設実践に多大な影響を及ぼした「視座」は、同書の原題『The Other 23 Hours』すなわち「その他の23時間」に象徴的に示されている。施設において何時もの通りに営まれる「24時間」の生活から切り出された「1時間」の治療の機会（＝これは治療的な養育や「自己形成」の場のように表現される＝レドル（F. Redl）のいう「生活場面接」の変容スタイル）を通じて得られた多様な成果を、残りの「23時間」へいかに取り込むかにあった。以後、このような「視座」との関連から「ケアワーク」の重要性を論じる傾向が顕著になり、今や児童養護施設研究の主流をなす感すらある。それを端的に表したのが、東日本大震災の被災状況が子細に判明していない時期に「日本子ども虐待防止学会社会的養護ワーキンググループ」が関係者に発出（2011年4月

１日）した「社会的養護における災害時『子どもの心のケア』手引き」であろう[18]。その副題は「施設ケアワーカーのために」であった。生活支援に努めるスタッフは「ケアワーカー」に限られない現実について，この学会関係者と共有しづらい実態があぶり出されたことになる。

　ところで，『The Other 23 Hours』では「生活の場」から切り出した「１時間」の営為に着目しているが，ソーシャルワーク実践は，その「１時間」の中で生起した「出来事（events）」を「23時間」から分離して考えることをしない。人間の生活をトータルなものとして捉え，その営みの一形態となる「日常生活上の『世話（care）』」を支援の道具として活用する点に特徴がある。そのため，ここでいう「世話」を単なる「雑用」と受けとめることもしない。つまり，施設養護としての支援過程とは，児童養護施設について，まず，社会的文脈から切り離さない「生活」を子ども達とともに「treatment」する経験や機会を提供する場（setting）として捉え直し，その経験や機会を子ども達の「生活設計能力」の増進に向け，支援が必要となった状況を彼らの歩幅に合わせて「探り」つつ，明確になった要因を「取り除く」方法をデザインし，それを具体化する作業をソーシャルワーク組織として取り組む活動の総体と説明してみたい。言い換えるならば，それは，子ども達が生活を営む空間で自らが抱える課題や混乱と向き合い，ソーシャルワーカーとしてのスタッフに支えられながら克服する方法を明確にすべきと考えてみたい。

　加えて，ワーカーが，支援過程で新たなパターナリズム（paternalism）を作り出さない方略の提案も含意したい。つまり，それは，児童養護施設実践も，慈善組織協会の友愛訪問員であったリッチモンド（M. E. Richmond）が，ソーシャルワーク（ケースワーク）研究の古典ともいわれる『社会診断』（1917年）を著して以降，長きにわたって社会的科学的基盤（social science foundation）を理論生成の拠り所としながら精緻化されたソーシャルワークの理論と実践に連関する営為であるとする説明責任（accountability）を果たすことにもなる。

　したがって，本書では，施設養護としての支援過程について，社会的科学的基盤に繋がる枠組み（territory）や基礎となる学問（discipline）と異質な西澤が

強調する治療性（therapy）に力点を置くアプローチとしての，あるいは，保育学に依拠しながら「子ども達の健やかな発達」の過程を円滑化することを目指す身体的ケアに力点を置く（チャイルド）ケアワークとしての文脈から立論しないことに「こだわり」続けてみたい。併せて，支援課題（demand）を「個体論」として，あるいは，「内在化」して捉えることをしない，「人」と「環境（＝時間，空間，関係）」の相互接触面に生起するものとして捉えながら対応すべき対象（＝射程）を「外在化」すること，すなわち，「社会問題の所産」として捉えることに努め，そこに介在する「方略」をソーシャルワーク組織の機能と関連させて明確にする必要を強調しておきたい。

　そのため，児童養護施設は，このような作業を業務の中に取り込める人材をいかに確保し，入職後の人材養成をいかにシステム化するかは可及的速やかな対応を求められる課題となる。その時，我われが求める人材は，（チャイルド）ケアワークを駆使できることを採用時の資格基準に据えるだけで良いのであろうか。本書は，児童養護施設をソーシャルワーク組織として捉えるべきと主張してきた。一方，「児童養護施設の仕事は資格でするものではない」とのような言い回しに代表されるが，必ずしも社会福祉実践の専門性を求めることをしなかった長い歴史があるだけに，今なお，この実践現場に参入するルートは多様なままにあり，専門性を語る枠組み（territory）も共有できない事態が放置されている。このような実践現場の実態は，求める人材をソーシャルワーカーとして育て上げていくとする組織合意も得られにくい誘因となっている。施設養護の支援過程において，本書が強調する視点を取り込みながら子ども達やその家族と向き合うことは，必ずしも容易な作業とならない。

4　状況論的アプローチとしての施設養護の過程

　児童養護施設における日常生活は「集団生活」を基本に営まれる点に最大の特徴がある。しかし，その特徴は，精神分析学者のボウルビィ（J. Bowlby）が「母性的養育の喪失」として言及し，「ホスピタリズム」という発達上の問題傾

向に配慮を必要とする旨の喚起を促された。それ以降，人間らしく生きることに難しさを伴う「住まう」環境の問題性を繰り返し指摘されることになった。

　そこで明らかになったことは，乳幼児期に母親あるいは代理者による母性的養育を剥奪され，施設への移動後も，施設職員と子ども達のかかわりの中に見いだされる画一性や没個性化，融通性の欠如等への配慮に欠く「住まう」環境下で養育された場合，子どもには肉体的にも精神的にも不健康な兆候が生じやすいというものであった。そして，現場関係者からは，概ね以下のような要因分析が行われた。

① 居室担当職員との接触時間が短い。
② 施設職員が頻繁に交代し，永続的な人間関係の形成が難しい。
③ 施設の生活には規則が多く，自由で主体的な選択の機会が乏しい。
④ 画一的なかかわりが多く，個々人の個性に対する配慮が欠ける。

　これ以降に「愛着障害」や「アタッチメント」の概念に関連する議論に加えて，「発達障害」や「トラウマの再現性」に関する議論が活発化する。しかし，このような施設職員と子ども達のかかわりに見いだされる問題について，「集団生活」を余儀なくされる施設生活の「形態性」だけを取りあげ，「機能性」が子ども達の「生活設計能力」を育む際にどのような影響を及ぼすかについては，今なお十分に解明されていない。このことは，「住まう」場のサイズの大小に関係なく明確な意図の下で目的意識的（purposeful）に組織された人為的集団の「機能性」に配慮を欠いた場合，施設職員による「施設内ネグレクト」問題も話題となっている昨今，「ホスピタリズム」にまつわる問題を施設養護の過程で再燃させる可能性が高まることを教えている。

　子どもが人間として「住まう」に相応しい環境の整備を目指したケア基準や人権ノート等の策定をはじめとする関係者による努力の成果は，すでに形骸化した感もするが，支援方法やその研究の方向性に一つのヒントが与えられた。すなわち，施設で営まれる「集団生活」が，仮に，人間らしく生きるに難しい

生活環境であっても，このような環境あるいは状況（situation）とのアクセスの仕方によっては，生活の営みに備える能力の獲得過程に影響をもたらし，施設職員にとっては，子ども達の生活を，いつ，どのように支援すべきかのタイミングを図る重要な情報源になるという事実についてである。つまり，「集団生活」なる所与の環境あるいは状況（situation：時間，空間，関係）との間で生起する交互作用（transaction）を効果的かつ適切に維持することにより，施設で生活する子ども達個々の状態に応じたコンピテンス（competence：反応力）が十全に育まれていく事実に関心を向けるべき必要への気づきである。

このような子ども達の生活の営みに何らかの便益をもたらす理論とは一体のどのようなものなのか。児童養護施設のソーシャルワーカーによる支援を受けることで得られた知識なり体験が，施設生活を終了し，「集団生活」の形態を取らない生活場面に移動した時，それらを手がかりに生活の営みのスタイルを主体的に変えることが可能となるには，一体どのようなアプローチが必要になるのか。

ここでは，ダーウィン（C. R. Darwin）の生物進化論を手がかりに考えてみたい。[20]

進化論における人間理解は特徴的である。人間は，他の生物有機体と同様に自然環境との適応関係を持つとする認識から構想する。しかし，この人間が作り上げる社会も自然の一部である以上，人間は，自然のみならず社会との間にも良好な適応関係をいかに形成できるのか，このことも「生きる」ことを考える上で重要なテーマになるとする。我われは，ここでいう自然あるいは社会との適応関係を通じて得られたものを「経験」と呼んできた。

ところが，この「経験」は，日常的なレベルにある限り散漫かつ浪費的な内容が蓄積される傾向にある。しかし，それを吟味・分析・内省することによって，より一層高次な「経験」に変えることも可能になる。ところが，無限の可能性を含む「時間」「空間」「関係」からなる環境を前にすると，その高次な「経験」も，やがて色あせ，不十分でしかないものになる。そのため，人間は，さらに高次の「経験」を蓄積する努力を，ある意味で止まることなく続けるよ

うに求められる。そのため，「経験」は，絶えず進歩・発展を遂げ，その変化の過程で，人間も絶え間なく成長・進歩を遂げる。このような環境との適応関係を通じて「経験」の内容は改造されるが，それは，不確定な状況（situation）の中で遭遇する出来事を再定義化し，関係づけをやり直し，未知の結果を予測したり等々の作業を通じてもたらされる点に着目しておきたい。

　すると，そこには「集団生活」であるがために快適性に欠ける環境とならざるを得ない児童養護施設に「住まう」という「現実」と，そこで生起する多様な「出来事（events）」との遭遇を通して獲得した経験とを，施設職員が意識的にシェーマ（schema＝図式）化し，そのようなシェーマと適度なズレのある事象に働きかけながらシェーマを修正する支援を繰り返すことで，子ども達個々の抱え込んでいる生活課題（life task）や発達課題，出来事（events）への対処法を発見したり，修正したり，強化したりする力を育むことは可能（これを「日常性（informality）の活用」を意図する実践としておきたい）とする視点が含意されていると考えたい。つまり，施設で「住まう」過程では，このような営みの体験をいかに支援するかを問われることになるが，その結果，施設関係者は，施設養護の過程に人と環境との相互接触面に関心を抱くソーシャルワーク実践が介在できる可能性を示唆されたといえよう。

　施設で「住まう」際の特質でもある「集団生活」という環境が，通常，多くの人間が経験する生活とあまりに異質な側面を持つ限り，施設養護は，非日常的な文脈の中で展開することを余儀なくされる。しかし，そのことが子ども達の将来にネガティブな影響を及ぼすとした「ホスピタリズム」は，そのまま受けとめるべき「宿命的」要素になろうか。施設養護の最大の特徴となる「集団生活」を無意図的に受け入れる限り，ここでいう「宿命的」要素は，子ども達の「住まう」営みの中で拡散する傾向を，我われは混乱と混迷のように表現して体感的に理解してきた。それは，前述した通り，多くの施設養護の現場で側聞された画一性や没個性化，融通性の欠如等への配慮に欠くかかわりの常態化がもたらした問題であった。すると，施設養護とソーシャルワーク実践の相互補完性を検討するにあたっては，極端に特殊化された施設で「住まう」ことの

体験を，多くの人間と共通する日常的文脈の中で活用することが可能になる一般的方略（strategy）に転換できる支援方法を明らかにすることが必要になる。筆者は，これを，ソーシャルワークを介在させた施設養護における「状況論的アプローチ」として論じてきた。[21]

なお，ここでいう「状況（situation）」とは，きわめて曖昧な用語である。しかし，これを児童養護施設で「住まう」子ども達が，その「場」で示す困難や出来事（events）と関連させて捉えるならば，彼らの行動に影響を及ぼす施設で営む日常生活（時間，空間，関係）そのものに着目すべきことの重要性が明らかになる。日常生活という「状況（situation）」の下で見せる子ども達の行動は，偶発的な条件によって左右され，行動の選択肢は多岐にわたり，多くの条件の中から，自分の要求に応じて何を取り出すかの自由度も高い。しかも，その選択は，現実の自分に何をもたらすかという判断，すなわち「考え」て「実行する」過程を辿る。その意味で，日常生活という「状況」は，自分の行動が自分にもたらす「意味」について「現実」を直視しながら自覚する機会にもなる。大坂誠は，このことを「生活は現実性の強いものであるから，現実を直視させ，生きている実感を生み出させる」と言及した。

人間は，環境あるいは状況（時間，空間，関係）との交互作用（transaction）を通じて「住まう」経験を蓄積し，順応するために必要な技能を修得する。ここでいう技能とは，自分を取り巻く外界（環境あるいは状況）の中で遭遇する「出来事（events）」を円滑に処理する道具を意味する。そのため，人間としての「発達」「学習」とは，その「出来事」を構成する「モノ」や「事象」と上手に対峙し，「住まう」ことの関係や場を次第に拡大していく作業行程と言い変えることもできる。すると，施設なる所与の「場」を起点に自分の「住まう」世界を拡げるために必要な情報をピックアップする学習は，そのために必要な具体的行為に関する学習と分離して進められないことになろう。

また，行為に関する学習とは，何がピックアップできるかの課題と切り離して進めることもできない。やがて，このような生活を通じて取り組まれる学習が定位システムに変化を生み出し，「頭の中」で新たな原理やルールを獲得す

ることになる。しかし，子ども達の中で生起する自分を取り巻く外界に対する認識の変化は，時として「頭の中」で思い描いたものと異なり，外界との快・不快の感情を伴う「具体的な交渉」を通じてもたらされる。ここでいう「具体的な交渉」とは，施設が子どもに提供する環境や状況（時間，空間，関係）の違いがあっても，その「場」に「住まう」ことによって得られる体験を意味するのである。したがって，ソーシャルワーカーは，子ども達とともに，新しい道具を用いたり，外界に新しい環境あるいは状況を作り出したり，その配列の組み合わせを変えたりしながら，すなわち，子ども達とともにシェーマ（schema）を修正したり，あるいは，強化することによって，環境あるいは状況に応じた対処能力（coping ability）の獲得と増幅に繋げる支援をいかに展開するかの課題と向き合うよう求められる。

　生活に必要な道具が使用される現実と実際に交わり，施設職員の働く姿を観察し，人間としての文化活動に参加することなしに，子どもが，ある道具を完全かつ適切に用いることは難しい。生活に必要となる知識を一種の道具とするならば，道具と知識は，幾つかの重要な特徴を共有する。すなわち，この両者は，使ってこそ初めて完全に理解され，それを使用する者の世界観を変革することに繋がる点である。子どもの理解の範囲が，施設入所時において狭隘なものであっても，道具の使用を通して絶え間なく拡大する。そのことは，子どもが遭遇する所与の環境や状況を変革（reform）するエネルギー（resiliency）にもなる。ここに，我われは，ダーウィンが論じる生物進化論の知見を援用できる素地を見いだせることになる。

　子どもが，獲得できた道具を正式な方法でなくても施設職員が用いるように使いこなせるためには，施設に「住まう」ことで遭遇した何らかの困難な生活課題（life task）や出来事を解決する際に，施設職員として，これらの道具を使っている場面を，いかなる意図や方法を駆使して創出するかの働きかけが問題となる。ここで論じた視座は，生活過程に派生した何らかの困難や出来事を解決するにあたって，まず，現に生起している「生活」との関連においてそれを認識することが重要との考え方に依拠している。このような認識の仕方と解

決の方法は，環境あるいは状況との接触面に生起する交互作用（transaction）に着目する必要を説くものであり，「頭の中」だけで解決を図る方法や過程を構想することと大きく相違する点で特徴的である。こうして，施設規模の大小と関係なく，その「場」が醸し出す「環境あるいは状況（時間，空間，関係）」が，子ども達にとって物事や事象との間に「快適な距離」の取り方を学習する上で不可欠な要素になることが明らかになった。

　今なお実践展開の視座を統一して語れない児童養護施設にとって，少なくとも共通する支援課題として認識できるまでになった「自立」とは，単なる「経済的自立」や「独立自活」を意味するのではなく，「多様性」への配慮を基本に据えて検討を加えるべき概念であることがわかる。そのため，「多様性」とは，ものの見方や考え方，価値観の相違だけでなく，生活の仕方，嗜好等も含め，そこに見出せる「違い」の重要性を相互に理解できるようになり，人間としての尊厳を侵襲しない取り組みに繋げることを含意する用語といえよう。すると，児童養護施設は，①グループ（集団生活）を媒介に展開される支援の場で，人，課題，状況（時間・空間・関係）を「個別化」して捉える取り組みは可能か，②一人ひとりの存在を見失わない取り組みは可能か，③ソーシャルワーカーとしていかなる事情に置かれていてもグループおよびグループ構成員一人ひとりの個性に強い関心を持ち続けることは可能か等の問いかけとの向き合いが求められることになる。

　ソーシャルワーカーが取り組むグループを媒介とした支援方法について研究を進めてきたコノプカは「健全で適切な集団生活（group life）」について，次のように言及した。すなわち「個人は独立した実存ではなく，他の人々との間に相互関係を持つ全体的個人と考える。食，住，愛，優しさ，成就感，知識欲を満足させること等々に対する人間の欲求は，すべて人と人との間の相互作用に依存している。生理的必要に次いで人間の持つ願望は，愛されること，そして，誰かにとって重要な存在になることであり，その他の欲求はすべてこれらの願望から生じている。したがって，自尊心と他の人との間の豊かな人間関係は，切り離されない結び付きを持っている。一生を通じて，人間は，相手―重

要さ，温かさ，優しさ等の性質を自分の中に育んでくれる人―に近づくことによって，そのような自己認識を作り，それを維持しようと努めるのである。相手と自分との間に，このような懸け橋ができた時に，人間は他人を愛することができ，また，自分の能力を完全に活かすことが出来るのである。そこではじめて，人は成就感を味わうことができ，また，自己を犠牲にすることを辞さなくなる。しかし，自分と相手との間に，この懸け橋がない場合には，人間は崩壊する。その結果として，自分や他人を，密かに，あるいは公然と傷付けることも起こってくる」と。[22]

　施設養護の最大の特徴でもある「集団生活」は，人一般の生活形態と対照するまでもなく，きわめて特殊な空間といえよう。しかし，コノプカのいう「架け橋」とは，このような生活を通じて，子ども達に「積極的な」人間関係としての「経験」や「機会」の提供が可能なことを示唆している。

　施設で暮らす子ども達の生活（未来）は，時々の社会状況の影響を受けて，何らかの「生き難さ」や「生きづらさ」と遭遇することの連続となろう。だからこそ，施設職員は，彼らが自尊心と肯定感を持ち続け，未来に絶望せずに「希望」と「夢」を抱きながら自分らしく生きる意義を理解できるよう伴走する責務を負う。そして，それを可能にする作業は，彼らと向き合う専門職としての「感性」[23]によって体現されることを銘記したい。このような視座を基盤に据えた取り組みを，ソーシャルワーカー「らしさ」に裏打ちされた「行動理想主義（actionidealism）」から導かれた「ソーシャルワーク専門職の実践」と呼ぶことにしたい。

　注
(1)　行動理想主義（actionidealism）とは，第2章で触れたが，務台理作が，各人の生活意識を母体に醸成される「思想としてのヒューマニズム」について，これを各人の胸中の思いを具体的な行動に転化させる可能性が内包され，とりわけ非人間的なもの，反人間的なものに対決することを辞さない力の源泉になると論じた視座と軌を一にする用語として用いることにしたい。
(2)　田嶋誠一「児童福祉施設における施設内暴力の解決に向けて――個別対応を応援

する『仕組みづくり』と『臨床の知恵の集積』の必要性」『臨床心理学』8(5)，金剛出版，2008。施設養護の過程で浮上してきた「暴力」問題も子ども達のライフヒストリーの中で顕在化した生活課題（life task）の一つであり，発達課題の一端を示すものである限り，その対処にあたっては「パーソナル」な問題の「断片」として捉えることはやめるべきであろう。ソーシャルワーカーとして直面する現実を「状況の中の人」が環境との相互接触面で浮上させたデマンド（demand）として捉えることをしない限り，言い換えるならば「外在化」して捉えない限りこの問題の本質に迫れないのであり，我われは，再び似非心理療法家のなれの果てと揶揄されることを銘記すべきである。

(3)　契約とは，当事者としてソーシャルワーカーによる「支援」が自身の生活の活性化・再生化にいかに役立つかの説明を受け，その説明に了解・同意して措置を受けることの意で用いる。

(4)　平均化とは，子ども達やその家族が抱える事情に認められる個別性への配慮を軽視し，最大公約数的あるいは一括大量処理的な捉え方がすべてにおいて優先するかのような対応を意味するものとして用いる。

(5)　阿部志郎『福祉実践の架橋』海声社，1989年。

(6)　花村春樹・北川清一編『児童福祉施設と実践方法──養護原理の研究課題』中央法規出版，1994年。

(7)　コノプカ，G.／福田垂穂訳『収容施設のグループ・ワーク──新しい挑戦』日本YMCA同盟出版，1967年。

(8)　スミス，G.／佐藤豊道ほか訳『社会福祉のための組織論』相川書房，1981年。

(9)　ゴフマン（E. Goffman）が言及した「全制的施設（a total institution）」が持つ特性（石黒毅訳『アサイラム──施設被収容者の日常世界』誠信書房，1984年）とは，当事者自身が自らの意思で改めるに難しい以下のような環境要因のことをいい，当事者は常に「構造的弱者の立場（自らが「直したい，変えたい」と思っても適わない現実）」に置かれていることを意味する。

　　①　施設生活では集団規範が作られ，行動の自由が制限される。

　　②　自己決定や自主的活動の範囲が限定される。

　　③　生活の営みの各部面がワーカーによって計画化され，そのため，当事者は役割を喪失し依存的になりがちとなる。

　　④　生活部面でのワーカーの対応が一律化し，柔軟性に欠けがちとなる。

　　⑤　当事者は基本的に他人の関係にあるため所属意識が希薄化し，自分の「居場所」をも見失う傾向がうかがえる。

　　⑥　生活部面での雰囲気はざわついていて落ち着きがなく，しかも，その中で孤独な状態に置かれる傾向にある。

したがって，ソーシャルワーク組織は，当事者に対して，自らの意思でこのような関係性を統制できる立場（たとえば，権利として異議申し立てを行って良いこと，あるいは苦情申し立てをすることは「居場所」を主体的に見出す過程で必然なこと）にあることを説明していなければならないことになる。そのためには，子ども達が施設生活を開始する段階で，移動を求められたこの場において「義務」や「責任」の遵守が求められること以前に保障される自らの人権や権利について説明を受け，そして，それをワーカーがいかに代弁し，擁護するかについて伝えられ，それでもなお施設での暮らしの中で私的領域への理不尽な侵襲があると認識した時の対処法について丁寧に説明する必要の認識が共有されていなければならない。

⑽　上野千鶴子「ケアの社会学――序章・ケアとは何か」『at』創刊号，太田出版，2005年。論文中にある「最近（＝上野は90年代以降としている）」のこととは「社会福祉士及び介護福祉士法（1987年法律第30号）」の施行以降の状況を指すと思われる。当時，行政サイドがこの法の意義を説明する資料には「介護福祉士（ケア・ワーカー）」と記載されていた。その上で，仲村優一は，同法の施行前に，すでに定着していた「施設保母の養護実践（いわゆるケア・ワーク）の位置づけ」を問題視し（「社会福祉実践の基礎」仲村優一ほか編『社会福祉実践の基礎』有斐閣，1981年），同法の施行後には「ケア・ワーカーという言葉は（略）世界全体で介護職員について使われている言葉とはいえない」（『社会福祉教育年報』8，日本社会事業学校連盟，1987年）と言及した。このような指摘について，同法は，その成立過程で配慮していなかったことになる。また，わが国で刊行されたケアが使われた「もっとも古い」書物は，筆者が知る限りチャイルド・ケアワーカーについて論じたグロスバードほか著『保母・指導員はどうあるべきか』ルーガル社，1976年（第5章タイトルが「ソーシャル・ワークの一方法としてのチャイルド・ケアー」であった）が該当する。

⑾　上野加代子「（文献紹介）子どもの貧困――子どもの時代のしあわせ平等のために」『家族社会学研究』21(1)，日本家族社会学会，2009年。

⑿　大坂誠「生活療法への道・2――小松島子どもの家の実践より」『養育研究』2，小舎養育研究会，1984年。

⒀　大坂誠は「生活療法」なる用語について，これを「情緒障害児のなかには『生きる』ということを見つめられない子が多い。この子たちを立ち直らせるためには生活を共有して『生きる』ことを教え込む『生活療法』しかあり得ない」と言及した（『『生きる』ことを情緒障害児に教え込む／にんげん雑記・90』『毎日新聞』宮城版，1981年9月18日）。

⒁　大坂譲治は「故大坂誠，遺稿集の発刊にあたって」『あゆみ／大坂誠遺稿集』小松島子どもの家，1985年，において，大坂誠の功績を小括する中で「『積極的施設

養護の展開をめざして』は児童福祉研究会議における主論を補筆したものであり，彼のライフワークにおけるテーマが示され，それが『生活療法への道』として限りなく前進する予定であった」と記している。

⑮　大坂誠「生活療法への道・1──小松島子どもの家の実践より」『養育研究』創刊号，小舎養育研究会，1981年。

⑯　Konopka, G. *Group Work in the Institution ; a modern challenge,* Association Press, 1954, pp. 9-12. なお，本書の邦訳書（日本 YMCA 同盟出版部刊，1967年）をまとめた福田垂穂は「treatment」を「治療的処遇」と訳出（邦訳書，33頁）しているが，大坂のいう「生活療法」との類似性もうかがえる。

⑰　トリーシュマン，アルバート・E. ほか／西澤哲訳『生活の中の治療──子どもと暮らすチャイルド・ケアワーカーのために』中央法規出版，1992年。

⑱　詳細は http://www.jaspcan.org/ で検索可能である。

⑲　ボウルビィ，J.／黒田実郎訳『乳幼児の精神衛生』岩崎学術出版，1967年。

⑳　デネット，ダニエル・C.／山口泰司監訳『ダーウィンの危険な思想──生命の意味と進化』青土社，2000年のほか，佐々木正人『ダーウィン的方法──運動からアフォーダンスへ』岩波書店，2005年，河野哲也『エコロジカル・セルフ』ナカニシヤ出版，2011年，等を参照されたい。

㉑　詳細は，北川清一「養護施設における生活形成力の育成課題と状況論的アプローチ──施設ソーシャルワーク論序説」大坂譲治ほか監修，北川清一ほか編『高齢化社会と社会福祉──実践理論のパラダイム』中央法規出版，1993年を参照されたい。

㉒　コノプカ，G.／前田ケイ訳『ソーシャル・グループ・ワーク──援助の過程』全国社会福祉協議会，1967年。

㉓　ここでいう「感性」について，阿部志郎は「理屈でなく，知識と教養，経験に基づくもの」という。詳細は阿部志郎「ソーシャルワークの基底にある実践的思想──アイデンティティの共有を目指して」『ソーシャルワーク実践研究』第4号，ソーシャルワーク研究所，2016年を参照。

第6章	グループを媒介としたソーシャルワークの実際と求められる職業倫理

　本章を構想する一つの契機は，わが国におけるグループを媒介としたソーシャルワーク研究の第一人者であった窪田暁子が，逝去される直前に「日本の児童養護施設が，実践理論としてのグループワークに関心を寄せ，その取り組みの成果を蓄積していたならば，今日のような混迷状態に陥ることはなかったと思う。そのことを感じていたにもかかわらず自分が行動に移せなかったのは痛恨の極み」と語られていたと先生の教え子を通じて知ったことにあった。

　同じ頃，偶然であったが，入手した海外文献の中に，窪田が語らんとした思いに繋がる児童養護施設の関係者が注目してよい論考を読み込んでいた。それは，スミス（M. Smith）が「レジデンシャル・チャイルドケアというものはポジティブな選択とすべきとの主張があるにもかかわらず，ますます隅っこに追いやられた」と嘆き，施設で暮らす子ども達の成長と変化を促す有効な手段として「グループ」の持つ「力」を積極的に活用する児童養護施設実践の意義について論じていたものであった。[(1)]

　そこで，本章では，このような，窪田およびスミスによる言説を読み解きつつ，その視座（実践理念）を施設養護の過程に取り込む方法と課題について，幾つかの事例を手がかりに検討してみた。

1　グループを媒介としたソーシャルワーク実践の展開

　本節では，事例を検討するにあたり，まず，施設養護を担うソーシャルワーク専門職として共有しておきたい実践展開上の「基本的視座」を整理しておきたい。

　一つは，ブトゥリム（Z. T. Butrym）による金言への理解である。ソーシャ

ルワークの支援過程に専門職として介在しようとする場合，その機能と作用の仕方は，各時代に見いだせる社会構造の変化に多大な影響を受ける。そのため，一貫性や論理性に混乱が生じ，その様相からすると，ソーシャルワーク実践に対して親切心さえあれば誰でも取り組めるかのように見なされていると指摘する。その一方で，社会として直面する問題の予防，統制，除去には，ソーシャルワーク専門職が大きな社会的権限と責任を担うこととなり，専門職として保持する知識と能力に向けられる社会からの信頼の大きさが強調される。このように指摘されるソーシャルワーク実践であるからこそ，専門職には，社会構造の変動をミクロ，メゾ，マクロの各視点から鋭く捉え，当事者の「現実」に変革を生み出す「感性」を育む「クリティカルな思考」力の涵養が求められることになる。それは，単なる常識を越え，社会構造が人間の発達に及ぼす影響に関する知識や教養の修得に繋がり，ソーシャルワーク専門職の支援が，人びとの「生きづらさ」に接近（アプローチ）し，時には，当事者の「現実」と「思い」を代弁する（advocacy）役割を遂行しなければならないからである。

　二つは，社会的存在あるいは社会的動物とも呼ばれる人間についての理解である。人間は，多くの「違い」が集合する環境あるいは状況（時間，空間，関係）との交互作用（transaction）を通して，自分らしく生きる上での「安寧」を保ち，発達する存在であり，多様なタイプの「ヒト」や「モノ」と交差することは，自分らしさを獲得する上で重要な要件となる。個々人が自身の独自性（個性）を発揮し，共生することで環境としてのバランスが成り立っていること，そしてそれは，一人ひとりが「束」のように扱われない社会・組織・集団が成立している必要性を示唆する。このような環境が整えられていることで，初めて「生活欲求の充足を通じて果たされる人間たるにふさわしい全面発達と自己実現」が促されることになる。

　三つは，子ども達（年齢を問わず）に，直面する複雑多様な生活課題と向き合う体験を積み重ねながら，そのような事態を自分で処理（緩和）することの達成感をいかに育むかである。ソーシャルワーク専門職には，子ども達が自己選択・自己決定の機会を拡大すること，言い換えるならば，自らが置かれてい

る状況を見極め，課題を設定し，計画を立てて実行し，その成果を自己評価する作業を支えるかかわりが求められる。その際，当然のことながら，失敗する自由，リスクを負う自由，決定によってもたらされた結果を享受する自由を保障するかかわりも含まれることになる。そうすることで，人は自己効力感を得て，自己肯定化し，自尊感情を持てるようになる。したがって，施設養護は，子ども達に，ソーシャルワークを駆使する過程で，そのような機会と経験を提供することが肝要となる。

　四つは，措置制度が残る児童養護施設は，関連する制度や政策の方向性に大きく影響を受ける現実といかに向き合うかである。措置権限の代行者である児童相談所の児童福祉司は，公務員福祉職とも呼ばれるが，彼らの多くは，必ずしもソーシャルワークについて，とりわけ，その理論と方法を児童養護施設実践に取り込む意義に精通しているわけでない。したがって，児童養護施設にとり，本章が構想する「グループ」を媒介に進める施設養護のコンセプトへの理解に立った連携と協働を促進することは必ずしも容易とならない。それを実践環境の「障壁」の一つとするならば，それを乗り越える方法として，ソーシャルワーカーを育成するシステムとスーパービジョンのシステムとを整えることは必要不可欠なテーマとなる。

　なお，ここでいうシステムについて，本書は，前述した実践展開上の「基本的視座」を施設養護の「基本的コンセプト」に転用する機会を提供するための運用方法として構想してみたい。施設養護の淵源，それは，施設養護のあり方を論じる際の哲学的表現であり，ソーシャルワーク専門職が保持すべき「感性」にも繋がる「愛（carus）」について，これを専門職が駆使する「術（skill）」を意味する「ケア（care）」へ変換できる（身体化できる）学びの経験と機会になる「養成」「育成」のイメージとして示すならば図6‒1（次頁）のようになる。それは，一貫性や論理性に欠け，親切心さえあれば誰でもできるかのように見なされている次元からの離脱を含意している。以下は，その概要をまとめたものである。

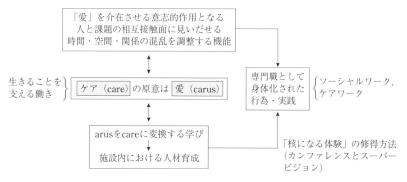

図6-1 ソーシャルワーク組織における施設養護の「基本的コンセプト」と児童養護施設の求めたい人材養成のイメージ

① 退所後の「自立（自律）」して暮らす現実を見据え、その際に必要な「核になる体験（当事者の現実に寄り添う働きかけ）」を蓄積する学びの視座を習得する。

② 「最もスタンダードな現実」との遭遇と、その場での対処行動を考える機会を提供し、体験を蓄積する学びを支援する。言い換えるならば、「核になる体験（自立を支える上で必要な生活の知恵）」のレパートリーを増やす支援の展開を図る。

③ このようなかかわりの積み上げから、支援の方法と知識がスパイラルする関係にあることを体感し、ソーシャルワーク専門職としてのアイデンティティが共有できる職場環境の醸成に努める。

2 生活場面におけるグループを活用した支援の実際

　本節では、児童養護施設におけるソーシャルワーク実践のスタンダード・モデルとして、施設養護の過程に「グループの力（group dynamics）」を支援の道具（helping media）の一つとしていかに取り込むか、それを施設内で日常的に散見する「出来事」を用いて例示する。[4] なお、登場する氏名、機関名等々はすべて仮名であり、「事例」はフィクションとしてまとめた。なお、事例に共通

するキーワードは以下の通りである。

 ① グループを媒介としたソーシャルワーク

 ② グループダイナミックスの再発見

 ③ 社会化の過程

 ④ 日常性の活用

 ⑤ 活性化・再生化（treatment）。

（1）当事者としての子どもの声の発信を支える支援の方法──第1事例

 児童養護施設で生活する子ども達にとって「日常生活」の意味とは何であろうか。「日常生活」を一般的に定義することは難しいが，山岸健によれば「日常生活とは，社会，文化，パーソナリティの交錯するところであり，社会的・文化的世界，時間的空間的，集団制度，意味・価値・規範，地位と役割，社会行動などがかかわるところである」という。そして，このような「日常生活」は「社会関係，文化的関係によって規定されるものであり，したがって基本的に日常生活を支えているのはコミュニケーションであり，我と汝の関係である(5)」と規定している。

 施設で生活する子どもが自分と他者との関係を形成する過程で自らの位置を確認し，やがて，自らのアイデンティティを確立するのは，このような関係を日常的な施設生活の中で十分に満たし，生活（再）形成能力や社会に表現できる（声を発信できる）力を身につけた時である。ところが，施設の建物構造の規模や形体に大小の違いがあること以上に，これまでも「施設での暮らしは『集団生活』を余儀なくされる。そのため，子ども達は，日常生活のあらゆる部面で集団規範の遵守を強いられることが多く，その暮らしも『個別化』よりも『平均化（組織の中で例外的な対応を認めないことの意）』を起点に形成されがちとなる」傾向の問題性について，筆者は指摘してきた(6)。特に，一度決定された集団規範は容易に変更できず，施設生活を余儀なくされた子ども達の生き方に多大な影響を及ぼすことにもなる。

特に，長期にわたる施設生活を余儀なくされた子どもほど，そのために受ける影響から逃れることは難しく，主体性，自律性，共生性を育む暮らしづくりは遠のくことになりかねない。このような実態を解消するには，①児童養護施設実践の特徴でもある集団規範の厳守を強調しない「暮らし」づくり，②施設養護の過程に内在する「非対称性」を乗り越えることを意識した支援／力関係による支援からの離脱，そして，同時に，③主体性，自律性，共生性を小規模集団を媒介に育む「暮らし」づくりを目指すソーシャルワーカーとしての専門的な取り組みが求められる。

　以下では，高田祐介（救世軍機恵子寮施設長）が提起した，児童養護施設における「暮らし支援と権利擁護」を企図して，当事者としての子どもの声の発信を支えるソーシャルワーカーの取り組み事例を提示したい[7]。なお，高田は，児童養護施設実践について「子どもの権利を護り彼らの生きる力を育むことへ繋がる暮らしの『営み』」として捉え，それを実現する手段の一つとして「子ども会議」のあり方が検討されなければならないとする。本項では，スタッフとして，そのような意図が共有できていない事例を取りあげ，本来のあるべき「形」を検討する。

事例6‐1　暮らしの支援と権利擁護の取り組み

（1）事例の概要

　A児童養護施設の「子ども会議」は，月1回第3火曜日の夜7時に全員が招集され1時間程度の時間を使って開かれていた。子ども達は，毎回ほぼ30分ほどになるが，斉藤主任（児童指導員）から施設の「きまり」に反する子どもがいたことの説教を黙って聞き，その後，順番に「何でもいいから」と発言することを求められた。

　中学3年の山田太郎は「僕は，受験勉強があるから，子ども会議を毎月でなく，重要なテーマの時だけにしてもらえませんか」と提案した。ところが，斉藤主任から「中学3年だからといって特別扱いしない」と一喝された。同じように，高校2年の雅也が「斉藤先生，この会議は何のためにやっているのですか，何を言っても施設の生活は変わらないじゃないですか」と質問した。斉藤主任は「それは，施設長が皆の意見を聞くことが大切と決められたので時間を設けている。施設のルール

を守ることができたら考え直す」と答えた。雅也は「施設のルールが守れなければ何も決められないのであれば，この会議でなく普段から聞いてくれれば良いのであり，会議のあり方を考え直してほしい」というと，斉藤主任から「うるさい，文句を言うな」と一喝された。

　このようなやり取りを契機に，子ども達は，日頃の不満を口にしたが，斉藤主任は受け付けないまま「決まりを守っていないのに文句を言った者は反省文を書くこと」「反省文を出さない場合は外出禁止にする」と伝えた。子ども達からは，諦めともつかない呻き声が漏れた。

（2）事例の考察とまとめ

　Ａ児童養護施設では，施設が決めた「子ども会議」を慣行として開催していた。「子どもの権利」に関する理解が必ずしも十分でなかった施設長が，思いつきのように「取りあえず子どもの意見を聞こう」と提案したものであった。そのため，「子ども会議」の取り組みは形骸化し，まったく機能していなかった。しかし，施設では，施設長が決めたルールということで，毎月，入所中の小学生，中学生，高校生の全員をホールに集め，強制的に参加させていた。会議に参加することは施設で生活する「子どもの義務」であり，そのことに「文句を言う」ことは許されていなかった。当然，子ども達は，全員が集められ無理やり意見を求められることの意味も理解できないままにいた。日々の暮らしは日課に沿って営まれるだけであり，反省文についても，斉藤主任の高圧的な物言いから，外出禁止を申し渡されたくないために従うだけで，然したる効果もない様子であった。

　「子ども会議」を通じて生活の中に子ども達の意見表明を活かそうとするならば，Ａ児童養護施設では，まず，職員の認識や取り組み方法を再確認することが必要となろう。子ども達にとって「子ども会議」が自身の暮らしの好転に繋がる場になると実感できるには，施設として，個々の子ども達がどのような特性をもって施設生活を送っているのか，その背景や環境等を再度確認する必要がある。なぜならば，彼らは「入所前における家庭生活の混乱や不安定な人間関係の中に置かれた経験から喪失感に覆われていたり，大人への不信感から自分の思いや意見・要望を声に発しにくい状態に陥っている場合が多い」[8]からであり，そのことが現在までの生活に影響を及ぼしている可能性が高いからである。実際，施設で暮らす子ども達の家庭生活について聞き取りを進めると，いわれのない暴力や罵声，無視や放置（ネグレクト）等，虐待とも言い切って良い生活状況の下で過ごしてきた様子を側聞できることも少なくない。

　施設養護に参画するスタッフには，子ども達の入所理由が物語っている意味を十分に理解できていない者もいるようにうかがえる場合もある。そのような状況を変

えるには，まず，子ども達個々が抱える支援課題の個別化を図る重要性を理解し，面接室のように構造化された空間と異なる，日常生活の中でのさりげなく会話ができる場面で「目的を持って意図的に会う／語り合う」ことの重要性を受けとめるようにしなければならない。個人の意見を尊重しようとする支援とは，何よりも，子ども達一人ひとりが，施設の中で，あるいは，スタッフから自身の声が十分に受けとめられていると実感できる環境の醸成に努めることを意味する。つまり，ソーシャルワーク専門職として彼らからの問いかけへの適切な反映や意味の要約等を繰り返すことにより，子ども達は，徐々に落ち着きを取り戻し，自分の言葉で物事を考えながら発言できたことで，次第にグループメンバーのことも考えられる変化が自らの内に引き出される可能性も高まるからである。

　また，生活支援を担うソーシャルワーク専門職として自らの考え方を一方的に押しつけ，「子ども主体」の取り組みに繋がらない障壁となりがちな，子ども達を自らの意のままに操作したり，操ったり，誘導したり，自分の生き方や価値観等を押しつける，いわゆる「パターナリズム」に陥っていないか否かを確認するため，自分の言動の自己点検や検証が必要になる。

　さらに，対等・平等の考え方に基づく人間関係を施設で「住まう」過程で体感できる経験や機会の場をソーシャルワーク専門職としてどのように創出できるか，その取り組みについても子ども達から意見を聞きながら検討し，これまでの問題点の原因と結果を追求する支援的態度を常に育んでいかなければならない。その起点には，子ども達が自分らしさを失わず生きる推進力となる「困難を跳ね返す力（resiliency）」を評価しつつ「強さ（strength）」「物語，語り口（narrative）」概念を取り込むことが求められる。その過程では，個々の子どもの命にかかわる危険な行為や状況に必要な制限（limitation）を加える以外は，日課を含む時間の使い方に対して「強制」しない生活スタイルに変えることが肝要になる。

　そのためには，あらためて子ども達の権利保障の視点から個々の生活サイクルや集団場面の多様性を見直し，個々の生活状況に応じた暮らし方や集団規模へと変えていく方策を子ども達と一緒に検討する必要がある。その際，曖昧さの何ものでもない「より家庭的」なるものに近づけるのではなく，「人間らしく生きる生活環境の創造」を目指す実践として捉えることにしたい。このようなソーシャルワーク専門職としての働きかけに，従来のそれとは異なるという意味で戸惑うことも多くなろうが，変革を目指した小さな事柄の取り組みを重ねることによって，子ども達の望む支援の方向が確認できるような「子ども会議」に変容することも可能になろう。

　本事例は，子ども達の声の発信を支えるスタッフによる支援方法を「日課」を通して検討するものであったが，施設生活の環境的特殊性を勘案し，人間らしく生き

ることに繋げる方略をスタッフ間でいかに共有できるかを検討してきた。大人に限らず，子どもも日々の生活過程において多様な出来事に遭遇し，それまでに獲得してきた対処能力を駆使しながら生活の安寧に努める。ところが，何らかの生活上の諸困難に陥った場合，社会的な支援を必要とする。ここでいう生活上の諸困難とは，一次的には社会（体制成立過程や構造特徴等）に規定され，二次的には個々人の生活（構造や意識・モラル等）に規定される特質を有する。施設で暮らす子ども達は，このような状況を乗り越えていく能力を形成する途上にあり，多様な大人による多くの保護や支援等を必要とする。したがって，施設養護は，これらの危機や困難を処理し，対処できる能力をいかに育むのか，そのために必要な機会や場，専門職の確保や提供をいかに行うのかが問われることとなる。つまり，児童養護施設実践としてソーシャルワークも「制度の対象となる『子ども』のみをターゲット（target）とする（＝内在化）のではなく，彼らを取り巻く環境としての家族や集団（組織），あるいは，地域社会に対しても直接的に働きかける方法が模索される（＝外在化）」ことが意識されなければならない。[9]

（2）発達障がい児を抱える居室運営と支援方法──第2事例

　2005年の「発達障害者支援法」の施行以来，例えば，自閉症スペクトラム障害（ASD），注意欠陥多動性障害（ADHD），学習障害（LD）等が身近な表現として目にすることも増えてきた。児童養護施設では入所児童の23.4％が何らかの障害を抱えており，さらに，障害を持っている入所児童の22.1％は発達障害（広汎性発達障害，LD，ADHD）と報告されている。

　事例に登場するまさるは7歳で小学校2年の男子。4歳の時に児童養護施設への入所となる。母は，児童相談所で「まさるは生まれてからずっと泣いていたように思う」と話した。どうして泣いているのか，どのように子育てをしたらよいのかわからなかった。父は，まさるが1歳時に家を出て他の女性と暮らし始め，その後，母と離婚する。母は，実家との折り合いが悪いため戻れず，生活保護を受けながらアパートでまさると二人の生活を始めた。2歳の頃には，買い物で外出するといつの間にか迷子になっていた。3歳になると，自宅から飛び出してしまうため，母は，常にまさるを見ていなければならない状況だった。3歳過ぎてもオムツが外れず，大便をするとオムツに手を入れ，壁や床に

こすりつけていた。母は，まさるを可愛いと思うことがなく，次第に手をあげるようになっていった。まさるの泣き声を聞いた近隣住民が児童相談所へ通報し，児童養護施設への入所となった。

事例6-2　発達障がいを抱える子どもとともに過ごす暮らしの計画化
（1）事例の概要

　幼児居室での生活が始まる。大便をもらしたり，偏食があったり等のため，スタッフとして手をかける時間が多かった。幼稚園では，他の園児が生活に慣れ，園のスケジュールに合わせて行動できるようになっても，まさるだけは，慣れることがないように見えた。先生は，まさるに毎日同じように声をかけていたが，他児と同じ行動をすることが難しかった。また，気にいらないことがあると泣き喚き，スムーズにかかわれることがなかった。しかし，他児と大きなトラブルになることはなく園生活を送った。

　施設では，小学校入学とともに幼児居室から児童居室（グループホーム）に移ることになっており，小学校入学と併せてグループホームに移った。幼稚園の卒園を迎える3月になると，施設では，まさるに「4月から小学生や中学生と一緒のグループホームに移るよ」と話し，グループホームの担当職員と会ったり，部屋の見学をしながら，4月から落ち着いて過ごせるよう配慮していた。

　一方，グループホームで生活をしている子ども達にも，職員から，①まさるが4月から移動してくること，②小学校1年で初めての学校生活になること，③新しいことに慣れるのが苦手なこと，④時には大声を出すかもしれないこと，が伝えられた。さらに，一人ひとりに，⑤まさると一緒に生活をすることで，何か不安や困ると思うことがあれば職員に教えてほしい，⑥グループホームの生活のことや学校のことを丁寧に教えてあげて欲しいと伝えられた。4月，まさるがグループホームに移り，新しい生活が始まった。

　現在，小学校2年のまさるは，グループホームでの生活も2年目を迎えた。そこで一緒に生活している子ども達は，小学生が，まさるのほかに3年生の亮太（自分の気持ちを表現することが苦手でおとなしい），4年生の駿（スポーツが得意），5年の卓也（勉強が苦手，すぐに大きな声を出す）の4名，中学生が，1年生のユウマ（怒りやすい性格，部活ではサッカー部に所属）と一樹（ゲーム遊びが大好き，苦手な数学と英語のテストの点数をあげるための努力を続けている）の2名の合計6人である。ユウマは，中学校入学から施設での生活が始まり半年を過ぎていた。他の4人は，まさるがグループホームに移ってきた時から一緒に生活している。こ

のグループホームの担当スタッフは，入職5年目の田中職員（男性），2年目の伊藤職員（女性），非常勤職員の鈴木職員（女性）の3名である。

　まさるが1年生の時，授業中，静かに席に座っていることができず，隣席の子に手を出したり，立ち歩きをすることで授業を中断させてしまうことが続いていた。また，偏食のため給食で食べられないものも多く，そのことをクラスメートにからかわれると，クラスメートと喧嘩になることも増えてきた。職員は頻繁に学校から呼び出されていた。児童相談所からは発達障害（自閉症スペクトラム障害）の傾向があるといわれた。

　2年生になると，まさるのクラスでは定期的に漢字テストを行い，合格点を取るとシールがもらえるシステムとなっていた。スタッフへは，クラス担任から「まさるが漢字を間違えて覚えている」と伝えられていた。クラスメートからは，まさるに「俺は8枚もシールが貯まったけど，お前は漢字できないからシールをもらえないだろう」とからかわれていた。まさるは，そのクラスメートに鉛筆を投げつけ，にらみつけた。また，掃除の時間ではホウキや雑巾を振り回したりするため，クラスメートからは，まさると同じ班になることを嫌がられていた。グループホームでは，まさるが時間や順番にこだわる傾向に合わせ，職員が食事や入浴等で混乱しないように配慮していた。しかし，職員が，宿題や苦手な漢字練習の声かけをすると，まさるは，聞こえていないように振る舞い，声かけのトーンが荒くなると耳をふさいでしまうのが常であった。同じグループホームの小学生が，トランプやボードゲームで遊ぶ時，まさるは，順番を待てず他の子の番を無視するように振る舞ったり，負けると怒り出し，物を投げつけることが収まらなくなっていた。まさるが怒り始めると，他の子は，まさるに食ってかかったり，その場から離れることもあった。

　まさると他の子の間で喧嘩になる最大の要因は，まさるのテレビの見方であった。グループホームのテレビは，8畳程度のリビングダイニングに一つあるだけであった。まさるがテレビを観る時は，いつもテレビの真ん前に座り，他の子が見えなくなっていた。そのため，まさるに他の子が文句をいい，喧嘩になることが続いていた。中学生のユウマは，まさるを威圧するように場所を空けさせた。まさるは大きな声で泣き叫び，抵抗するが，ユウマにテレビの前を明け渡すようになっていた。

　夏休みが終わり新学期を迎えたある日，伊藤職員から同じホームの2人の職員に，①今年度に入ってからホームの生活がスムーズに運んでいないと感じていること，②まさるの言動によってまさる自身が他の子ども達から孤立しがちになっていること，③子ども達の間で怒鳴り声が多くなってきていることが気になり，子ども達にどのようにかかわるべきかわからないと相談を持ち込まれた。3人の話し合いの結果，まず，子ども達一人ひとりの新学期の目標や希望を話し合う機会を設定し，子

ども達から意見や困っていること等を聞いてみることにした。その日の夕食後，伊藤職員から子ども達に「次の日曜日の午前中は，夏休み後の新しい生活に向けて，皆の困っていることや希望を話し合いたいから考えておいて欲しい」と伝えた。当日は「ホームの生活をみんなで話そう」をテーマに，まさる，亮太，駿，卓也，ユウマ，一樹の６人，伊藤職員がファシリテーター，田中職員はまさるの付き添い，非常勤の鈴木職員は子ども達の中に入り発言を助ける役割を担い，ホーム全員での話し合いが始まった。また，夏休みに中学生のキャンプに参加したユウマから，話し合いの前に，他のホームの太郎（中３）とホームの皆にお土産を配りたい，そして，太郎とキャンプについて報告したいので「少し時間がほしい」と申し出があり，話し合いの前の10分を使ってよいこととした。

　伊藤職員が「今日は日曜日なのに集まってくれてありがとう。皆で居心地良いホームを作るため，一人ひとりから意見を聞いて，どうしたら良いかを皆で考えたいと思います。考えていること，感じていることを何でも話してください。そして，他の人が話している時は文句をいわずに聞いてください。意見がある時は，その人の話が終わったら発言してください。よろしくお願いします。皆の前にあるお菓子はユウマ君と太郎君のキャンプのお土産です。話し合いの前に少しキャンプについてお話したいそうです」と伝えると，子ども達は「ありがとう」「おいしい」とお礼を言って食べ始めた。その間，中学生の２人は，キャンプの出来事や思い出を得意気に話した。太郎は，キャンプ地の地図や施設からキャンプまでの路線図を見せながら説明をし「中学生になったら参加してみて」と付け加え夏のキャンプの話を終えた。

　伊藤職員から「では，話し合いを始めます。何か困っていることがある人はいますか」と子ども達の発言を促した。卓也が，真っ先に「まさるがテレビの真ん前に座ってしまい，誰もテレビが観られない」と訴えた。すると，他の子どもも口々にまさるの批判を始めた。田中職員がまさるに「皆がテレビを観られなくて困っているって」と話すと，まさるは，そっぽを向きながら「ユウマ君はすぐに怒鳴るし，卓也君だって駿君だってすぐ怒鳴るじゃないか」といった。一樹は「俺は勉強を頑張りたいから，テレビはあんまり観ないけど静かにしてほしい」という。伊藤職員は「一緒にテレビを観る時は，どうしたらいいかな」と問いかけると，子ども達は一斉に「まさるがテレビの真ん前に座らなければいいんだ」と答えた。伊藤職員はまさるに「皆は，まさる君が真ん前に座るとテレビが観えないからどいてほしいのだけれど，まさるはどう思う」と尋ねた。まさるは「わからない」と答え，立ち歩き始めた。田中職員がまさるに付き添いながら，テレビの前にきた時，まさるに「いつもどこに坐っているの」と尋ねた。まさるは「ここ」と言ってテレビの前に

座った。子ども達は「ほら，あんな真ん前に座ったら観えないよ」と呆れる。田中職員が，まさるが座る場所に卓也を座らせテレビのスイッチを入れた。まさるは「観えない」と怒ったが，田中職員が「いつもまさる君がそこに座るから，他の子は観えないんだよ」と話すと，まさるは何も言わなかった。鈴木職員は「皆でテレビを観る時に場所を決めたらどう」と話しかけた。子ども達は「めんどくさい」と言いながらテレビの前に集まり，各々がテレビを観える場所を探した。

　田中職員は「まさる君のことで皆が怒る回数が増えているように思うけど，皆はどう考えますか。まさる君は，場所や時間にこだわったり，すぐ物を投げたり，怒鳴ったりして迷惑をかけてるかと思うけど，わざとしているわけでないんだよ」と話すと，卓也は「まさるは一番年下なのに，人が嫌だと思うことをすぐ言うし，かんしゃくも起こすし，運動もできないかあら一緒に遊びたくないんだ」というと，駿が「去年のホーム対抗のドッジボール大会はまさるのせいで最下位だった」と声をあげた。田中職員は「まさる君は，他の人のことを気にすることがとても苦手です。運動もあまり得意じゃないかもしれない。まさる君は，そういうことを自分で上手にコントロールできない傾向があります。周りの人がまさる君のことを気にして動かないとスムーズに行かないこともあります」と静かに語りかけた。ユウマが「どうして俺達がまさるに合わせなければいけなんだよ」と訴えてくる。伊藤職員が「ユウマ君は，まさる君のことで嫌な思いをしたことありますか」と尋ねると「テレビの前に座って動かないじゃないか」と答えた。

　駿が「この前，駅と県名を結ぶ社会の宿題をしている時，分からなくてなかなか進まなかったんだけど，まさるが，名古屋は愛知県だよと教えてくれたんだ。その時，年下なのにすごいと思った。ドッジボールは下手だけど」と話した。亮太も「自分も駿君がその宿題をやっている時，まさるが答えていてすごいと思った」と小さな声で言った。伊藤職員は「駿君も亮太君もまさる君の得意なものを知っているんだね」と言い，まさるに「すごいね」と伝えた。伊藤職員から，朝の掃除の時，まさるが皆の靴を下駄箱にしまってくれていることを付け加えると，亮太が小さな声で「それも知ってる」とつぶやいた。しばらくして，一樹が「俺はあまりテレビを観ないけど，テレビを観る場所，今日決めた所で観ようぜ。まさるは嫌なことがなければ静かなんだから」といった。伊藤職員は「一樹君から意見が出ていますが，皆はどうですか」と聞くと，他の4人からしぶしぶ「やってみてもいい」と返事があった。

　その後，一人ひとりが，夏休みの思い出や困っていること，抱負等を語り合い，40分のミーティングを終えた。まさるも職員のサポートを受けながら話し合いに参加することができた。

（2）事例の考察とまとめ

事例の特徴を以下の三つの視点から考えたい。

① グループホームにおける発達障がい児（自閉症スペクトラム障害）の生活

グループホームにおける生活は，基本的に複数の子ども達と職員が構成員となって営まれている。そこで暮らす子ども達は，グループホームという所与の環境の下で多様な刺激を受け，それらを一つひとつ受けとめ，対処しながら生きる糧としていく。子どもと職員の関係，子ども同士の関係，子ども達集団と職員の関係等，多くの関係性の中で日常生活が繰り広げられている。

自閉症スペクトラム障害の特性は，社会性の障害，コミュニケーションの障害，こだわりと想像力の欠如の障害とそれに基づく行動の障害があり，知的障害はともなわず，言語の遅れは少なく，多くの人とは異なる皮膚等の感覚があるとされている。本人の行動が周囲から「おかしい」と思われ，それが出会う人びととの間で摩擦となり，喧嘩や仲間外れ，常に怒られる要因になっていることがある。まさるの場合，他の人に配慮することが難しく，テレビの前に座ってしまうこと，感情のコントロールができず，すぐ手が出てしまうこと，また，決められたことを几帳面に行うこと等も自閉症スペクトラム障害の特性から生じているのかもしれない。

グループホームでの生活は，まさるの場合，グループの中でどのように自分が振る舞うべきかを学び機会となり，他の人の場合，まさる自身を深く知ってもらう機会にもなる。つまり，まさるにとっては，自分を認めてもらうよう働きかける環境（時間，空間，関係）であり，自分以外の人との関係を築いていく環境になることを意味する。

② 同じホームで暮らす子ども達へのアプローチ

まさるとグループホームで一緒に暮らす5人は，感情のコントロールが苦手な子ども，気持ちの表出が苦手な子ども，学習する機会を失っていた子ども，虐待を受けてきた子ども等，一人ひとりが何らかの課題を抱えている。職員と子ども達は，生活の場面を通して多様な経験を共有し，認め合うことが，一人ひとりの生活力を高めて行くことに繋がると思われる。例えば，一番年下のまさるが都道府県と駅の名前を知っていること，玄関をきれいに掃除してくれていること，嫌なことがなければ癇癪を起こさない等を一緒に生活している子ども達はよく知っている。話し合いの中で，子ども達が知っていたまさるの強みや特性への理解を促す職員からの意識的な働きかけが功を奏し，子ども達はまさるの特性を共有し合うことができた。まさる以外の子ども達についても，まさると同様に，一人ひとりの強みを共有し，認め合うことを繰り返すことで，子ども同士の関係，職員と子ども達の関係を強化し，お互いを受け入れる素地が築かれたように思われる。

③　ソーシャルワーカーの支援の意図

　グループホームの伊藤職員は，入職1年目は先輩職員の指示を仰ぎながら仕事をしてきたが，2年目を過ぎた頃から子ども達との関係も徐々に築くことができ，気持ちが少し自由になったように思っていた。しかし，学校からの呼び出しやグループホーム内のいざこざが続き，伊藤職員はまさるの強みに気付けないまま，日々起きるトラブルは，自閉症スペクトラム障害と診断されているまさるが引き起こしていると捉え，その場を収める対応に終始していたことに自ら憤りも感じていた。グループホームを担当している職員同士の連携やケースカンファレンスでの話し合い，心理職員からのアドバイス等を参考にしながら対応してきたが，子ども達に否定的な気持ちを抱く自分自身を受けとめきれずにいた。自閉症スペクトラム障害にとらわれ，まさるに向き合いきれていないとも思っていた。加えて，まさるの状況を他の子ども達に伝えることにも躊躇があった。

　ホームでの話し合いでは，子ども達自身の力に気づけただけでなく，まさる独特の傾向を子ども達にも伝えることができた。さらに，話し合いの前には，職員間で，一緒に生活する子ども達に，ホームで心地よく生活する上で周りが対応を変えなければならないこともあることを伝えたいと語り合っていた。日常生活で，あるいは，このような全体の話し合いで，繰り返し伝えて行くことの必要性を実感した。また，伊藤職員は，まさるに対して「障がいのあるまさる」でなく「まさるが障がいを持っている」と受けとめ，向き合うことは，他の子ども達個々と向き合うことと同じであることに気がついた。

　まさるは，話し合いの時に太郎が見せていたキャンプ地の地図と路線図に関心を示し，太郎に利用した駅の名前などを聞いていた。職員は，太郎に，話し合いの後で少し時間をとって，まさるに詳しく路線や場所の話をしてほしいとお願いをした。太郎は快諾し，丁寧に優しく話をしてくれた。まさるにとっては，中学生の話に膝を突き合わせて聞く経験，太郎にとっては，自分が役に立っていると思える経験ができたのではないだろうか。

　職員は，まさるの強みを知ることができるよう他の子どもに働きかけるのと同時に，まさる以外の5人についても，各々を知ってもらう（知っていることを共有できる）ように働きかける。さらに，グループホームの外部の人との関係を築き，子ども達と3人の職員で営まれる生活の中で生じる正の力動や負の力動，そこに向き合い一歩踏み出すことが生活力を高めることに繋がると感じた機会になった。

（3）子ども間の暴力行為への対応と支援方法──第3事例

　本事例では，子ども間の暴力行為に対するソーシャルワーカーとしての支援方法を考えるにあたり，施設内での子どもの生活に直結した集団へのかかわり方を検討したい。なぜならば，集団内の相互作用を意図的に活用するための働きかけを効果的なものとするには，その時々に顕在した課題を施設職員がどのような視点から対峙すべきを考察し，日常生活の中で生起する出来事や活動が子どもと職員の関係，あるいは，子ども同士の関係にどのような影響（相互作用）を及ぼすに至ったか分析することが肝要になるためである。

　このような切り口から，施設内で生じたある状況（日常的に繰り返して起こりやすい場面），例えば，感情爆発に伴う暴力に対応する場面を取り上げ，生活場面での子どもと職員の関係のあり方を検討する。

事例6-3　子ども間暴力を乗り越える暮らしを考える
（1）事例の概要
① 　日時：○○年○月中旬，午後4～6時。
② 　場所：ユニットB（男子）。
③ 　職員：指導員・高山（勤続年数8年），保育士・落合（勤続年数5年）。
④ 　グループメンバー数：男子5人。
　　正哉＝高校3年生。施設生活5年。寮舎の最年長児。周りの状況を素早く察知し
　　　　　対応できる。他のメンバーにも優しく対応し，とりわけ中学校1年の雅文
　　　　　から良き相談相手として慕われ，日頃から可愛がっている。
　　太郎＝中学校3年生。施設生活11年。達男とは幼児期から仲が良く，進路につい
　　　　　て心配している。
　　達男＝中学校3年生。施設生活11年。普段はダジャレ等を言って皆を笑わせてい
　　　　　るが，些細なことですぐにカッとなり喧嘩が絶えない。不登校，成績不振
　　　　　から進路が決まらず，イラ立っていることが多い。
　　純次＝中学校2年生。施設生活9年。達男の強さに憧れている。達男と一緒に何
　　　　　か行動をしたいという思いがあり，常に彼の言動を注視している。
　　雅文＝中学校1年生。施設生活12年。父子家庭のため養育困難となり乳児院に措
　　　　　置されたが，年齢超過のため当園に措置変更となった経緯もあり，正哉を
　　　　　父のような存在として慕っている様子。

⑤　活動の目的：感情爆発を起こし暴力を振るってしまった子どもへの対応と，そ
　　　　　　　れにともなう他の子ども達への影響を意識して働きかける。

　中学校3年生の達男は，公立中学校の普通学級に通っているが，学習内容が理解
できないため，授業について行けない。また，進路決定が思うように進んでいなた
め，些細なことで苛立ち，喧嘩になることも多く，学校内での友達はほとんどいな
い。最近では不登校気味になっている。

　ある日，達男は，学校を休んでリビングでぼんやりテレビを観ていた。そこに雅
文が学校から帰ってきて「今，テレビで面白い番組をやってるから観ていい」と聞
いてきた。達男は，ぼんやりテレビを観ていただけであったが，雅文の申し立てに
腹を立て「俺が観ているからだめだ」と答えた。雅文は「たいして観ていなかった
のだからいいじゃないか」と返すと，達男は急に怒り出し雅文に飛びかかっていっ
た。「こんなことで何で怒鳴ったり，飛びかかってくるんだよ」と雅文は叫んだが，
達男は，一度かっとなると歯止めが効かなくなり，暴力行為に走ることが多かった。
雅文を蹴飛ばし素手で何度も攻撃した。

　突然の出来事に他の子ども達は驚き，高校3年生の正哉が「やめろよ」と仲裁に
入ったことで達男はさらに興奮し，今度は正哉に殴りかかった。中学校3年生の太
郎は，必死に「達男，ダメだよ。進学できなくなるよ。施設にもいられなくなる
よ」と声をあげるが「知るか，うるせぇ」と一喝された。中学校3年生の純次は，
いつでも加勢するというように目配せしてみせた。太郎は，力ずくで達男を床に押
さえ込んだ。騒ぎに気がついた落合保育士が，達男に「どうしたの」と声をかけた
が「おまえには関係ねぇ」とさらに興奮し，太郎をはね飛ばして出て行こうとした。
高山指導員は達男に歩み寄り「どうしたんだ」と静かな声で話しかけた。達男には
この言葉に耳を傾けている様子がない。「ほっといてくれ」と高山指導員を振り払
おうとするが，力ずくで押さえ込むことなく，それでもしっかりと達男の動きを抑
えながら，落ち着いた口調で「理由を話してほしい」といった。しばらく同じやり
取りが続くが，次第に達男は落ち着きを取り戻し，経緯を話しはじめた。汗をびっ
しょりかきながら，落ち着きを取り戻した時，高山指導員は「手が血だらけだから，
手当をしよう」と手をとった。

　達男が手当を受けている間，高山指導員は他の皆に「今日は達男の暴力を止めて
くれてありがとう。少しずつ達男の暴力が減っていくよう達男に話を続けるから，
皆も協力してほしい」と話した。一部始終を見ていた子ども達は，多少不満そうな
純次を除き皆に安堵の表情を見せた。

（2）事例の考察とまとめ

　本事例を通して，①暴力行為に走る子どもの思いと集団生活，②本人と同室児双方へのアプローチ，③ソーシャルワーカーの役割・機能の三つの視点から考察してみたい。

　①　暴力行為に走る子どもの思いと集団生活

　児童養護施設で生活をしている子ども達の中には，自分の思いを上手く言葉で表現し，他者に伝え，理解してもらうことを苦手とする者も少なくない。本事例で暴力行為を起こした達男はその典型であろう。

　達男は，施設生活が11年と長く，施設内ではダジャレ等を言って周りの皆を笑わせることが得意であった。ところが，些細なことですぐカッとなり，喧嘩が絶えない。そのため，学校内でも親しい友達はほとんどいない状況であった。また，普通学級に通っているが，学習内容が理解できないため，授業がつまらないと不登校気味である。そのため，学業不振で進路決定が思うように進まず，一段とイライラを募らせる悪循環を招いている。達男と同じ中学校3年生で，施設生活も同じく11年程続いていて仲が良い太郎は，達男の重なる暴力行為に，いつも「進学できなくなるし，施設にもいられなくなる」と心配している。

　今回は，高山指導員が，感情爆発を起こし暴力を振るった達男が気持ちの安定を図れるよう対応を試みたことが功を奏し，次第に落ち着きを取り戻すことになった。危機介入の方法は一様でなく，このような意図的な働きかけが，いかなる場面にも有効と限らない。怒りを爆発させる子どもを素早く静められず，集団の緊張も高まってしまった時は，確かに，その子どもを集団から引き離す方が最善な状況もある。それでもなお，その際の留意点として，子ども自身が強い憎悪感と向き合っているとの理解に立ち，ワーカーとして状況に巻き込まれることなく冷静に／穏やかに受けとめつつ個別的な関係が保てる（安心して自身を語れる）話し合い（面接）を試みることが肝要になる。一度爆発した感情を子どもが自力で調整することは非常に難しい。また，爆発的な感情表出だけが時として唯一の発散方法になるかもしれないことを理解しておきたい。

　②　本人と同室児双方へのアプローチ

　本人と同じユニットで過ごす子どもへのアプローチは，いかなる状態であっても一義的に担当職員が対応する。しかも，子どもとは，一対一よりも集団場面での対応を求められる場合が多い。その際に，担当職員として留意すべき幾つかのポイントがある。まず，集団の場にいる職員は，感情の爆発に伴う暴力が，他の子ども達にどのような影響を及ぼすかを意識しておきたい。次に，この種の配慮（支援）を当該児だけに行うのでなく，他の子ども達にも同じように配慮しながら対応する必

要がある。その意味からすると，本事例における他の子ども達と担当職員が行った行為は，まず，事態の収束に努め，その後，事情を説明し，協力を求めている点に意図的な対応であったことが読み取れる。

このような状況の中で，当該児が自身のアンビバレントな感情も表出できるようになり，それを子ども達も受けとめることができていた。多くの施設養護の過程に散見する，不適切な行為に猛省する（処罰する）ことを促す目的に，他機関や他者に委ねること（いわゆる，田嶌誠一が提唱する「安全委員会」方式がその典型）は，結果として，子ども達の不信感を増幅させるだけかもしれない「現実」の検証も必要となろう。怒りを爆発させている時こそ，当該児には，担当職員の理解ある姿勢と受容的働きかけが必要であり，そこに居合わせる子ども達もスタッフの言動を身近に触れ，見て，感じて，学ぶことは「再生化（treatment）」の促進を目指すソーシャルワーク実践の一つの「形」として意義のあるものになる。

③　ソーシャルワーカーの役割・機能

児童養護施設職員としての役割・機能を果たす具体的業務は，常に子どもの意見表明権を尊重しながら民主的な話し合いを踏まえて決められた施設内規則の内容を説明したり，グループの要求を取りまとめ，必要な仲介を図ったり，予算の円滑な運用とその過程への参加（幼児・低学年を除くことも可）を促したり，記録の保管や関係団体への連絡等がある。集団過程を豊かにするには，ソーシャルワーカーがグループメンバーやグループの必要に応じて，柔軟な姿勢を維持しつつ，このような役割・機能の果たし方を工夫する必要がある。

また，ソーシャルワーカーの役割は，専門職のミッションの前に塞がる，制度が求め，その下での運営を余儀なくされる組織のミッションに縛られるほど「利用者不在」に拍車がかかり，身動きがとれなくなる性質を持つ。いわゆる，スティグマ（stigma）に遭遇した際のソーシャルワーカーの身の置き所に苦悩するジレンマ（dilemma）の問題が浮上する。そうであっても，ソーシャルワーカーの役割を理解し，実践に結びつけることと併せて，刻々と変わりゆく多様な状況・場面に臨機応変に対応できる柔軟な判断力や実践力が求められる。また，ソーシャルワーク専門職として，ソーシャルワークの視点からその役割の取り込み方を見いだし，工夫を続ける必要を銘記したい。

（4）　豊かな時間の過ごし方を支える支援方法──第4事例

児童養護施設での生活は，一見するとどこの家庭の日常とも大きな違いがないような様相を示す。例えば，学校生活を安定して送ることができるための配

慮から，朝起きる時間（＝起床時間）とそれに遅れないで寝る時間（＝就寝時間）が設定される。子どもは，このような時間を守って生活することが「規則的な生活を送ること」と教えられ，スタッフから「時間を守って生活することの重要性」が繰り返し伝えられる。このほかにも「食事の時間」「学習の時間」「入浴時間」「ゲームの時間」等のほか，「自由時間・余暇時間」なるものを設定している施設も少なくない。このような生活の流れは，一般的に施設生活における「日課」と呼ばれている。果たして「日課」にはどのような意味があるのだろうか。

　取り上げる事例の舞台となる児童養護施設の生活にも，このような時間が幾つか設定されている。しかし，その設定（ねらい）には，多くの児童養護施設が陥りがちな「規則正しい生活を送らせることで集団生活の規律を保とうとする」こととまったく異なる意図が込められている。以下では，その一端を概観してみたい。

事例6‐4　「非日常性」のイベントの取り込みを考える
（1）事例の概要
　このホームは，小学生4名（低学年3名，高学年1名），中学生2名（中学校2年生，中学校3年生各1名），高校生2名（高校1年生が2名）の男子8人で構成されている。子ども達の生活ペースがそれぞれ異なるため，個々の事情に合わせて生活に融通をきかせることを心がけている。例えば，施設全体として，食事時間を朝食は7時，昼食は12時，夕食は18時に取る設定となっている。ところが，各ホームは，この原則に沿いながらも，部活動や友人との外出等，子ども達の事情を考慮して食事時間に融通をきかせている。ただ，特段の用事がない場合，夕方は18時の食事に間に合うよう帰宅することを基本としている。日常的に同じ時間に食卓につくことのできる小学生とスタッフは一緒に食事をするようにしているが，中学生以上の子ども達には帰宅次第食事ができるように準備している。

　今日は金曜日。中学生は，定期試験期間であったため，火曜から今日までの4日間はテスト勉強に追われていた。高校生は，それぞれの部活が大会を控えており，連日遅くなっての帰宅であった。そのため，今度の土曜日が久しぶりの休みであった。ホーム担当のスタッフ達は，予め，今週が子ども達にとって少しハードスケジ

ュールであったことと，土曜日が全員休みであることを把握しており，次のような
企画を用意していた。

　　　　　　　　　企画名：皆，お疲れさん，映画鑑賞の夜！

日　　程：7月25日（金）

時 間 帯：19時〜21時（1回目），21時〜23時（2回目）

場　　所：ホーム内リビングルーム

目　　的：テストや部活等でいつもよりタイトなスケジュールをこなしてき
　　　　　た子ども達とゆったりとした時を過ごすこと。また，非常的な要
　　　　　素を含んだ企画を用意し，生活に変化と楽しみを感じられるよう
　　　　　にすること。

対　　象：ホームの子ども達全員。

用意物品：① DVD（子どもの要望に沿った小学生・中高生向け各2本）

　　　　　②スクリーン

　　　　　③プロジェクター

　　　　　④ DVD プレーヤー

　　　　　⑤飲み物とお菓子

留意事項：①小学生（低学年）は第1部までの参加とする。

　　　　　②普段の就寝時間より遅くなるので，学齢の低い子どもの
　　　　　　体調変化には注意する。

　　　　　③翌日の朝食は，いつもより遅い時間でも提供できるよう
　　　　　　に準備をしておく。

　　　　　④ DVD は期限までに必ず返却する。

　子ども達へは，月曜日にこの企画をスタッフから提案し，それぞれが待ち望んで
いた。ただ，子ども達は，映画をいつものようにテレビで観ると思っていた。夕食
の片づけを済ませ，スタッフがホームに機材を持ち込み，高校生に手伝ってもらい
ながらスクリーンやプロジェクターを設置すると，ホームのリビングは映画館のよ
うな風景になった。部屋の電気をすべて消して DVD を再生すると，映画館さなが
らの迫力ある映像がリビング全体を明るく照らした。スタッフは，ホームのキッチ
ンでポップコーンを作ったり，おやつを用意したりして，さらに雰囲気を盛り上げ
ていった。

　1本目が終わると，小学生は「明日もこれで観よう」と大喜びであった。スタッ
フは，この企画が非日常的であることに意味を見いだしていたので「今日は，特別。

明日は普通に TV で観よう」といいながら第2部の準備を進めた。低学年の子ども達は自分の居室に戻った。続いて，小学校高学年と中高生を対象とした第2部。このホームの中高生は，部活以外に塾に通う子やアルバイトをしている者もいる。そのため，普段の生活での接触は，スケジュールの確認や提出物の確認等，生活に必要なやり取りがほとんどであった。今日のように映画の話題に花を咲かせ，学校生活の様子等について会話を交わす機会もなかなか持てていなかった。そのため，スタッフは，子ども達との有意義な時間を過ごすことができたと感じていた。すべてが終わりリビングを片づけながら「またやろうよ」と普段あまり自分から声を掛けてくるようなことの少ない高校生からもそのような声が聞かれた。

　本事例を通しておさえておきたい支援のポイントは，ホーム担当のスタッフが，子ども達のスケジュールを把握するだけでなく，子ども達がどのような思いを感じながら生活しているかに思いをめぐらせている点にある。テストがあることも，部活で大会があることも，学校に通い部活動に所属していれば何ら珍しいことではない。むしろ，子ども達は，周囲から「頑張って当然」と思われがちである。しかし，このホームスタッフは，その当然とされるところにも細やかな配慮を加えている。このほかにも，本ホームでは，塾やアルバイト等で帰宅が遅くなった高校生に夜食を用意したり，夏には施設の備品である業務用のかき氷機を使って専門店で食べるようなかき氷を提供したり，子ども達にとって「思いもよらない」機会を提供する工夫を重ねている。

　このような「意外性（非日常性）」が暮らしの豊かさを効果的に演出するものと考える。さらに，今回の場合，小学生達の就寝時間がいつもより遅くなることを周囲も許容していると感じたり，日頃の生活の流れを少し変えたりしたことで，特別感を感じることに繋がるとするねらいが読み取れる。実際，22時を過ぎた頃，中学校3年生の志郎が「お前らもう寝る時間だろ，早く寝ろよ」と小学生に対してかなり高圧的に声をかける場面もあった。志郎へは，スタッフから「今日は特別な映画鑑賞会だから，小学生も最後まで一緒に観ようよ」と伝え「非日常」であることを印象づけつつ，スタッフも子ども達と一緒にその時間を楽しもうとしている。志郎は，これまでの施設生活で「時間を守ること」をスタッフから，やや管理的に求められてきた経験を重ねている。そのような背景が他の子ども達へのかかわりから見えてくる。さらに，子ども達の2時間も静かにテレビを観ていることでスタッフが手を離せる時間があれば，その時間を事務作業や間接業務の処理に充てることもできる。しかし，このホームのスタッフは，この企画の中では子どもと「共に」あることが重要と意識しており，あえて子どもと一緒に映画を楽しんでいる。

　このような子どもとスタッフの風景は，その意図を理解できない（共有していな

い）他のスタッフから見ると，「子どもと一緒になって映画を観て仕事をしていない」等の誤解を招くこともあろう。多くの児童養護施設では，子どもからも「スタッフは忙しそうだ」という声が聞かれるように，一つの所に留まっている時間が少ない。それゆえ，子ども達にとって，スタッフは，声を掛けづらい存在であたり，子どものタイミングで何かを相談し難い環境を暮らしの中に作り上げている可能性があることを知る必要もあろう。そのような普段からの気づきや意識が，本事例のような企画を思いつき，実現へと繋げていく原動力になると考える。

　ところで，本事例のような場面のほかにも，子どもの豊かな時間の過ごし方を支える上で必要なことがある。それは，子ども達に提供できる「機会」のバリエーションを可能な限り多くストックしておくことである。言い換えれば，子どもと楽しめる「場所」「レクリエーション等のプログラム」の情報と技術や遊びのメニューを多く持つことである。子どもから「○○したい」との要望があった時，あるいは，「○○に連れて行って」と頼まれた時，子どもの持っている経験を上回る情報をいつでも活用できる状態にしておきたい。

　今日の児童養護施設では，スタッフの多くが住み込みでなく通勤スタイルとなっている。このような変化は，施設生活に対するスタッフの考え方にも少なからず影響を与えている。その一つに，スタッフにとって児童養護施設は職場であり，生活の場として捉えることを難しくしている点である。これは，施設で生活している子どもと，仕事としてかかわるスタッフの間で，意識の齟齬を生む要因ともなっている。例えば，施設が立地する地域に関する知識や情報量について，生活者としての感覚を持つ子どもの方が，スタッフという感覚で過ごす大人と比較すると圧倒的に多くの情報を持っていることがある。特に，スタッフの場合，この情報量は経験年数を重ねたことに比例して増えていく部分もあるが，その増加量の幅は子どもと比較すると小さい印象を覚える。

　なぜ，このような齟齬が子どもとスタッフの間で生じるのか。それは，次のように考える。生活者としての感覚を持つ子どもの場合，ここで暮らす上で必要なこととして，施設が立地する地域に関心を寄せ，主体的に情報を取り入れようとする。その一方で，スタッフは，仕事として必要な情報は受けとめるものの，自分自身がここで暮らしているわけでないため，主体的に情報を取り入れる「必要」を感じにくい側面があるように感じる。

　例えば，子どもは地域の遊び場について，施設内外を問わず子ども間で情報交換を重ね，新たな情報を次々と更新していく。しかし，スタッフ間で業務として情報が交換されたとしても，生きた情報として活用するか否かはスタッフの意識に依るところが大きくなる。いうならば，スタッフは，施設における子どもの生活のコン

サルタントとして機能するよう期待されているのであり，そのため，子どもから常に最新の情報を入手することはもとより，自らも主体的に子どもの生活に生きる情報を収集する姿勢が求められる。

その点で，子ども達との会話は情報の宝庫といえる。既述したが，子ども達は，自分に必要なこととして，多様な情報を日々施設に持ち帰っているからである。子ども達が，施設で豊かな時間を過ごすには，まず，それを支えるスタッフが，自分の仕事に「豊かさ」を実感することが前提となろう。スタッフには，施設での生活を考える上で，時として単調になりがちな毎日の生活の流れを大きく変えるくらいの大胆さと，その変化を子どもと一緒になって楽しもうとする「創造性」「主体性」が求められている。

（２）事例の考察とまとめ

映画鑑賞会の事例の特徴を次の三点の視点から考えたい。すなわち，①日課制からの脱却，②子どもと「共に」あること，③スタッフの豊かな創造力，である。

①　日課制からの脱却

施設生活は，大小の子ども集団によって営まれ，そのため，一定の秩序が求められることがある。例えば，起床時間，食事時間，勉強の時間，就寝時間等が定められ，そのいずれにも属さない時間帯を何とも奇妙な名称であるが「自由時間（余暇時間）」と銘打って「日課表」なるものを居室内に掲示している施設も少なくないと聞く。児童相談所から届けられる「児童票」には，施設生活で取り組む課題として「基本的な生活習慣を身につける」ことと記載されている関係もあって，このような日課が広く活用されていると考えられる。

しかし，このような画一的な生活の流れに対して，些か疑問を覚える。それは，①「自由時間」までも設定した24時間を画一的に過ごす営みは，そこで体験する生活経験の意味を伝えにくくならないかという疑問。さらに，②想定外のことが起こることを前提とする「暮らし」の中で，日課の順守にこだわることで，そのような状況への対応が柔軟性を欠くことにならないのかという疑問である。

施設生活を通して子ども達が身に付ける基本的な生活習慣とは，「起床」「食事」「学習」「歯磨き」「就寝」等の経験を積み重ねるだけに留まらない。それら一つひとつの習慣の意味を，子ども達が積み重ねる過程で伝えていくことにある。そのような視点に立てば，一つひとつの意味が伝わるような生活環境が整えられている限り，適度な時間的ズレは許容される範囲にある。事例のように，低学年の子ども達が普段よりも多少遅く床につくことも，状況に応じた身のこなしができていることを意味する。

②　子どもと「共に」あること

　施設での生活は，一般的に，子どもが生活の主体者であり，職員はその生活をサポートする立場にあるとする理解に立って営まれる。ここでは，DVD 鑑賞会を通してその意味を考えてみたい。事例では，職員も子どもと共に DVD を鑑賞していることを想定している。しかし，このように子ども達だけの空間になった場合，日々多くの業務に忙殺される職員は「DVD を観ている間に他の業務を済ませよう」という気持ちが生じてくることもある。しかし，本事例では，職員が子ども達の傍に留まり，一緒に DVD を鑑賞する時間を持つことを重視している。

　児童養護施設職員としての業務は，一日の勤務において子ども達と直接かかわっている時間が少なくなっている傾向もうかがえる。電話の対応，打ち合わせ，外勤等のほか，食事作りも業務に組み込まれるようになり，一段と子ども達とゆったり過ごす時間が奪われている。しかし，本事例のような「非日常性」も兼ね備えた時間を子ども達と共に過ごすことで，子ども達にも「○○職員と一緒に観た DVD」として意識化される。その積み重ねが，職員の中にも「子どもと共にある」意識が培われ，穏やかな生活の雰囲気の醸成に繋がることになろう。

　③　スタッフの豊かな創造力

　施設職員が，日々の仕事を，いわゆるルーティーン業務をこなすだけと考えていたならば，本事例のような時間を用意することは難しい。それは，事例のようなプログラムは「非日常性」を含んでいるからである。既述した日課制との兼ね合いからも，このプログラムを生活に組み込むには，さまざまな調整が必要になることも想定される。思いつくままに浮上すると考えられる苦情を列挙すると「食事の時間をどうするか」「DVD は何を借りてくるか」「誰が借りてくるか」「寝る時間をどうするか」等があり，多くの「日常性」へのアレンジが求められる。「そのような調整をするくらいなら，企画そのものを辞めよう」と考える職員が多くいても不思議でない。

　なぜなら，自分の仕事量が増えるだけにしかならないためである。また，自分だけで考えても，他の施設職員からの賛同を得られなければ実現不可能な場合もあろう。ここで強調したいことは，施設職員が豊かな創造力を持つことの重要性である。その前提として「子どもとどのような暮らしをしたいのか」というビジョンを持ち合わせていることである。自ら望んで始まったわけでない施設生活に，子ども達が少しでも豊かさを感じ取れるには，どのような機会や時間を提供する必要があるのか，そのためにスタッフとしてできる工夫は何か，そのようなことを考えることが，ルーティーン業務に陥らない，ソーシャルワーカーとしての施設職員に期待される本来の姿と考える。

（5）豊かな食生活環境を整える支援方法——第5事例

　児童養護施設で生活を営む子ども達は，親から虐待を受けたり，日々何らかの事情で手をかけられないまま養育された経験により，発達上の「つまずき」を抱えている場合が多い。そのため，施設入所前の生活では，栄養バランスを考えた食事や，自分の嗜好に応じたものを食べる機会もあまり持ち合わせていない。彼らにとって，食事は，単に空腹を満たすためのものであり，施設で出された食事にあまり関心を示さず，ただ食べるだけのような子どもも少なからず見かける。

　このような課題を抱える子どもも，やがて施設を出て，自力で生活をしなければならない。その際，子どもは，働いて得た収入の範囲でやりくりしながら生活することになる。したがって，食に関心を持てなければ，自炊生活も難しくなるだろうし，コンビニ弁当を購入して空腹を満たす金銭的余裕もなくなるかもしれない。

　本事例は，児童養護施設での生活を通して，子ども達が自分の好きなメニューや食べたいメニューについて意見を出し合って決めていくこと，また，食事のメニューづくりや調理等，通常，自分達だけでは決められない内容を栄養士や調理師のサポートを受けながら試みて食事をすること，あるいは，食事を作ることを通して，豊かな社会経験を蓄積できる取り組みについて日常生活をともにするユニット単位の活動を通して考えてみたい。

事例6-5　「子ども主体」の豊かな暮らしを構想する

（1）事例の概要

① 日時：○○年○月，夕食時および日曜日の夕方

② 場所：男子ユニットB

③ 職員：指導員・山本（勤続年数8年），保育士・小河（勤続年数5年）

④ グループメンバー：男子6人（構成員は同じユニットで生活する子ども達）＝
　駿：高校2年生，健太：高校1年生，太郎：中学校3年生，太陽：中学校2年生，
　拓海：中学校2年生，翼：中学校1年生。

⑤ 活動の目的：食事にあまり関心を示さない子ども達が，同じユニットで生活し

　　　ている仲間と話し合い，夕食メニューを考えたり（調理したり），
　　　関係する職員（指導員，保育士，栄養士，調理員，園長等）と交
　　　渉していくことを通して，食への関心を高め，将来の自立生活に
　　　向けての準備を行う。

　このユニットは男子6名で構成されている。子ども達は，各々の生活ペース（部活や友達との外出等）が異なるため，各自の事情に合わせて食事の時間にも融通を利かせている。ある日の夕食のこと，その日は中学生4名が食堂に集まってきた。高校生の2名は部活でまだ帰っていなかった。この日の夕食メニューはちらし寿司，ほうれん草のおひたし，おすましとフルーツだった。中学校2年生の拓海が「ちらし寿司，ご飯ものやどんぶりといったらやはり牛丼じゃないの」と話し始めた。すると，中学校1年生の翼も「俺はカツ丼だな」と話に加わった。

　小河保育士は，ちらし寿司が施設のメニューとしてあまり馴染みがないので，子ども達が食べ慣れた丼物に興味や関心を示したと思った。そこで「丼ものって，他にどういうのがあるかな」と話しかけてみた。すると，拓海は「この間テレビを観ていたら，アイドル達が都内の店を訪ねていろいろな丼を食べ歩く番組をやっていたんだ。その中で深川丼というのがあったけど初めてを知ったんだ」と答えた。すると，太陽が「深川丼て何，俺見たことないな」と聞いてきた。拓海は「深川丼はあさりを煮たのをご飯にかけて食べるようなやつだったかな」と答えた。太陽が「去年の夏，皆で千葉に潮干狩りに行った時，あさりをいっぱい取ったよね。今年は，それで作れば良いんだ」というと「そうだね」「じゃあ，今度，潮干狩りに行ったら，それで作ってみようよ」と話が弾んだ。

　小河保育士は「それじゃあ，今度，皆で食べたい丼ぶりメニューについて考えてみない」と提案した。子ども達は，日頃から食事にあまり関心を持っていないこともあり，これを契機に自分自身でバランスの取れた食事や栄養面について考え，食事を作ることに関心を持てる機会に繋げたいと思った。その経験をベースに，将来，自立した時，自分で食事メニューを考え調理する習慣を身に付けてほしいとも考えていた。提案を受け，子ども達は，今度の休みの日に皆で食べたい丼ぶりメニューを考えてみることになった。小河保育士は，子ども達に「自分が食べたい丼ぶりメニューとそのレシピを集めてきて」と伝えた。

　計画した日の夕方，子ども達はリビングに集まってきた。小河保育士は「皆，自分が食べたい丼ぶりメニューを考えてきたかな」と声をかけた。積極的な反応のない中で，食べることに興味を持っていた拓海だけが「俺，食べたい丼ぶりメニューをいろいろ調べてみたよ」と話を始めた。子ども達は，その時の声の大きさに一瞬

驚きながら，拓海の話に耳を傾けた。「俺は，肉料理が大好きだから，肉を使ったメニューを調べてみたんだ。インターネットで検索したら牛肉を使ったもの，豚肉を使ったもの，鶏肉を使ったもの等，いっぱいあった」と話した。太郎が「何が美味しそうだった」と聞いてきた。拓海は「俺は帯広の豚丼が美味しそうだと思ったよ」と答えると，翼が「帯広の豚丼ってどんなの」と聞き返してきた。拓海は「俺も良く知らなかったけど，確か前に皆でテレビで観たことがあったよね。豚肉に甘辛いたれをつけて焼いて，それをご飯の上に載せ，その上にネギやゆで卵等を載せてあった」と答えた。すると，太郎が「あっ思い出した。美味しそうだったよね」と反応し，以前にテレビで観た帯広の豚丼のことを思い出し，子ども達の話が弾んだ。

　子ども達は，普段，食べ物の嗜好に好みの違いがあるものの，食事のメニューにほとんど関心を示してこなかった。ところが，この時ばかりは楽しそうに話をしていた。そこで，小河保育士は「今日は拓海くんだけがメニューを考えてきてくれたけど，今度は皆で考えて栄養士の内田さんに相談してみない」と提案する。太郎は「自分の食べたいものを作ってくれるなら，少し考えてみようかな」という。小河保育士が「メニューはいつも栄養士さんが考えてくれて，調理員さんが作ってくれているけれど，たまには自分達で考えたメニューにしてもらい，皆で食事を作るのも楽しいんじゃない」と提案すると，駿が「俺達が作るの」という。小河保育士は「時間がある時に，皆で買い物に行っても良いし，そうすることが難しいようであれば，下ごしらえまで調理員さんにお願いして，その後の調理を皆でやっても良いよね」と提案した。拓海が「それだったらできるかも」とつぶやいた。

　数日後，山本指導員から今回の様子を伝えきていた内田栄養士が，夕食を終えた頃に子ども達の部屋にやって来た。「山本さんに話を聞いたけれど，もう少し詳しく説明してくれる」と話すと，子ども達が堰を切ったように経過の説明を始めた。拓海が「俺達の考えたメニューで食事を作ることなんてできるの」と尋ねると，内田栄養士は「皆の食事は栄養バランスや予算を考え，毎月，私がメニューを決めているのは知っているよね。だから，頻繁にできないけれど，月に数回ぐらいなら皆が考えたメニューで食事が作れると思いよ」と答えた。子ども達は「そうなのか，知らなかったな」と驚いた表情を浮かべながらも笑顔を見せた。内田栄養士から「早めにメニューを相談してもらえると助かるな」と提案を受け，拓海が「皆で良く話し合って相談に行く」と答えた。

　週末日曜日の夕方，子ども達が再びリビングに集まってきた。拓海が「自分達の食べたいメニューの提案をどうしようか」と話し始めた。太郎が「この間の内田さんの話では，1回だけじゃなくて，事前に相談すれば月に数回ぐらいならできると話してたよね。俺，今回は，この前，皆で話していた帯広の豚丼にするといいと思

うんだけど」と提案した。健太も「帯広の豚丼，前に皆でテレビで観てるからイメージも湧くしね」といった。拓海が「メインは豚丼にするとして，その他のメニューはどうする」というと，翼が「テレビで観たように，ゆで卵とかネギも載せないとね」と反応した。すると，拓海が「それもそうだけど，他のメニューをどうするかでしょう。豚丼だけではな」と言う。太郎が「そうだよな。テレビではサラダと味噌汁が付いていたよ」と応じた。太陽が「俺はフルーツも食べたい」と応える。最後に，拓海が「それじゃあ，このメニューで明日内田さんに相談してみよう」と提案し，話し合いを終えた。

　横で子ども達の話し合いを聞いていた山本指導員が「太郎くんが，内田さんから事前に相談すると，月に数回ぐらいは自分達の考えたメニューで食事ができると言われたと話していたね。せっかく食事メニューに関心を持てたのだから，これからも皆で考えてメニューを提案したらどうだろう」と話した。間髪を入れず，太郎が「そのつもりだよ」という。拓海も「俺も大賛成」と応じ，最年長の駿も「二人が中心になっていろいろ提案してくれたら，俺も協力するよ」と話し出した。健太の「皆で協力して，自分達で食べたい夕食メニューを考えよう」の発言に，太郎は「これで決まりだな」と嬉しそうに笑った。

　翌日，拓海と太郎は内田栄養士の所に行き，話し合った内容を伝えた。拓海が「内田さん，昨日，皆で夕食メニューを考えたんだ」と切り出すと，内田栄養士は「どんなメニューを考えたの」と応じた。太郎は「内田さん，この前，月に数回ぐらいだったら，自分達で考えたメニューで食事ができると言ってくれたでしょう。今日は，その第1回目として豚丼とサラダと味噌汁とフルーツを考えたんだ」と話した。内田栄養士は「何で豚丼なの」と聞いてきた。拓海は「俺達，肉料理が大好きだから考えていたら，前に皆でテレビで観た帯広の豚丼を食通の俳優が美味しそうに食べていたのを思い出して，豚丼になったんだ」と答えた。内田栄養士は「なるほど。皆からこういう提案が出てくるのを待っていたのよ。是非やってみたいけれど，初めてのことなので経理の高橋さんの許可をもらわないといけないので少し待っていてくれる。結果が出たらすぐに連絡するから」と応じた。拓海と太郎は「楽しみに待っている」と答えて部屋へ戻って行った。

　2日後の夕食時に，内田栄養士が子ども達の部屋にやってきた。「提案のあった夕食メニューのことだけど」と話し出すと，直ぐに拓海と太郎がやってきた。「今回は，皆からの初めての提案なので是非やってみようと思う。経理の高橋さんの許可ももらえたわ」と話した。拓海と太郎はハイタッチをして喜んだ。それを見ていた他の子ども達も話の輪に加わった。内田栄養士は「今回の夕食メニューはこれで決まりだけれど，どのように作ろうかしら。調理員さんに全部お任せする」と話す。

すると，拓海から「今回は初めてだから，材料の買い出しとか下ごしらえはお願いしたいけれど，最後の豚肉を焼いて盛りつけるのは自分達でやってみたい」と提案があった。内田栄養士は「それが良いかもね。それなら皆が参加できる日曜日にして，調理員さんにも手伝ってもらえるようにしようかしらね」と応じた。太郎が「良いねえ。いつにする」と聞いてくると，傍にいた山本指導員も子ども達の提案が実現できることに喜び，「じゃあ，皆の予定を確認して日程を決めよう」と声をかけた。

（2）事例の考察とまとめ

今回の事例を通して，①子どもの意見を引き出し，意見を反映する献立作り（主体性の育成），②栄養士（調理師）との連携（食事を作ることとレパートリーの拡大），③食生活と豊かな社会経験（社交性）の蓄積の三つの観点から考察してみたい。

①　子どもの意見を引き出し意見を反映する献立作り——主体性の育成

施設生活において，子ども達が自分の食べたい食事メニューを考える機会は決して多くない。それは，これまでの毎日の生活で，規則正しく，栄養バランスの取れた食事を取ってきた子どもが少ないことと併せて，彼らにとって「食べること＝空腹を満たす手段」でしかなかったことも影響していると思われる。しかし，今回の事例では，夕食で出された「ちらし寿司」が契機になり，子ども達の好きな丼物の話になり，食通で知られるアイドル達が都内をめぐりながら丼ぶりを食べ歩くテレビ番組を観たことも契機となり話題が広がった。今回の場合，食べることに関心を持っていた拓海がキーパーソンとなって，インターネットで情報を調べながら話が進んでいった。そこに内田栄養士や山本指導員の話を聞いていた太郎も加わり，拓海と一緒になって夕食メニューを考えることになった。さらに，駿が「二人が中心になっていろいろ提案してくれたら俺も協力する」と話してきたことで，他のメンバーも賛成する結果となった。子ども達が主体的に行動を起こせる職員の働きかけが重要であった。

②　栄養士や調理師との連携——食事を作ることとレパートリーの拡大

内田栄養士が子ども達による初めての提案に耳を傾け，実現に向け経理や調理師との調整を図ったことで，子ども達の食への意欲が高まったと思われる。今回は，太郎が言うように，新たに始まった取り組みの1回目であり，子ども達のやる気を引き出すかかわりの端緒となった。調理師との連携も内田栄養士が自ら調理師と話をし，当日，部屋で子ども達が調理を行う際に立ち会ってくれるように頼んでいる。そのことで，子ども達が安心して調理ができる環境が整い，美味しい料理を作り，それを皆で食べることによって，次回のメニュー作りや自分達で調理をすることの

楽しさを体感できることになった。

　③　食生活と豊かな社会経験（社交性）の蓄積

　食事のメニューを作り，自分達で調理を施し，皆で食べることによって，子ども達は，普段できないさまざまな経験をしたことになろう。また，今後，子ども達が自身で食材を買いにスーパーに行くようになれば，日頃経験することのない決められた予算の範囲で食材を選んだり，食材の鮮度やその善し悪しを見極めたり，スーパーの店員や買い物客との交流を図ることができるだろう。このような経験を積み重ねることによって，将来，施設を出て自立生活を始めた時に経験するであろうことを，仲間と一緒に協力しながら経験することで，子ども達は社会経験に厚みがつき，自信を持つことにも繋がるだろう。子ども達がそのような経験をいかに積み重ねていけるかは，担当するスタッフ（ソーシャルワーカー）の実践力にもかかわる問題となる。ここに子ども達の成長を意図した働きかけの重要性がある。

3　施設養護を担う専門職の行動指針と責任

（1）「人間の尊厳」が問いかけるもの

　　律法の専門家が，イエスを試そうとして尋ねた。「先生，律法の中で，どの掟が最も重要でしょうか」。イエスは言われた。「『心を尽くし，精神を尽くし，思いを尽くし，あなたの神である主を愛しなさい』。これが最も重要な第一の掟である。第二も，これと同じように重要である。『隣人を自分のように愛しなさい』」。

　この一文は，新約聖書マタイによる福音書第22章35～39節に記された聖句である。ここには，「人間の尊厳」とは何かの問いに対する一つの答えが示されているようである。2001年9月11日にアメリカ合衆国で同時多発的に起きたテロ事件以降，戦争が地球上から絶えることがない。日本でも，偶然の事故でもないのに，人の死との出会いは，今や特別な出来事でなくなっている。「人の命」が，こうも簡単にこの世から消えて行く風潮がある中で，その風潮が，我われの暮らしに何らかの影響を及ぼしていないわけがない。「一人の生命は地

球より重い」との言葉は，1977年9月28日に日本赤軍が起こしたハイジャック事件への対応場面で，福田赳夫内閣総理大臣が語った言葉であった。暮らしの中で，人の命が余りにも軽く扱われる傾向があることについて，現在，この名言を社会福祉に引きつけて考えなければならない課題が横たわっている。

　わが国の場合，社会福祉の視点から戦争体験との関連で「人の命」を考える機会は，あまり多くない。しかし，わが国の児童養護施設が，第2次世界大戦後，戦災孤児への対応にあたってきたことを考えるならば，命の重さや平和の尊さとの向き合いを誰よりも重要な課題とする実践現場でなければならないはずである。そうであるにもかかわらず，施設で暮らす子ども達に対する施設職員による適切といえない振る舞いが後を絶たない。子どもの命や存在を蔑ろにしたり，ぞんざいな扱いをしている施設職員個人の生き方と，社会福祉専門職に求められる「人間の尊厳」に向き合う姿勢とのせめぎ合いが起きた場合，施設職員として対処した支援の実際について，その意味と結果への責任を問われて良いことになろう。

　今なお，施設養護の過程に側聞される混乱と混迷には根深い問題がある。子どもの命を脅かす人がいる，子どもらしい表情を見せてくれない子ども達がいる，喜びも悲しみも表現できない子ども達がいる。そのような尋常とはいえない暮らしが，施設の中では普通の生活になっている「文化」「風土」があり，それに修正を加えることは遅々として進まない。本書は，そのような「現実」について，施設設置に関する最低基準の問題とか専門性の問題でなく，人間としてのあり方の問題として取りあげてきた。本書が，社会福祉実践，ソーシャルワーク実践，児童養護施設実践のアイデンティティやミッションの喪失状況によって生み出される問題の深刻さを論じてきた所以である。

　このような状況を打開する方法はまったくないのであろうか。それは，ソーシャルワークの核心を探り直すことに繋がる作業になるかもしれない。その取り組みのキーワードは「希望」と変わることの「可能性」への信頼である。

　ここでいう「希望と可能性」，社会福祉実践にとって，それは何を意味することになるのか。ソーシャルワーク専門職にとって，当事者が抱え込んでいる

悲しみや苦しみや切なさを共有するだけに留まらない，施設で暮らす子ども達の「現実」を踏まえると，何と向き合うことで施設養護の過程に「希望と可能性」を見いだせるのか，そのことにこだわり続ける実践感覚が必要になるかもしれない。

　施設養護の過程は，子ども達とともに人として生きることの厳しい「現実」と向き合うことになる。そのために，絶望せず，諦めることなく「希望と可能性」を追求し続ける取り組みが求められる。人の悲しみや苦しみに「共揺れ」するように共感すること，そのような専門職としての働きは，自己変革を求められるという意味で多くの困難を要することになろう。そのため，ややもすると，自己変革だけでなく，社会変革に立ち向かうことまでも諦めるほかないと思いがちになろう。

　ソーシャルワーク専門職は，事態の変革に決して絶望してはならない。施設で暮らしているが，たった一人しかいない大切な存在としての子ども達は，自身が抱えている現実と苦しみを解決していくにあたり，支援者が子ども達とどのように伴走するかが重要なポイントになる。そこでは，困難や不安等に遭遇したことにより，適応能力や対処能力，応答性が低下した状態にある子ども達に対して，自身のうちにある力を十全に発揮できる経験や機会の拡大を図ったり，積極的な気持ちになれるよう励ましたり，現況を打開する取り組みの方向性を，施設職員の一方的な働きとならないように配慮しながら「当事者とともに」考え，支援する役割を担うことになる。ソーシャルワーク専門職が「力を添える者＝エネイブラー（enabler）」とも呼ばれる意味がここにある。

（2）子ども達の悲しみ・寂しさ・切なさを見逃してしまうのはなぜか

　まず，筆者が児童養護施設のスーパーバイザーとしてかかわった女児のケースからピントを得て作成した教材を事例として取りあげてみたい。事例では，子ども達の「苦しみの構造」を見逃した事実をヒューマンエラーとした。初めは小さなエラーから始まったとしても，修正されないままの積み重ねが「ケース管理」に機能不全を起こし，施設全体が抱える欠陥問題として浮上する様相

を示した。

事例6‒6　「性」課題への対応をめぐる混乱

　現在，小学校6年生の美加は，小学校2年生になった春に「性にまつわる生活課題」を主訴として入所してきた。施設内での生活は，スタッフにとって言葉を失うような出来事の連続であり，いわゆる「問題行動」をいかに止めるかに関心が集中していた。その契機は，小遣いがなくなるたびに男子部屋に頻繁に出向き，男児の年齢に関係なく「私の下着の中を触らせてあげるからお金を頂戴」とすがる振る舞いの発覚にあった。

　スタッフ会議では，日常化していた美加の振る舞いの問題性を誰が諭す（説教をする）か，「性」の理解を促す特別なプログラムを準備すべきか，児童相談所の一時保護所に戻し改善が見られた時点で再措置を受けるべきか等々の議論が続いた。同席していた筆者が，主訴とされた「性にまつわる生活課題」の詳細について，美加の入所前の生活の様子と併せ，議論になっている振る舞いがどのように発覚したのかの説明を求めた。スタッフの見逃しがあった中で発覚した経緯については曖昧な説明に終わったが，実母の売春問題による養育環境の問題が主訴の背景にあることを確認した。さらに，施設養護は，措置を受けたその日から主訴の解消に向けた努力が始まるといえようが，本児への取り組みは，その取り組みの振り返りかえることから検証する「素材（例えば，一貫した養護記録，その裏づけとなる支援計画等々」が整備されていないことも明らかになった。ソーシャルワーク専門職としての説明責任（accountability）に対する実践感覚の欠如ともいえる実態が側聞されたことになる。

　美加は，物心ついた年齢の時期から，狭い自宅で，居間とは襖一枚で隔てた隣室に男性を誘い込む母親の売春行為の一部始終を普通の出来事（日常性）のように見ていた。決して尋常といえないそれも，美加の生活では，常態化していた様子がうかがえた。美加の「私の下着の中を触らせてあげるからお金を頂戴」とした振る舞いは，施設入所前にあった実母との生活の中で獲得した，いつも見てきた「現実」の一つであり，美加にとって，実母は「問題」のある存在でなかったことになる。社会的にどのように評価されようとも，実母は，美加にとって唯一の肉親であり，早く迎えに来てくれて，以前のように一緒に生活できることを待ち望んでいた。

　主訴と説明された「性にまつわる生活課題」とは，その背景に，このような女児の生活を通じて生起した経緯があった。しかし，施設に入所以来，女児の

振る舞いとして表面化した問題だけがスタッフ会議での議論の対象となっていた。そのような議論が女児の抱える主訴の解消に直結するのかは，慎重に検討されるべきであった。スタッフによる女児への向き合い次第では，今も彼女が大切にしている実母への思いに混乱をもたらすことになるだろうし，その混乱状態を上手に自己表現できない事態に突き当たった時，彼女をどのように支えるかについて，今回の長時間にわたったスタッフ会議でも取り上げられないままであった。このような視点の欠落が，日々の生活の中で派生する「生きることのつまずき」に対し，適切な対応が果たされなかった要因になったとするならば，子ども達の生きる力をそぎ落とす「課題」の解消を目指した施設養護の過程に課題を残している実態が浮き彫り化したことになり，ヒューマンエラーがあったとの指摘を受けることになる。

　ソーシャルワーク専門職として施設養護のあり方を論じる場面では，ややもすると「現実は厳しい」と語り合うところから始まる傾向にある。しかし，その「厳しさ」から逃れるため，専門職として維持すべき実践展開の指針（基本原則）が背後に追いやられがちな現場実践の構造は，そのまま受け入れていてよいものであろうか。議論と実践がその次元に留まっている限り「現実」は何も変わらず，そのような「現実」の中で子ども達は生きていくことになる。そのような「現実」が引き起こすヒューマンエラーの渦中に置かれる子ども達と何の緊張感もなく向き合うことが許容されるのであれば，スタッフは，それを子どもの命に対する不遜な行為として断罪されるべきあろう。

　人間社会が成立して以来，いかなる時代にあっても，他者からの保護や支援を必要とする人間が存在す一方で，必ず彼らを保護し支援するため積極的に手をさしのべようとする行為が見られた。社会福祉の支援活動は，確かにこのような行為が次第に蓄積される中で体系化された歴史がある。例えば，「神のもとで平等に創られた同胞」として，相互に手をさしのべ合うことが動機となって始まった活動に，その原初を見いだすことができる。そして，時間の経過とともに，この手をさしのべる行為には，個人的な動機に基づくよりも，次第に社会的性格や役割期待が付加された。

人が人を支援する行為や活動に，このような変化が生じたのは，人間として
の尊厳を保ち，かつ，個々人の事情や個性が十分尊重される生活を営むには，
平和的で相互扶助的な方法を拠り所に，「均しく」かつ「自由に」生きること
が何よりも必要となる点で社会的な合意が得られたことを意味する。そして，
このような事実は，関連する法律や宣言がまとめられたためとするよりも，人
間としてア・プリオリ（a priori）なこと，議論の余地のないほどに「自明なこ
と」なのであり，尊重されるべき事柄であることが市民社会の共通認識になっ
たためともいえよう。

　しかし，その一方で，社会福祉専門職が，常に倫理的態度を維持するように
求められるのはなぜか。

　遠藤興一は，この問いに以下のように答える。すなわち，社会福祉専門職の
業務は「一歩間違えれば反福祉的行為になる危険をともなう。たとえそうでな
くても，ワーカーの所属する組織原理に従えば，時として硬直した官僚制につ
きものの『ことなかれ主義』を導き引き出すであろうし，クライエントのニー
ズに際限なく応えようとすれば，無秩序の危険や極端な非効率な事態をもたら
す」というのである[10]。

　わが国における社会福祉の支援活動全般に向けられた批判は，それを総じて
いえば「専門性」に関連する問題に集約される。そのことは，繰り返すことに
なるが，現実の支援活動を概観する限り，思考形式や駆使する技能に共通性・
一貫性を見いだし難いだけでなく，専門職としてのアイデンティティや行動規
範を統一的に語れないい状態のままにあることからもうかがえよう。

　社会福祉専門職は，支援の対象となる人びとの人権の尊重，権利の擁護に努
める際に，倫理性の高度化に努めることが要請されている。そして，ソーシャ
ルワークは，そのための媒体（helping media）の一つとして用いられることに
なるが，専門職としての支援活動の方向性をどのように設定し，媒体をどのよ
うに活用するかを決定する際の基準が「実践指針（guidelines）」であり「倫理」
といえよう。

　こうして，多くの領域で業務に就いている社会福祉専門職は，専門職として

の実践力をいかに高めていくかが問われることとなった。しかし，単に，社会福祉領域の業務に関係しているからとして，自らを社会福祉専門職と自認するだけでは，さほど意味があるわけでない。この仕事に連なる者一人ひとりが，ソーシャルワーク固有の機能や特殊性あるいは専門性を業務の過程で体現できる状況を創り出すことが必要となる。社会福祉専門職が，支援を必要とする人びとの全面発達や生存権を保障し，生活構造の整備や社会的に機能する能力（social functioning）の向上に貢献できるようになるには，個人的能力や裁量によって左右されない職務の遂行が可能になる次のような「資質（quality）」の涵養に努めることが肝要になる。

① 　誤りのない実践を導くために，人間と社会に関する正確な理論と知識の習得に努めること。
② 　支援活動を媒介する技能に内包する中立性は，支援を必要とする人が誰であろうと，民主的かつ公平なサービスの提供を可能にし，制度・政策の変革を可能にする礎となる点に留意しながら，専門的技能の習得に努めること。
③ 　弱い立場に置かれている人びとに集中的に覆いかぶさることの多い社会的な不正義や不平等を敏感に感じとれる感受性を育むこと。
④ 　社会的問題の背景を見抜くことのできる批判的思考（critical thinking）を取り込める能力の習得に努めること。
⑤ 　労働力の有無という尺度で人間を選別したり切り捨てることのないように，社会福祉専門職となる者は自らがこのような差別から解放されるため，社会福祉的な人間観・価値観の習得に努めること。

　このような「資質」への配慮が欠けた場合，制度としての社会福祉が機能的に起動することによって，制度の運用は一段と合理化され，効率性も高まることになる。しかし，その一方で，制度の内部構造に緊張や対立の構図がもたらされ，何らかの生活困難に遭遇している人びとへの働きかけに相応しくない行

為が定着することになっても，それは正されることなく放置されたり，恣意的に利用されたりする歴史が繰り返されることになる。[11]

注

⑴ Smith, M. "Towards a professional identity and knowledge base: Is residential child care still social work ?" *Journal of Social Work* 3(2), 2003, pp. 235-252.

⑵ ブトゥリウム，Z. T.／川田誉音訳『ソーシャルワークとは何か──その本質と機能』川島書店，1986年。

⑶ 北川清一・松岡敦子・村田典子『演習形式によるクリティカル・ソーシャルワークの学び──内省的思考と脱構築分析の方法』中央法規出版，2007年。

⑷ 本節は，2016〜2018年度に交付を受けた日本学術振興会科学研究費・基盤研究(B)「児童養護施設のグループを活用するソーシャルワークと建築計画学のクロスオーバー研究」（課題番号16H03717）に関する2016年度（初年度）の研究成果報告としてまとめた『児童養護施設のグループを媒介としたソーシャルワークの実際──事例集』（監修者：北川清一，明治学院大学北川清一研究室発行）に掲載した事例を本書の「ねらい」に基づき加筆修正して掲載した。なお，立ち上げた研究組織（2016年当時）は以下の通りである。研究代表は北川清一（明治学院大学教授），研究分担者（各事例の取りまとめ担当）は栗山隆（北星学園大学教授，本書事例6-1担当），村田典子（流通経済大学教授，本書事例6-3・5担当），石垣文（広島大学大学院工学研究科助教），耕田昭子（明治学院大学社会学部付属研究所研究員，本書事例6-2担当），研究協力者は中瀬陽一（救世軍愛光園施設長），高田祐介（救世軍機恵子寮施設長，本書事例6-4担当）である。

⑸ 山岸健『日常生活の社会学』日本放送出版協会，1978年。

⑹ 北川清一『未来を拓く施設養護原論──児童養護施設のソーシャルワーク』ミネルヴァ書房，2014年。

⑺ 高田祐介「児童養護施設における『暮らし支援』と権利擁護」北川清一編『社会福祉の未来に繋ぐ大坂イズムの継承──『自主・民主・平和』と人権視点』ソーシャルワーク研究所（私家版），2014年。

⑻ 同前書。

⑼ 北川清一「施設内暴力とソーシャルワークの方略」『子どもの虐待とネグレクト』11(2)，日本子どもの虐待防止学会，2009年。

⑽ 遠藤興一「社会福祉援助活動を支える価値と文化」山﨑美貴子・北川清一編『社会福祉援助活動──転換期における専門職のあり方を問う』岩崎学術出版，1998年。

⑾ 松井二郎『社会福祉理論の再検討』ミネルヴァ書房，1992年。

第7章	施設養護の新展開を支える実践環境 と建築計画

1 「新しいタイプの児童養護施設」の基本構想[1]
—— 混迷する時代状況を見据えて

（1）仮称「児童養護ソーシャルワーク専門施設」とは何か

　2016年に施行された改正児童福祉法の原則を実現するため，厚生労働省は
「新たな社会的養育の在り方に関する検討会」を立ち上げた。その成果は，
2017年8月2日に「新しい社会的養育ビジョン」として取りまとめられている。
本章は，そこに盛り込まれた「考え方」に依拠した社会的養護に関する「枠組
み」の構築を迫るような今日的潮流が，例えば「一人の生命は地球より重い」
とする考え方に通底するのか否かを検証してみたい。

　子ども達や家族の抱える課題への対応は，制度化された社会的養護の「形」
を是認し，例外なく「護送船団」的に進めるものと考えない。対峙する状況を
個別化・個性化・差別化する視点に立ったかかわりが基点になる点で合意でき
るならば，マジョリティのように振る舞う為政者が推進する「改革」に貫かれ
ている「コンセプト」にコミットしない構想があってもよいことになる。

　本章では，仮称「児童養護ソーシャルワーク専門施設」を構想し，開設の必
要性を説く「趣意書」に盛り込む「中核概念」の骨子を次のように取りまとめ
た上で，施設養護の新たな展開を支える実践環境について論じる。

　① 「養護」を用いることにこだわり，今や自明となっている「養育」概
　　　念との差別化の視点をいかに説明するか。

　② 児童養護施設を「グループを媒介としたソーシャルワークを展開する
　　　場」と措定した場合，そのような取り組みを「新しいタイプの児童養護

施設」を構想する最大の特徴となることをいかに説明するか。

③ 「非養育」「非小規模化」「非家庭的」の発想を基調に据えた「施設養護」論をいかに体系化するか。

④ 新たな社会福祉制度の立ち上げに向けた提言は，歴史的にみると，トップダウンでなく，利用者の傍らにいるソーシャルワーカーの代弁機能（advocate）を通じて発せられたボトムアップの思考から取りまとめられてきた経緯がある。このような状況を踏まえ，本章で新たな提言を試みるにあたり，ソーシャルワーク専門職が希求してきた「原点」に「回帰」する発想（＝公が手がける前に，公の施策に影響を及ぼす民間社会福祉活動の歴史的役割の再現＝グループワークの創始的活動となったセツルメント運動の基本理念）を手がかりに時代的要請に応答する必要性をいかに説明するか。

⑤ このような問いへの応答は，「イノベーション」なる取り組みを「自明」としない「視座」から方略を検討し直す必要をいかに確認するか。

そこで，本章では，このような問いかけに包摂する「中核概念」を手がかりに，「児童養護施設実践のパラダイム転換」を推進する方略について，以下の「項目」を掲げて構想した。

① 「全体としての家族（The family as a whole）」なる視点を内包するソーシャルワーク機能の体現＝家族丸抱え支援：児童養護施設で暮らす子ども達とその家族への支援は，子どもと親をワンパックで支援（親の就労等も含め）することを目指す。

② 住宅街地に設置することで，人としての生活の臭いがする住まう場として建物構造をデザインする。

③ 脱家庭的養育，脱小規模化を志向することにより，「ユニット式の集合ハウス」形式による園舎の竣工を目指す。

④ ソーシャルワーク専門職による実践を支える「マージナル機能（ケア

ワーク機能，心理療法，小児精神科医療，看護支援，就労支援）」との相互役割の明確化に努める。

⑤　スーパーバイザーの専従化（人材育成）および施設内研修のシステム化（人材育成を目指したケアマネジメントの取り込み）に努める。

⑥　「児童養護ソーシャルワーク施設」の専門機能を提供する「地域貢献（子育ち支援，子育て支援，家族支援）」を推進するブース（拠点）の立ち上げに努める。

（2）仮称「児童養護ソーシャルワーク専門施設」のイメージ

1）施設養護への「新たな挑戦」

　児童養護施設実践の最大の特徴であり，いかなる場（setting）にあっても向き合いを回避できない「集団性（グループの状況）」について，これまでの取り組みでは，そこにソーシャルワークを介在させながら積極的に活用する視点が欠落していた。「児童養護ソーシャルワーク専門施設」は，そのような施設養護の現状に対する「新しい挑戦（new challenge）」を体現する実践現場となることを希求する。

　そのため，「児童養護ソーシャルワーク専門施設」は，従来までの大舎制・中舎制・小舎制・グループホーム等々とは異なる建物構造を準備する。すなわち，「市街地（住宅街）に立地」する「ユニット式の集合ハウス」形式による園舎として構想することにしたい。その「ねらい」は，子ども達が地域の構成員として穏やかに受け入れられながら「（ここで）住まう」「（ここで）暮らす」感覚の醸成を目指すものであり，そのような生活の営みを支える実践を志向する点にある。それは，「ユニット式の集合ハウス」という状況（「時間」「空間」「関係」）において，個の存在と，その個が抱える個別の事情に目を注ぎ続けるグループサポート，グループを媒介としたソーシャルワークを展開する場になることを意味する。

　したがって，「児童養護ソーシャルワーク専門施設」は，施設の立地する地域の人びとが営む生活と「同等程度以上」の「生活の質（quality of life）」が

「普通」に確保されている場として構想し，「児童養護ソーシャルワーク専門施設」を利用する子ども達とその家族員が地域の一員として迎え入れられ，そこで「住まう」という事実を実感できる環境を準備する。

　なお，「児童養護ソーシャルワーク専門施設」を「ユニット式の集合ハウス」形式による園舎として構想するのは，そこにスタッフの人材育成を促進する環境を整えることも含意している。「自明」のように唱えられてきた「家庭的養育」は，施設内に分散する居室ごとに暮らしの「小規模化」「個性化」を可能にしたが，それは，一方で，個々の子どもの生活実態を施設として見通せない，言い換えれば，施設全体の「ケース管理」責任を担うに難しい事態を生起させた。施設内で「小規模」に分散され，結果として「孤立化」する状況に置かれた「居室（ユニット）」で子どもと向き合う職員の中には，燃え尽きたように離職する者を数多く輩出することにもなった。

　退職を決断したスタッフが訴える「居室では混乱の渦中にいるだけで何をして良いのか分からない」「一日の勤務を無事に過ごすことに終始するだけ」との嘆き（無力感）は，今や例外的な事例とはいえない実態にある。児童養護施設は，そこに専門性の異なるスタッフを配置し，各々が担う「課題解決能力」の統合を図りながら取り組まれる施設養護は「チームワーク」を基盤に推進される。したがって，子ども達の「安心・安全」を実感できる「暮らし」の醸成に努めることと併せて，スーパーバイザーによる見守りの下で，スタッフ同士が相互に連携・協働し，就労を続けられる環境を整えることは必須のテーマとする認識を共有し，構想した。つまり，「児童養護ソーシャルワーク専門施設」とは，子ども達にとって「暮らし」「育つ」場となり，施設職員にとって「専門職として育つ」場となることが相互に連動して機能するハードウェアとして構想した。

２）「住まう」ことの意味を問う

　「児童養護ソーシャルワーク専門施設」で営まれる生活は，多くの児童養護施設で「子ども達が『ひとり』と『一緒』の間で揺れている」[2]現実も散見される実態を踏まえ，「個が保障される空間として人間の気配を感じられる」暮ら

しを保障するものでありたい。そのため，一つは，人としての尊厳を侵襲しない環境をいかに確保するのか，すなわち「住まう」場としての快適度を徹底して追求してみたい。二つは，「児童養護ソーシャルワーク専門施設」として志向する施設養護は，その空間（敷地及び建物）でプライバシーが守られ，居心地の良さが実感できる，しつらえ全体に「住まい」の風情を漂わせることに配慮したい。三つは，「児童養護ソーシャルワーク専門施設」における生活（支援）過程では，自動（電）化・機械化を極力排除し，24時間の暮らしを「手作り（＝手をかけることの意)」性を基本に子ども達とともに作り上げることが支援の基本形になることに専心する。つまり，その「空間」自体が何らかの課題を抱える子ども達や家族にとって「優しい癒し」を体感できる場になるよう努めたい。

2　「新しいタイプの児童養護施設」の体現——各部門の基本コンセプト

（1）「児童養護ソーシャルワーク専門施設」における生活部門（居室）の計画

　子ども達の暮らしの場となる「居室」のイメージは以下の通りである。

1）「支援の道具」としての「日常性」

　「児童養護ソーシャルワーク専門施設」が志向する「日常性（informality）の活用」（これはソーシャル・グループワーク理論にとって重要な構成要素であり「支援の道具」として説く「プログラム（program media)」の一つになる）とは，ソーシャルワーク実践の「基本的視座」でもある，人間の生活をトータルなものとして捉え，当事者の日常的な環境への意図的な介入を図ることを意味するが，そのような実践を可能にする空間として「居室」を準備する。

2）「居室」の「生活」と「運営方法」

　「児童養護ソーシャルワーク専門施設」の「居室」は，以下のような，「（ここで）住まう」子ども達の暮らし（生活の質）に配慮して準備する。

　　①　制限の少ない，人としての愛情が豊かに注がれる生活環境の醸成を図

る。

② プライバシーへの配慮に工夫を加える。

③ 幼児ユニット以外のユニットは6歳から18歳までの子どもが同居することとし，年齢に応じた対応が可能な「暮らし」の場となるように配慮する。なお，幼児ユニットを独立させるのは，大きな年齢幅による生活サイクルの異同がここでの「暮らし」のストレス要因にならないことを優先するためである。このような配慮に欠いた場合，幼児を萎縮させる要因の放置状態に繋がり，「人権侵害」の温床になることを危惧するからである。また，幼児ユニットを除く各ユニットは男女別に構成することを基本とする。

④ 生活・自立の支援と「自己選択，自己管理，自己決定」を促す取り組みとの関連を配慮する。

⑤ 各ユニットには「1人部屋」のほか「2人部屋」を配置する。「2人部屋」については，室内が子ども達の工夫（＝その場での相互作用〔interaction〕，交互作用〔transaction〕を活用した支援の場となること）で間仕切りができ，プライバシーを相互に尊重し合える体験空間となるよう配慮する。

このような配慮の下で準備された「居室」で過ごす，子ども達の施設における「生活」とそれを支える「運営方法」のイメージは以下の通りである。

・「生活」のイメージ

① 子ども達それぞれに「個の空間」が保障され，そこでは，学習机やロッカー，飾り付け等を自己表現できる素材として準備する（定形化された備品の大量購入はしない）。

② 集団生活が基本となるため，必要に応じて人との間の「快適な距離」を調整しながら生活できる「空間（personal space）」を整える。

③ 各部屋にエアコンやPC用の設備を配置する。

④　子ども達の様子を把握でき，見守れる動線を想定しながら各部屋・居室の配置を考える。

⑤　各階ごとに収納スペースを確保し，子どもの衣類等の保管に活用する。

⑥　平均して「5.2年」を過ごす子ども達の加齢に応じて「居室」のレイアウト等に変更を加えることが可能な空間となるよう構想する。そのため，備品は作り付けの形で配備しない。

・「運営方法」のイメージ

①　生活メンバーとしての子ども達個々の声を受けとめ，スタッフとともに暮らしの「質」を高めることの意義を明確にする。

②　「ユニットの集合体」形式の暮らしにおける「食」は，「給食形式」でないあり方を考える。

③　安心・安全・心地よさを実感・体感できる暮らしを「季節に応じて」子どもとともに整える。

④　グループケアと個別ケアへの取り組みが相互に連動するよう，子ども達一人ひとりに必要な空間を準備する。

　　ⅰ　そのため「児童養護ソーシャルワーク専門施設」の総定員は30名を想定する。

　　ⅱ　幼児ケアは独立したユニットととして準備し「手厚い」かかわりを推進する（定員6名）。

　　ⅲ　小学生以上には4ユニット（男女別）を準備し，各ユニットの定員は4名＋個室1名。なお，予備室を個室として併設する。＝合計5名で構想する。

　　ⅳ　個室（6部屋）＋クールダウン専用室（1部屋）＋個室利用児専用の談話室を配置する。

⑤　各ユニットに「職員室（宿直室機能を含む）」を配置する。

⑥　各ユニットは「住まう」空間の相違性を重視する意味からデザインの異なる「玄関」をユニットごとに設定する。

⑦　幼児ユニットは以下の項目に配慮する。

ⓘ　生活場面に応じた空間と就寝（午睡）のための空間を分離する。

ⓘⓘ　生活場面の空間：ダイニング，リビング，キッチンは各機能が分離
　　　　　できる構造とする。

ⓘⓘⓘ　就寝のための空間：一部屋3人利用とし，寝室内で間仕切りできる
　　　　　空間（畳空間とフローリング空間で分離）とする。

（2）「児童養護ソーシャルワーク専門施設」における管理部門の計画

・「管理部門」のイメージ

①　エントランス付近は来客者が暖かく迎え入れられた感覚を実感できる
空間になるよう配慮する。

②　別個に地域交流室のエントランスを設ける。

③　管理部門は基本的に1階に集中して配置する。

④　スタッフルームは2階に配置し，小学生以上の子ども達は，スタッフ
ルームの前を通り各居室に入室する動線を確保する。

⑤　2階部分に配置する「多目的ホール」は「子どもと職員が交流できる
場」「会議室」機能等を兼ねることを想定して配置する。

・「運営方法」のイメージ

①　光熱関係の計測器は，施設全体で集約できるシステムの下に個々のユ
ニットごとに設置する（＝光熱等の使用状況を把握し，暮らしの仕方を考え
る手がかりの一つにすることへの配慮）。

②　子どもの就寝スペースの採光は，調光機能が備わった照明器具を用い
る。

③　事務室，施設長室（面談室も兼ねる），応接室は，それぞれを分離し1
階に配置する。

④　1階の「幼児ユニット」は，管理部門機能と切り離し（出入り口を別
にする）て配置する。

⑤　厨房は，ユニットごとの完全調理を補完する機能として活用する。

⑥　厨房で調理した食材を2階以上のフロアに配置する居室へ搬送するた

めの「ダムウェーター」を配備する。

⑦　厨房は，災害時における地域への配食サービス機能を果たすことも想定して準備する。

⑧　大型の洗濯物に対応する洗濯室（乾燥室を備える）を配置する

⑨　「児童養護ソーシャルワーク専門施設」が持つ専門機能を地域に開放し，地域貢献活動の一環として開設する「地域交流室」には「地域子育て相談」窓口を常設する。併せて，地域住民への緊急対応サービス（＝「困った時に役に立つ」「痒い所に手が届く」機能）として「託児（可能であれば託老）」機能の併設も構想する。それは，「児童養護ソーシャルワーク専門施設」の社会的認知を高め，子どもと家族の「一体的支援」に取り組む社会の資源としてアウトリーチを試みる機能として位置づけた。

（3）併設する「ファミリーサポートセンター」の構想計画

　「児童養護ソーシャルワーク専門施設」が掲げる「基本方針（事業計画）」は，デンマークにおける「ファミリーハウス（Familiehuserne）」や「児童養護施設（Villaen）」をモデルに構想しており，ここで提起する新しい試みとなる「ファミリーサポートセンター」では，わが国における社会的養護において今もなお顧みられることのない，リッチモンド（M. E. Richmond）が提唱したソーシャルワーク固有の基本概念といわれる「全体としての家族（The family as a whole)」なる視点を基本に据え，子ども虐待等に代表される深刻な課題を抱え込んだ「多問題家族」の構成員を分離しないまま支援（treatment＝再生化）する実践に取り組むことにしたい。具体的な「運営方法」は，以下のようなイメージで構想する。

①　ここでは「子ども」と「家族」を対象とする「ソーシャルワークの支援（＝親業支援)」と「家族としての自立」に向けて「親としての暮らし」を支える「就労支援」をワンパックにした「支援システム」を準備する。

② 施設生活を必要とする子どもと，その「親」の多くは，精神科領域（心療内科領域）からの医学的フォローや心理学領域からのフォローを受けながら「ソーシャルワークの支援（＝親業支援）」を必要とする事態に置かれているケースが増加傾向にある。その対応法を児童養護施設スタッフ（ソーシャルワーク専門職＋施設内心理士＋ケアワーカー）とその所在地に近接する医療等の関連機関による連携モデルとして組織化し，その成果を発信する。

③ デンマークで開設された「Villaen」を当面のモデルとして掲げ，2年間を支援期間とする「24時間ケア」を，生活支援スタッフ（ソーシャルワーク専門職およびチャイルド・ケアワーカー），被虐待児個別対応職員，自立支援コーディネーター，施設内心理士（臨床心理士／認定心理士），助産師（非常勤），小児精神科医（非常勤）が連携し「家族丸抱え支援方式」と銘打って提供する。

④ 2階部分に「スタッフルーム」と「利用者交流ホール（親業支援を企図した「子育て教室」等を開講する）」を隣接する位置に配置する。

⑤ 併設する「医務室・静養室」では病児等の預かり保育室機能も兼用する。

⑥ 定員は，4世帯（3DKおよび2DK）とし，①対象は小学生以下の家族，ⅱ定員の2世帯分は「児童養護ソーシャルワーク専門施設」の措置児とその家族の受け入れ，ⅲ残り2世帯は，「ファミリーサポートセンター」の直接受け入れとする。直接受け入れ（利用）は，個人契約とし，家賃（月額）を利用家族の収入状況に応じて光熱費込みで徴収する。

⑦ センター専用のメインとなる玄関は1箇所のみとし，建物内に各世帯の玄関を別個に設ける。

⑧ 「就労支援」の「委託先」は「社会福祉法人・○○福祉事業団」（仮想）が運営する諸施設・機関に依頼し，安定・継続就労が可能になる支援を連携して実施する。

（4）併設する「児童養護ソーシャルワーク研究所」の構想計画
──「研究所」としての機能イメージ

　これまで，児童養護施設実践は，支援の過程に一貫性や論理性に欠けていて
も「親切心さえあれば誰にでもできる」かのような業務と見なされる傾向があ
った。そのような次元からの離脱を促すため，「研究所」は，「ソーシャルワー
ク組織」として求めたい「実践力」を保持する人材の養成（実践力の育成）に
努める拠点として構想した。「児童養護ソーシャルワーク専門施設」を整備し
た上で取り組む施設養護について，これをチャイルド・ケアワークでなくソー
シャルワークを基点に展開することとし，このような現行法の想定にない「枠
組み」を「超える」支援を推進するには，新たな切り口からの「人材養成」が
必要となる。そのための施設内研修プログラムを以下のような「視点」に立っ
て準備する。

① 　ソーシャルワーク組織として機能することを目指す「児童養護ソーシ
　　ャルワーク専門施設」は，そこで働くスタッフの「実践力の育成」を社
　　会福祉系大学および大学院（＝ソーシャルワークを主専攻とする研究者）と
　　連携して実施する。これらの取り組みは，社会福祉系大学と社会福祉現
　　場による「産学協同モデル」を推進する事業の一貫として準備し，その
　　成果を発信する場となることを目指す。
② 　社会福祉系大学および大学院でソーシャルワークを主専攻とする教員
　　（専任，非常勤を問わない）が担当する社会福祉系・保育系・その他の
　　「実習」を履修している学生の受け入れを計画し，実施する。基本的に
　　は，履修学生の指導と継続的スーパービジョンを，担当教員と協働して
　　作成する「新しい実習生指導計画」に基づく「新しいタイプの実習場
　　（ソーシャルワーク組織としての児童養護施設）」として受け入れる。
③ 　ソーシャルワーク理論をベースに実践方法の体系化が必要とする考え
　　方に共有できる施設・機関からの要望があった際には，「児童養護ソー
　　シャルワーク専門施設」内の各部門で実習（研修）やスタッフの講師派

遣を引き受け，情報の交換・共有に努める。そのための設備・備品の整備，人員の配置は「研究所」が基幹業務として担う。

④　所蔵するソーシャルワーク関連文献・資料（開設時の書籍〈和書，洋書〉は約1万冊，専門和雑誌は25種）の閲覧サービスを行う。

⑤　社会福祉系大学大学院社会福祉学研究科をはじめ，施設養護（ソーシャルワーク）を研究主題とする研究者および児童相談所児童福祉司の「国内留学先」となる機会を提供し，宿泊施設を併設する。

3　「新しいタイプの児童養護施設」の取り込み
——「今」「なぜ」必要とされるのか

ソーシャルワーク専門職として担う支援活動との関連で，とりわけ，孤児院を歴史的起源にもつ児童養護施設をはじめとするわが国における社会福祉制度の一翼を担う生活型社会福祉施設の特徴との関連で，なぜ，グループを媒介としたソーシャルワークからのアプローチを必要とする「状況（時間，空間，関係）」に着目すべきなのか。その背景には，人としての暮らしの営みを通じて果たされる「社会化（socialization）の過程」に見いだせる課題，すなわち，人たるに相応しい生活経験の「質と量」の修正を必要とする実態が，時代や国の違いを超えて，子ども達の生きる姿に散見されてきた事実がある。

そのため，多くの子ども達の日常的な生活体験に見いだせる重篤な混乱状況との対峙について，人為的に組織された「環境（environment）」のため「集団生活」を余儀なくされる施設生活に着目し，そこで醸し出される多様な「状況」を支援過程に取り込みながら「課題の解消」を図る支援が有効な対処策になるとした立場から著されたのが『収容施設のグループワーク——新しい挑戦』（G. コノプカ／福田垂穂訳，日本YMCA同盟出版部，1967年）であった。コノプカ（G. Konopka）が同書で論じた視座は，以下の通りであった。

何よりも重要なのは，グループの形態をなす状況下で出会う多様なタイプからなる他者との交わりは，時代を超えて，人間としての成長と発達に限りなく

貢献する側面を失うことがないとする理解に立てるか否かにあるとした。多様な考え方やこだわりの中に生きる人間同士の交わりの機会を得ることなしに，人間的成長を促す「社会化の過程」は十全に機能しないとする認識をソーシャルワーカーとして共有できることが「新しい挑戦」に繋がると説いたのである。さまざまな感情を伴う葛藤や他者（グループ）との対立を経験する一方で，時として陥る孤独や不安等が，複雑な網の目のような相互作用を織りなすグループによって支えられ，その構成員から励まされることによって「安寧」を得られることに着目すべきとした。それは，人間発達におけるグループ活動に参加することの重要性と，グループ状況下で自己実現の実体験を学ぶことの必要性を提起したソーシャルワークの効用（treatment＝再生化，活性化）と関連づけて論じたことになる。

　我われ人間は，一人ひとりが独立した「社会的存在」としての暮らしを営んでいる。しかも，他者との間で何らかの関係を形成することなしに，その営みを継続することも難しい「成長・変化の途上にある存在」といえよう。そのため，人間としての基本的かつ社会的な欲求は，各人が自らの生涯を通じて多様な形で遭遇する人間関係あるいは集団関係の中で充足されたり，充足されなかったりする現実を知ることにもなった。加えて，自身の誕生後に生起する，そのような状況下で得られる経験は，個々人の生活（人生）に多大な影響を及ぼすことも学習するのである。

　ソーシャルワーク専門職は，時代状況に翻弄されたかのように肩をひそめ／浮遊するかのように暮らす人びと（クライエント）が抱える生活上の問題や課題の解消に向け，一貫して，彼らにとって「支援となる」参与の方法を模索してきた。その場合，実際のかかわり方として個別に働きかけることが有効な場合もあろう。また，グループが持つ「力（group dynamics＝グループ構成員が何らかの形で相互に影響し合う関係をいう）」を有効に活用することにより，クライエントとしてのグループの構成員だけでなくグループそのものも変化・成長し，課題の解消に役立つ過程を辿ることもあろう。このような事実は，グループの形態をもって展開される生活型社会福祉施設における実践活動に多様な示唆を

与えてきた。その到達点として得られた知見が「集団で生活する支援の方法＝グループワーク」なのではなく「集団のもつ力を意図的に活用して生活する支援の方法＝グループワーク」とするものであった。

このような知見は，グループを媒介とした取り組みに参与するソーシャルワーク専門職に多様な知見をもたらした。いかなる形態のグループであっても，ひとたび形になり，機能しはじめると，そのグループの構成員には，感情の交流や影響の及ぼし合いが生じることを日常的に受けとめ，人間関係の「波風」として体験することになる。それは，グループの中で，一方が他者を受け入れたり，拒否したり，あるいは，他者を変えたり，他者によって変えられたり等という関係として体感されてきた。

つまり，グループには，構成員一人一人の生き方に影響を及ぼし，良い方向にも，また，悪い方向にも変化をもたらす力が潜んでいるだけでなく，一人の人間が所属するグループの力関係（power balance）を変える存在になり得ることもある。それゆえ，グループに属することが，人によっては「ストレス因子」となり，そのことが人間としての社会的成長を妨げかねない人間疎外（＝孤独な群衆）に繋がる場合もある以上，第5章第4節で触れたとろであるが，コノプカの論じた「健全で適切な集団生活（group life）」を体験できる「機会（opportunity）」と「場（setting）」を人為的に確保する要請の高まりとは表裏の関係になる。

さらに，実際の業務が「グループ」の形態をなす場で機能するよう求められる児童養護施設の実践では，子ども達の基本的な生活習慣や行動様式，生活文化の体得を意味する「社会化の過程」を促すかかわりとの関連で，以下の点についても留意することを銘記したい。

一つは，施設で暮らす子ども達は，所与のグループの中で一定の関係性を保ちながら日常生活の営みを続けており，その意味でグループの特質を無視／軽視したソーシャルワーク専門職による支援活動はあり得ないということである。そのため，生活支援に参与するスタッフにとって，グループ活動とか，グループそのものへの対応は，何らかの専門性を問われることのない日常生活上の出

来事（経験）の範囲で十分とのような感覚に陥ることがあるかもしれない。その結果として，支援過程でグループを扱ったり，グループを支援する場面に立たされた時，自身の日常生活を通じて蓄積された常識的な知識を手がかりに判断したり，対処しがちになることもあり得よう。

　何らかの専門性に支えられた支援職としての意識の希薄化は，施設養護（institutional care）の過程をソーシャルワークの文脈から体系化する土壌を醸成する取り組みの障壁となり，事実，全国児童養護施設協議会をはじめとする多くの関係者は「ソーシャルワークは綺麗事」として一蹴してきた。そのため，施設の暮らしにおいて「グループ」の持つ機能をいかに介在させるかは不可逆的な支援課題であったにもかかわらず，このような課題にある程度の科学的証拠（実践事例）を示しながら問題提起したのは，ソーシャルワークとは異文化の関係にあった「集団（主義）養護」を主唱した積惟勝（第3章第2節参照）を除いて存在しない。したがって，本書が主論に据える「ソーシャル・グループワーク（practice of socialwork with groups）」に関する議論が関係者の間で深まらなかったのは，ソーシャルワークそのものが「実践土壌に合わない綺麗事」でしかなく，しかも，支援者自身の「経験，勘，骨，直感」に依存する実践環境が支配的な中で必然であった。このように「グループ」を媒介に進める施設養護の有効性に関する検証・論証が不十分なことと相まって，児童養護施設の実践を施設養護とせず施設養育と呼称することと関連して「施設の小規模化」「家庭的養育化」を「自明の理」のように論じる動向からは，施設養護の専門化や理論化に貢献する道筋すら見いだせない。

　二つは，ソーシャルワーク専門職といえども，いわゆる「日本的集団主義」なる生活習慣の中で生活関係を育んできた生育歴を持ち，そのような過程で培われてきた価値観の影響から決して自由でないことに伴う課題である。ここで「日本的集団主義」の基本概念について子細に検討することをしないが，共同体的社会の構成員として生まれたことによって運命的に与えられた身分や立場，役割に甘んじ，個人的な／主体的な選択の余地もなく，あるいは，選択すること自体も許容されない，その限りにおいて各人の「自主性」以上に「有機的な

結合」あるいは「和をもって尊し」とする精神を重視する「意識構造」「社会構造」と規定しておきたい。したがって，このような中で育まれた「知」の影響を受ける人一般の行為と，その行為を促す信念・信条（各人の意味世界）との間には相互に密接な関連がある以上，ソーシャルワーク専門職とソーシャルワークの基底を支える実践理念との間に乖離が生じるのは必然であり，支援者が自己理解（自己覚知）に努めるよう求められる所以である。

　そこで，本章では，施設養護としての支援過程にソーシャルワークを取り込むことによって，久しく為政者が唱えてきた「日本型社会福祉」に繋がる「神話的感覚」で論じられ，新たな「脱施設化」を主導する思惑も読み取れる「新しい社会的養育ビジョン」（2017年8月）に与しない「方略（strategy）」を取りまとめることにした。すなわち，児童養護施設が派生集団である限り回避できない施設養護の特徴となる「グループ」機能のネガティブ（negative）な側面の拡散をくい止め，ポジティブ（positive）な側面を「ソーシャル・グループワーク（practice of socialwork with groups）」の取り込みによって実体化する「ソフトウェア」と「ハードウェア」の交互作用（transaction）モデルの提示であった。ソーシャルワーク専門職として「人間性の回復」を図る取り組みを施設養護の支援過程に定立させること，それを，本章では，コノプカがその著書の副題に付した「新しい挑戦」の「日本的展開」と捉えてみたい。

注
⑴　本章は，2016～2018年度に交付を受けた日本学術振興会科学研究費・基盤研究（B）「児童養護施設のグループを活用するソーシャルワークと建築計画学のクロスオーバー研究」（課題番号16H03717）について，2018年度（最終年度）の研究成果報告（研究課題総括報告）としてまとめた「『新しいタイプの児童養護施設』を定立させるための施設整備基本計画──施設養護におけるパラダイム転換への途：ソーシャルワーク機能強化型・家族支援型施設への移行を目指して」（監修者：北川清一）の一部を要約して取りまとめたものである。研究組織における研究代表は北川清一（明治学院大学教授），研究分担者は栗山隆（北星学園大学教授），村田典子（流通経済大学教授），石垣文（広島大学大学院工学研究科助教），耕田昭子（明治学院大学社会学部付属研究所研究員），研究協力者は矢崎一彦（建築家・デンマ

ーク在住），中瀬陽一（救世軍愛光園施設長），高田祐介（救世軍機恵子寮施設長）
である。

⑵　石垣文「児童養護施設の施設環境から小規模化を考える」『児童養護施設・自立
援助ホーム建築作品パネル集』第70回全国児童養護施設長研究協議会実行委員会，
2016年。

⑶　「個室（予備室）」を設けるのは，「ユニット」で暮らす中で「個室」利用を必要
とする事態が生じた際の対応を考慮したことによる。

⑷　なお，個室を総定員（30名）より2室多く準備するのは，いわゆる「集団生活不
適応」の課題を抱える入所児への臨機応変な対応を図ることの必要を考慮した。

⑸　なお，このようなデンマーク国内での取り組みは，大谷由紀子「北欧諸国の子ど
も家庭支援における予防サービスとショートステイの実践に関する研究」『大会学
術講演梗概集』日本建築学会，2019年においても取り上げられており，「ハードも
ソフトも日常の環境が重要」とする指摘がある。

⑹　ここでは，例えば，人と人とが交わる（出会う）機会を意図的に創出する企図も
読み取れる「プレーパーク」「子ども食堂」等の取り組みに注目してみたい。

<table>
<tr><td>第8章</td><td>実践の基盤を支える施設運営論[1]</td></tr>
</table>

1　アドミニストレーションとは何か

（1）アドミニストレーションの語義

　アドミニストレーション（administration：施設運営）とは，本来，企業体における経営の管理に関する考え方を意味するものであり，基本的にはマネジメント（management）の概念に近い内容を含意する。そのため，社会福祉領域でこの用語を使用する時，その多くは，施設や機関（social agencies）の運営管理に関する方略（strategy）を意味し，日本語訳として「社会福祉施設管理」「社会福祉施設運営管理」等の用語があてがわれてきた。しかも，社会福祉士及び介護福祉士法の施行時には，社会福祉による支援論を構成する「社会福祉援助技術」の一形態とする位置づけが付与され，社会福祉固有の支援活動を効果的に展開する際の「促進的方法」とも説明されることになった。[2]

　社会福祉とは，今や日本国憲法第25条に規定されている「生存権」を市民生活の中で実際的かつ具体的に保障するため「社会保障」並びに「公衆衛生」とともに準備された社会制度として知られるまでになった。[3]したがって，基本的人権を保障する「制度としての社会福祉」をいかに運営管理して行くかが本制度を運用する際の今日的な課題となっている。

　また，ソーシャルワークは，支援の対象を規模別（＝個人，集団，地域社会）に捉えて体系化したことによって生起した各方略間に顕在化する個別的な限界や課題を乗り越えるため，現在は，相互に接近し，重なり合いながら機能しようとする傾向にある。このような社会福祉の支援活動を取り巻く状況の変化を考えるならば，アドミニストレーション（施設運営）をソーシャルワークに連

なる方略の一つとし，しかも，それを単体で説明する文脈は，すでに時代の潮流に合わないものと言わざるを得ない。

（2）アドミニストレーションの定義

　「社会福祉施設の運営管理」のようにも表記されるアドミニストレーションは，そもそも，民間の施設や機関に依存して運営されているアメリカの社会福祉界における臨床現場で広く見られる取り組みを指してきた。そして，このような取り組みについて，我われは，ソーシャル・ウェルフェア・アドミニストレーション（social welfare administration），あるいは，ソーシャルワーク・アドミニストレーション（social work administration）と呼称してきた。ところが，社会福祉施策の「国家責任」なる概念を確立させ，地方自治体による社会福祉サービスの提供を普及させたイギリスにおいては，国や地方自治体が実施する社会福祉行政に関連する政策形成やその運営管理のあり方，そして，それらに関する研究をソーシャル・アドミニストレーション（social administration）と呼ぶようになっている。

　したがって，これら一連の用語は，厳密にいえば意味内容の異なるものとして区別し用いられる必要があろう。しかし，現在までのところ，これらの概念の有為な差異は必ずしも明確になっていない。そのため，わが国の社会福祉領域では，これらを総称してアドミニストレーション（administration）と呼んでいる。そこで，本章では，社会福祉の施設や機関におけるアドミニストレーション（施設運営）の実態を概観し，この場合のアドミニストレーションを「施設の目的・方針を実際の社会福祉サービスに具体化できるように，施設ぐるみで努力する過程を指し，施設運営の専門的方法とは，その過程を評価し修正しながら，最も効果的に施設運営を推進する方略」と規定しておきたい。[4]

2　アドミニストレーションの史的展開

（1）アドミニストレーションへの着想

　企業体，官公庁，あるいは，政党をはじめとする非営利団体等の違いを問わ
ず，各々が掲げた固有の目標を達成するために人材を集め，形づくられた組織
には必ず経営，管理，運営等の機能，すなわち，アドミニストレーションを推
進する機構が必要とされる。特に，企業体の場合，アドミニストレーションは，
利潤追求のために行われる合理的な努力の一環として位置づけられており，そ
の主な働きは，企業目的を一層能率的に達成する上で必要な諸条件を模索する
点にあるとされている。なお，このような着想の形成基盤は，アメリカにおけ
るテーラー（F. Taylor）の，それまでの時代に広範な領域で共通して見られた
経験や勘に基づく作業を改め，課業研究によって科学的に管理することを目指
した科学的管理法や，それまでの研究の素材に欠落していたとされる「人間」
に着目し，研究の分析枠組みに人間関係論を組み入れたメイヨー（E. Mayo）
の管理論等による研究成果に求めることができる。

　ところで，現在，企業体とは異なり必ずしも利潤追求を組織の第一義的な目
的としない教育や医療・保健，そして，社会福祉の領域等においても，起ち上
げた組織を運営管理するにあたり，企業体を対象に研究されている管理論的な
視点が積極的に取り入れられつつある。特に，社会福祉領域のうち，久しく福
祉臨床の場として最も典型的かつ重要な拠点として位置してきた生活型社会福
祉施設では，いち早くこのような着想を取り入れなければならない下地があっ
たといえよう。なぜならば，社会福祉施設は，その建物構造の違いを問わず，
それを利用する人びとの「安寧」を「保障」し，人として生きることの「質
（QOL）を高め」，人としての「尊厳を侵襲しない」支援の展開を「目的」に存
在しているからである。ところが，「目的」の達成に向け打ち立てられた方略
の多くは，そのような「目的」と乖離しがちな「経験，勘，骨，直感」に依存
する中で検討されがちな傾向がうかがえる。しかし，ここにきて，決して大き

な流れとまではいえないが，社会福祉施設おける取り組みとして共有すべき目標について，これを施設利用者に最も効果的なサービス提供に努めることにあり，それを実現するには，運営管理のあり方に影響を受けるという理解が関係者の間で共有できる変化も生じてきた。

　企業等と同様に，社会福祉施設も，一定の目的を達成するため人為的かつ意図的に組織された「機能的集団」としての側面を持つため，日常の支援過程では，施設職員個々の職務分掌を明確にしながら，組織運営の効率性・合理性を目指すことになる。ここでいう効率性の上昇は，組織運営の簡素化を図ることで可能になる。この時，いわゆる人間的なるものとしての「感情」「情緒」を支援過程に介在させることは，組織論の立場からすると些かやっかいな要因になり，それは極力排除することが必要になる。このような組織上の特質の理解に立ち，児童（社会）福祉施設に入所すること自体が，施設当事者にとって新たな生活課題（life tasks）との遭遇を意味しないためには，その場における生活の営みの各部面に人としての「尊厳を侵襲しない」環境（時間，空間，関係）をいかに提供できるのか，言い換えると，「子育ち」の場としての，あるいは，彼らが「住まう」ための場としての「快適度」が徹底して検証される必要があろう。これは，企業の場合と異なる着想を手がかりに方略の策定が求められる「社会福祉施設の運営管理」の特徴として銘記すべきある。[5]

（2）アドミニストレーションの成立過程

　アドミニストレーションなる着想が社会福祉領域に取り入れられたのは，本領域が実践者の「経験，勘，骨，直感」に頼る名人芸的な取り組みをことさら重視してきた経緯もあり，他領域の支援職と比較すると大きく遅れることになる。しかし，アドミニストレーションへの関心の高まりは，慈善事業・博愛事業の時代から公的施策としての近代的な社会福祉（社会事業）への脱皮を促すことにもなった。すなわち，個人的・恣意的・主観的な活動から，適切な人と組織を準備することで取り組まれる社会的・合理的・専門的な活動へと転換する契機になったのである。

　このような意義を持つ社会福祉領域におけるアドミニストレーションの導入と発展の過程について，明確に時代を区分し，各時代の特徴を説明することは必ずしも容易でない。重田信一は，次のような時代区分を行いアメリカの社会福祉界におけるアドミニストレーションの成立史をまとめている[6]。

1）1920年代

　この時期に入り，関係者の関心がようやくアドミニストレーションに向けられるようになってきた。慈善事業・博愛事業の時代にも，アドミニストレーションは経験的な工夫を通じて培われてきたと思われるが，その特徴や技能性について十分意識されないまま推移していたようにうかがえる。1920年代のアメリカの社会福祉界は，多くの民営社会福祉施設に共通して見られたのであるが，管理に関する訓練をまったく受けていない職員が重要なポストに就き，重い責任を負わされていた時代でもあった。

　しかし，施設の種類が増加し，規模が拡大するとともに，管理方法についての関心が次第に高まり，運営の合理化も図られるようになった。そして，このような努力の積み重ねは，地域社会から向けられる施設に対する態度の好転にも繋がった。さらに，実業界における管理基準を参考に，施設（公営，民営を問わず）としての管理基準を作成し，等しく適用すべきとの声があがってくるのも，この時期であった。

2）1930年代

　世界大恐慌の影響は，社会福祉施設にも強く及ぶことになる。例えば，失業者救済の対応が施設にも求められることになった。そのため，この時代を境に施設の大規模化に一段と拍車がかかった。さらに，公的扶助を担う管理者は，権威と責任の視点から次第に支配的かつ官僚的になるとともに，アドミニストレーションに対しても積極的に関心を持ち始め，その重要性が広く認識されるまでになった。そのため，この時代の主たる関心事は，アドミニストレーションを進める際の組織機構や管理者の位置づけ，あるいは，能率の最大限の確保，管理の原理的な問題の追及等々にあったと考えられる。なぜならば，当時は，規模の大きな公営施設や行政機関が多くなったため，アドミニストレーション

の機能に関する問題が関係者の中心的な課題とならざるを得なかったからである。

3）1940年代

この時代は，施設運営の合理化が推進される一方でソーシャルワークの体系化が図られ，理論的にも一段と精緻になる時期と重なっている。例えば，ソーシャルワーカー間でも，施設の運営と管理についての関心が高まり，1946年の全米社会事業会議（The National Conference of Social Work）において，アドミニストレーションの部会が新設されたのは特筆すべき出来事であった。また，ソーシャルワーカー養成を担う社会事業学校（school of social work）でも，この時期にアドミニストレーションの訓練を本格的に始めている。

4）1950年代

この時代は，理論面で著しく発展を遂げることになる。例えば，システム理論に基づくもの，管理者のリーダーシップに関するもの，施設の政策決定過程に関するもの，人間関係に関連する全分野にわたるもの等があげられ，その内容はきわめて多彩であった。このような傾向が顕在した理由の一つは，当時のアメリカの社会福祉界が，公営施設の増加と相まって大規模施設がさらに急増し，その形態のゆえに企業体や行政官庁に親近感を持つことになった点が挙げられる。そのためもあり，他領域で展開された経営・管理に関する理論を社会福祉領域に導入することについては，多くの関係者が何の不自然さも感じなかったものと推測できる。

また，この時期以降では，社会福祉領域のアドミニストレーションを，他領域のそれと区別した独自性を強調しようとする考え方も見られた。このような動向は，その後において，未発達であった社会福祉施設の運営コンサルテーションやスーパービジョン等の研究に厚みをつける契機になった。[7]

なお，アドミニストレーション一般に関する研究は，制度や組織の形成と発展の過程を分析し，組織間や組織内部に生起する矛盾を解決するための科学としてアメリカで飛躍的に発展を遂げることになる。しかも，その基盤となる学

問分野は，経営学，政治学，行政学の他に社会学，心理学等，多岐にわたるものであった。したがって，我われは，理論的にも，実際的にも，社会福祉固有の問題意識に依拠してアドミニストレーションに関連する課題を取り上げるだけでは，もはや研究方法として不十分といわざる得ない環境にあることを自覚しておきたい。⁽⁸⁾

（3）アドミニストレーションの課題

　前述した社会福祉領域におけるアドミニストレーションの成立過程を概観すると，その主たる関心は，時代の変遷とともに徐々に変化している様子がうかがえる。このような事実は，アドミニストレーションの枠組みが決して固定的なものとしてでなく，社会変動に着目しつつ時代の要請として浮上する支援課題（demand＝支援の提供を権利として要請できるもの）に応える必要性を示唆している。さらに，社会福祉領域にある施設や機関等が，その本来の事業目的を完遂し，さらに発展させるには，労働条件や労働環境等の整備を重視し，組織内における「人間関係」に着目することが目的の達成を図る上で重要な手段になることも明らかになった。したがって，今後は，社会福祉施設や機関の運営過程に見いだせる特徴を解析し，その成果に沿って運営目標を達成する際に必要な組織機構の整備に努め，組織内のあるべき人間関係についても既成の枠組みにとらわれずに検討することが求められている。

　しばしば耳にするところであるが，現在，社会福祉施設に就労を希望する人材が枯渇する傾向にあるという。社会福祉施設が「働きやすい職場」となるには，具体的に何を具備すべきなのか。「働き難い」といわれる「実態」を整理しても内容的には何を問題視しているのか判然としないが，理論的には，①登用する人材に関するビジョンの構築，②職能資格と給与体系の明確化，③職務分掌と就業規則の明確化，④研修の計画と実施および評価，⑤職員編成計画を整えることの必要性等が挙げられる。

　社会福祉領域では，久しく「施設内の人間関係」の軋轢が退職に直結し，それが「働きやすい職場」と対置する関係で問題視されてきた。そのため，生活

型社会福祉施設は，多くの若者から「7K（きつい・危険・汚い・厳しい・暗い・格好が悪い・給料が安い）」や「3Y（辞める・痩せる・休みが少ない）」と揶揄される職場として受けとめられ，有能な人材が集まりにくい状態に陥っているという指摘もある(9)。そこでは，施設に就労してから間もない人材も含めて退職者が続出し，入職者の確保に難儀する脆弱な職場環境としての問題点が指摘されている。「社会福祉施設の運営管理」において，前述した①〜⑤の項目の中の何が不十分なのか引き続き検証していかなければならない。

　加えて留意すべきは，検証作業の帰結がハラスメント問題を蔓延させ，組織の動きを劣化させる可能性についてである。組織運営に何らかの不都合が生じた場合，運営の透明化に努め，責任を明確にし，運営方法をルール化する等の対応が取られる。しかし，このような対応には，意味のない業務を爆発的に増大させかねない問題が内包する。さらに，現場で業務に携わる者を萎縮させ，保身に走る土壌を醸成することもある。このような方向で「改革」が志向された場合，社会福祉の実践現場は，事態の悪化を加速させ，規模が小さいだけに組織の崩壊に繋がる可能性を高めることにもなろう。

3　アドミニストレーションの原理

（1）ソーシャルワーク実践としての基本的視点

　アドミニストレーションの理論と技能（art）を福祉臨床の場で取り込むにあたっては，そのことで何を達成しようとしているのかについて可視化できる何らかの価値体系あるいは行動原理の存在が必要となる。すると，わが国の場合，社会福祉制度が第2次世界大戦後の民主化・近代化政策の一環として制度化された経緯に鑑みると，社会福祉の運営管理の方向性を規定する原則は，民主主義（democracy）なる考え方（原理）を導き出したとも言われている「自由」「民主」「平等」「平和」に共通するものが見いだされることになろう。ここでいう民主主義の原理は，ベンサム（J. Bentham）が語った「最大多数の最大幸福」の実現にある。さらに，ここから多数決の方法も編み出されることになる。

　しかし，わが国では，この原理が「弱肉強食」あるいは「適者生存」の傾向を示しがちとなる経済社会建設の指標として恣意的に設定されたため，多数決はマイノリティ（少数派あるいは「小さき者の最後の一人」の存在）の「安寧」を軽視・無視することを後押しするかのように機能してきた。このような傾向に異議を唱える役割（＝代弁機能）を「社会制度としての社会福祉」が引き受けるとするならば，「社会福祉施設の運営管理」においても，その方略は，マイノリティの／少数者の利益を守る取り組みを出発点に検討されなければならない。

　つまり，このような視点に通底する視座は「人間性の尊重」「個の自由と平等」に代表される民主主義の原理と共通しているからである。このことは，アドミニストレーションの上部構造として位置づけられてきたソーシャルワーク実践が志向する価値や基本原則にも連動することになる。したがって，「社会福祉施設の運営管理」では，このような視点をいかに組み入れ，応用し，運用するかが実践課題となろう。

　社会福祉は，政策的あるいは実践的な参与を通して，個人や集団，組織，地域社会を間違いなく「変化」することに導く機能を担っている。このような取り組みを，日常的な体験を経て得られた「経験，勘，骨こつ，直感」あるいは個人的かつ主観的なレベルのものとしてある「信念・信条（＝個人的な意味世界）」に依拠して推し進めて行くとなると，それは，ありに傲慢な，他者に対する不遜な態度であり，恐れを感じない，謙虚さに欠けた行為といわねばならない。社会福祉施設における支援過程で，施設職員として，そのことに一切気がつかないとなれば，もはや由々しき事態といわざるを得ない。

　社会福祉としての制度運営と支援活動の射程に据えられた対象（クライエントシステム）が，いかなる「人」「課題」「環境」によって構成されていても，ソーシャルワーク専門職としての業務は「人としての命を大切にする」「人としての尊厳を重視する」なる考え方を基本に取り組まれなければならない。すると，我われが議論すべきは，業務を遂行する上で有効な「引き出し」や「社会や個人の資源」をいかに豊かに持ち合わせるかの方略から検討すべきことに

なる。ここでいう「人間の尊厳」とは，社会福祉として取り組まれる支援を個別化・個性化・差別化の視点に立って構築する視座を導き出すことになる。そのため，社会福祉施設の運営と支援活動の場面で問われることは，このような視点をいかに「身体（表現）化（performance）」できるかにある。社会福祉の立場から最後まで忠誠を尽くし続けなければならない存在，それは，マイノリティの立場に置かれている人びとだからである。

　ソーシャルワーク専門職による活動の特徴を規定する指針（guidelines）の一つに「個別化の原則」がある。そこでは，ニーズシステムを構成する「人」「課題」「環境」をいかに個別化できるかが問われ，そのような視座はソーシャルワークの揺るがせない大原則として機能してきた。ところが，わが国における福祉臨床の現場では，この原則に則った活動の展開は難しいとされることが多い。個別化することに留意して取り組むことの意味は理解できる（＝これを「綺麗事」と表現されることが多い）が，現行の運営（最低）基準との関係で人手が足りず難しいというのである。社会福祉サービスを利用することが必要な状況に置かれている人の「現実」と向き合う支援とは，その「現実」を個別化して捉えてことから始まらなければならない。それが「出来ない」となると，ソーシャルワーク専門職からの支援は，一体いかなる理論・原則を支えとして機能することになるのか。

　対応するに厳しい実態があり，取り組みのあり方を議論する時，「実態は厳しい」と嘆き合うことから始まる。その「厳しさ」から逃れるために大切な基本原則が背後に追いやられる構造は受け入れて良いことなのか。「他者視点」に立てない施設職員（ソーシャルワーカー）の存在が気がかりである。このような時点に止まっている限り「厳しい」と表現される「実態」は何も変わらないことになる。変わらない「実態」の中で施設利用者は生きて行かなければならない。このような「現実」が織りなす「実態」の中で生きることを余儀なくされている「人」がいる。その「実態」に何の使命感や緊張感もなく向き合うことが許されるのであれば，それは，利用者の命に対する不遜な行為であり，弁明の余地もないことを銘記すべきである。

　社会福祉にとって「最優先に救済されるべき存在」は誰のことをいうのか。我われは，改めてその意味を噛みしめなければならない。社会福祉とは，施設利用者に人間らしく生きることを諦めさせる制度として機能しているわけではない。彼らも我われと同じく「only one」の存在であるからこそ，かかわりも個々の事情に応じて差別化されていることが施設利用者として実感できるようなサービスの提供を常に考えて行かなければならない。このような視座の取り込みが変わることのない「社会福祉施設の運営管理」の課題なのである。

（2）「組織原理」と「専門職原理」

　現代社会を生きる我われの周囲には多様な形態からなる組織が存在する。そのため，現代人の日常生活は，これら組織とのかかわりを抜きに営むことは難しい。したがって，現代人が，多様な支援を必要とする課題を解消し，満足できる生活を過ごすには，これらの組織とどのようなかかわりを持つかが重要なポイントとなる。

　社会福祉の支援活動に携わるソーシャルワーク専門職が自らの専門的機能を発揮し，職務遂行に努める場所は，一般的にいえば，彼らが所属する組織であり，その組織が掲げる目的によって実際の取り組みに規制が及ぶ。このことは，ソーシャルワーク専門職といえども，多くの場合，実践現場となる組織を離れて存在し得ないことを意味している。したがって，ソーシャルワーク専門職の多くは，日々の業務を通じて「働く組織の性質およびそこでの運営管理の方法が」「活動効果を直接促進させもするし，妨げもする」ことを実感することになる。言い換えれば，それは，組織のあり様がソーシャルワーク専門職の実践に深く影響していることを物語っており，ソーシャルワーク専門職としての職務内容や役割は，彼らの所属する組織の構造と機能によって多かれ少なかれ統制されることを言及している。

　しかし，仲村優一は，第2次世界大戦後，GHQ主導の下に再構築された社会福祉の支援活動について次のようにいう。すなわち，その活動が制度体系としての社会福祉に組み込まれている以上，指示・命令系統が組織の頂点から末

端へとピラミッド的な・タテ志向的な広がりの中で業務の遂行を求める「組織原理」について否定することは自己矛盾でしかない。その一方で，ソーシャルワークは，この「組織原理」に拮抗する，いわゆるヨコ志向的な「専門職原理」に依拠する必要を自覚すべきとも説く。つまり，社会福祉施設という組織の中で，タテ志向からヨコ志向への方向性を実践を通じて確立していくことが社会福祉の支援活動にとって重要課題になるというのである。したがって，アドミニストレーションの原理も，仲村がこのように説く課題の解消に向け取り組むべき一里塚としてまとめられたと理解することもできよう。

　わが国の場合，ソーシャルワーカーが所属する代表的な組織の一つに社会福祉施設がある。そのうち，社会福祉施設として最も典型的な形態をもつ児童自立支援施設や児童養護施設，母子生活支援施設に代表される生活（入所）型施設は，家庭や家族と離れて生活する当事者の生活課題（life task）に対応するために設置され，社会福祉領域における伝統的な福祉臨床の現場として機能してきた。ところが，これらの施設群は，内部に閉鎖的社会を形成し，施設間あるいは地域住民との交流や統合をややもすると失いがちとなる傾向にあった。このことは，社会福祉（社会事業）の歴史の中で，とりわけイギリスのエリザベス救貧法の成立以降，施設が，それぞれの時代の「社会的弱者」あるいは「脱落者」と呼ばれた人びとを収容あるいは保護し，治安対策的な発想と関連して「労役場（workhouse）」と呼ばれながら社会から彼らを隔離することを長きにわたって使命としてきたことにも密接に関係している。

　さらに，社会福祉施設は，このような外在的な問題のほかに，内在的な問題として運営管理体制の前近代性がもたらす課題について指摘を受け続ける歴史を刻んできた。主要な問題点は以下の通りである。

　　①　民間施設に多い同族経営。
　　②　団体交渉権の否認に象徴される労使関係の前近代性。
　　③　勤務時間をはじめとする労働基準法違反の常態化（＝制度政策によるネグレクト的な放置状態）。

④　職員の採用条件の不合理さ。

⑤　資格および業務内容の専門性に対する無関心さ。

⑥　公立施設の官僚支配と配置転換の無原則性，等。

　これらの大部分は，民間社会福祉施設が抱える典型的な問題であり，これまで「公私」の対照比較を通じて内包する問題について検討を加えてきた。この論議の過程で注目すべきことは，検討を加える際の分析視角が，第一義的に施設利用者の施設内における生活の矛盾状況をいかに克服するかにあったのではなく，施設職員としての業務内容の自己点検に繋がる課題設定が試みられ，そこに潜む問題性を明らかにすることに傾注してきた点である。すなわち，施設の運営管理に一定の進歩（＝労働条件の改善）がなければ，施設における利用者の暮らしの質を保証できないだけでなく，新たな権利侵害の醸成に繋がりかねないとの論理が支配的であったことによるといえよう。

　ここでは，福祉労働論が隆盛期にあった時期に村岡末広によって言及された論文（1974年発表）を素材に，施設の運営管理に関する近代化を阻害するものとして表面化しているとした代表的な問題を整理してみたい。[12]

①　人材確保の困難性。人びとの暮らしに見いだせる社会意識や労働事情からすると，複雑な勤務形態を特徴とする施設が，専門的能力を十分に保持する人材を確保することは困難な状況にあるとした。

②　賃金をはじめとする雇用条件が，他領域と比較してきわめて劣悪で，大きな格差がある。これは，労働意欲の問題にも関連し，職員の職場における定着率の低下をもたらしているとした。

③　労働時間の短縮等，労働環境が改善されつつある社会動向との関連。合理化・省力化が単純に進まない施設の場合，職場の労働条件改善は，国家財政の緊縮化や行政改革のあおりを受け遅々たる歩みでしかないとした。

ここでは，45年前の状況を論じたと思えない，社会福祉施設に「働く」人びとの抱える課題が指摘されている。しかし，それらの課題が横たわる同じ空間に「住まう」子ども達（当事者）については，このように整理された問題の背後に追いやられている関係性が見て取れよう。以後，わが国では，児童育成の原則を唱えたジュネーヴ宣言（1924年）に掲げられていた「危難に際しての救済の最優先」なる視点の具体化を図る議論はないまま多くの時間を費やすことになる。全国児童養護施設協議会は，2010年5月17日に「倫理綱領」を制定し，その前文部分に「原則」として「日本国憲法，世界人権宣言，国連・子どもの権利に関する条約，児童憲章，児童福祉法，児童虐待の防止等に関する法律，児童福祉施設最低基準にかかげられた理念と定めを遵守」すると唱い上げた。しかし，子ども達を巻き込む混迷と混乱と喧噪は，今日に至っても改善される見通しが立たないままにある。

（3）組織の運営管理を科学化する取り組み

　このような問題がある一方で，社会福祉施設が担う基本的機能を遂行するには，民主的な施設運営の体系化と人として「住まう」に相応しい環境をいかに整えるかが重要なテーマになることも明らかになってきた。このような経緯を辿ることで，アドミニストレーションとは，久しく社会福祉施設の経営責任者としての理事者や管理者等，施設内の一部の人びとにとって必要な知識・技能のように思われがちであったが，必ずしも効率性だけが要求されるわけではない点にも理解が及ぶようになる。確かに社会福祉施設も組織体の一つである以上，管理機構が体系的に整備されていなければならないが，民主的な組織としての施設づくりを推進するには，「協力体制」の整備が必要であり，組織における「人間関係」を重視する取り組みが必要になる。

　組織の運営管理を検討する場面で「協力体制」の確立が必要となることを説いたのはバーナード（C. Barnard）である。

　バーナードが言及する組織理論[13]の特徴は，組織の運営管理に関する問題に対して，個人から出発し，なぜ個人が組織を構成するのか，また，その場合，個

人と組織の間にいかなる関係が成立するのか，組織を有効に存続させるために
は個人と組織の関係をいかに構築すべきか等を論じた点にある。そこには，組
織を構成する個々人を起点に，そこから構成される組織という外郭に接近しよ
うとする心理学ないし社会学的研究方法に立脚した視点が見いだせることで先
見性があった。バーナードは，このような立場から，組織的協働が成立するに
は，少なくとも次の三要素を組織に導入する必要を説いた。

①　自発的意思あるいは協働意欲（willingness to cooperate）。

②　組織の目的。

③　伝達（communication）。

つまり，個人が組織に参加したとしても，一方では依然として個々別々の個
人である以上，このような個人を組織の目的に向けて有効に協働させる必要が
ある。言い換えれば，個人が組織に対して貢献する意思を持つように働きかけ
ることが必要となる。結局，バーナードは，組織の側から個人の欲求を満足さ
せる誘因を提供することによって，個人の側から組織への貢献，すなわち，組
織の目的への協働が期待できると考えたのである。

また，組織における「人間関係」の重要性を発見したのはメイヨー（E.
Mayo）であった。[14]

シカゴ近郊にあったウエスタン・エレクトリックのホーソン工場において，
それまで行われてきた科学的管理法では解消できなかった従業員約3万人の不
平不満をどのように解決できるかの実験成果がそれである（1924年）。この実験
では，労働条件を改善する（作業場の照明度を高める）ことによって，作業能率
が上昇することを明らかにしようと試みたが，この仮説は覆された。

つまり，工場の従業員の要求に応じて照明度の高い電球に変えたと答えなが
ら，実際には，同じ照明度の電球を取り付けたに過ぎない場合でも，作業の能
率は上昇を続けたのである。このホーソン工場における実験結果から，メイヨ
ーは，工場の従業員は「愉快な作業環境」「作業に対する誇り」「自己の評価を

認められたことの喜び」から生じる責任感という心理的・情緒的な要因によって勤労意欲を高めていったことに気づいた。このように，物的な作業条件・環境もさることながら，人間的な満足という心理的な条件が何よりも重要になることが確認されて以来，主観性の高い「感情の論理」に従うインフォーマルな組織の機能が再発見され，新しい「人間関係的管理法（human relations）」が確立することになった。

（4）アドミニストレーションの基本原則

　社会福祉施設は，組織として小規模であるが，「人間関係」のあり方と「協力体制」を維持すべき点で他の組織と何ら変わらないものがある。特に，施設としての業務特性は，現代社会における他の生産労働者の場合と異なり，①その業務過程で取り得る手続き・方法を自らの意思に基づき自由に選択できる余地があり，②さほど経済的な効率性を求められないため，非生産的な手づくり性が残されており，③業務の目的と現実の仕事が一体化し，自らの仕事の跡を子ども達の変化・成長の上に確認できる喜びを残している等の点にあるとされてきた。このような特性を十分活かし切れない施設にあっては，業務に従事する者を疲弊させ，仕事の質の低下をもたらし，結果的には，施設で暮らす子ども達への支援（care）の低下を招くことにもなりかねない。

　したがって，アドミニストレーションの取り込みにあたっては，社会福祉領域以外の場で確立された管理機能に関する知識や技能を，社会福祉組織におけるソーシャルワーク専門職の行為規定，あるいは，行動目標（guidelines）として応用する姿勢が必要となろう。なお，東京育成園（児童養護施設）の施設長であった長谷川重夫は，組織における「人間関係」を重視しつつ，社会福祉施設に就労するスタッフの「協力体制」を確立する原則として，以下の9点をあげている。

　　①　目標明確化の原則
　　②　活動の必要性理解の原則

③ 役割明確化と権限委譲の原則

④ 責任の原則

⑤ 監督範囲適正化の原則

⑥ コミュニケーションの原則

⑦ 職員の能力尊重の原則

⑧ スーパービジョン展開の原則

⑨ 業務の標準化の原則

4 アドミニストレーションの実際

(1) アドミニストレーションの機構

　前述した通り，組織は，「組織原理」とも呼ばれるように，組織構成員を管理・統制する側面を持つ一方で，組織構成員として自らが事業目的を達成するため相互に役割を担い合い，責任を分担し合いながら機能する側面も併せ持っている。この点は，社会福祉施設も同様である。すなわち，社会福祉施設は，相互に関連し合う関係にある①経営主体であり「意志決定機関」としての役割を担う「理事者」，②運営主体であり「管理機関」としての役割を担う「施設長」，③支援主体であり「実践機関」としての役割を担う「施設職員」によって組織される。ここでは，これらの組織の機構を検討してみたい。[17]

1) 意志決定機関

　その主な役割には，組織目標・事業計画・予算編成・定款の作成，諸規定の制定ならびに改廃，人事の任免，資金調達等があり，民間施設の場合は，理事会がこの任務にあたる。公立施設においては，設置者として国・都道府県・市町村がこの機能を担い，それぞれの議会が最高決定機関となる。

　施設運営上の方針決定と運営全般についての条件整備が，意志決定機関に課せられている重要な役割となる。しかし，この機関もやはり多くの問題を内包している。例えば，理事会が本来的機能を担いきれない場合，その主たる働きを常務理事あるいは施設長等が代行する施設を多く散見する。このことは，一

面，施設が組織として小規模なため，実際の組織運営上，このように分化した機能を必要としない実態もあろうが，特定の人物の万能的な働きを必要とする施設の存在を示していることにもなろう。

また，組織が立地する地域社会の実情に根ざした社会福祉サービスの提供が強く望まれている現在，このような社会状況に理事会メンバー自身が疎いため，地域社会が抱える支援課題に即した施設運営に支障をきたす問題性も指摘されている。いずれにしても，従来のような慈善事業的意識を持つ理事者や名誉職的な理事者の構成では，もはや，今日のように複雑多様化した支援課題に対応することは困難である。

2）管理機関

その主な役割には，運営方針の策定，施設内部の組織づくり，人事管理，事務管理，財務管理，渉外活動等がある。つまり，意志決定機関の決定した方針を，後述する実践機関の担うサービスが効果的に具体化できるよう側面から助言・指導することを主な働きとしている。したがって，次の2点が管理機関の基本的任務となる。一つは，意志決定機関に対して，経営責任を自覚し，地域社会の支援課題を充足するよう政策決定し，実施の最終責任を負うことができるよう側面的に支援すること。二つは，実践機関に対して，各職員の担当任務との関連から運営方針を徹底させ，その自覚の上で積極的に行動できるよう助言・指導し，労働条件や職員構成，その他の支援環境の整備に努めること。

このような役割遂行を基本的任務とする管理機関としての施設長は，それぞれの組織におけるリーダーとして独自の運営方針を持ち，その支援・助言・運営理念によって施設を運営することになる。したがって，施設長のこのような機能は，施設運営の方向性や質的な深まりに多大な影響をもたらすことになるが，その意味するところが意志決定機関・実践機関に十分理解されないため，管理・統制の機能だけが必要以上に強調され，そのようなものとして捉えられている場合が多い。なお，リーダーシップの機能，すなわち，助言・指導行動の原則を手がかりに施設長のあり方を要約すると以下の通りである。[18]

① 状況判断の機能

施設長は，いわば政策と実践の接点に位置し，自分自身も含め施設をめぐる内外の情報を正確な収集し，それを施設としての生産的な成果を生み出す資料として分析・整理し，判断を下すことが要請される。

②　集団の統一維持の機能

施設入所者の生活拠点となる施設は，人格的な触れ合いの場であり，人間相互の信頼と尊敬の関係が成り立つ場でなければならない。したがって，施設長は，自分自身も含め，利用者とその家族，職員の各々が，このような施設づくりに向けて一定の役割を果たせるような運営に努めることが要請される。

③　集団目標達成の機能

目標を達成するには，例えば，支援過程を計画し，実施する体制を明確にできる職員配置の適性化，責任と権限の委譲ならびに支援の質的向上のため，スーパービジョン体制の確立に努めることが要請される。

3）実践機関

その主な役割には，組織の目標に即した専門的な知識・技能に依拠した支援活動，専門職業的な価値基準に即した支援活動，これらの活動の間に生じる組織葛藤を合理的な方法を駆使して解決を目指す取り組み等がある。しかし，このような職員による支援活動は，とかくその担当業務に限定されがちとなり，施設運営全体との関連性を見失う傾向がある。それを調整するため，制度的には職員会議や毎日の連絡会，さらに，必要に応じて事例研究会等が用意されている。反面，これらの機能が形式化・形骸化すると，施設として掲げる目標に結びついた支援や支援課題の把握が十分に行えない問題を残すことになる。

なお，施設利用者が抱える支援課題は，一段と複雑多様化する傾向にある。そのため，それらの課題に適切かつ効果的に対応するには，高度な専門的知識と技能が必要とされ，特に，利用者に直接的なかかわりを担当する職員は，とりわけ高度な専門性の保持が要請される。施設内における研修体制の確立も急務な課題の一つといえる。

図 8-1　アドミニストレーションの循環的過程

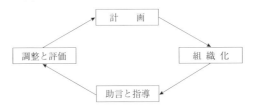

（2）アドミニストレーションの循環的過程

　組織として取り組む活動は，組織の立ち上げが必要となった目的を達成するため，①計画（planning），②組織化（organizing），③助言（advicing）と指導（leading），④調整（controlling）と評価（evaluating）の四つの循環的過程に沿って運営することが求められる。そして，これらの過程が，図 8-1 のように循環しつつ展開するところにアドミニストレーションとしての特徴を見いだすことになる。以下では，それぞれの段階について検討してみたい。[19]

1）計　画

　これは，組織の目標に即応した組織計画が練られなければならないことを意味する。この段階では，組織が責任もって計画が実行できるような態度を決定しておくことも重要になる。また，組織計画は，可能な限り職員の意見が反映できるように配慮されることも必要となろう。そのため，組織計画は，施設全体の合意が得られた上で提示されるべきである。なお，この計画には，施設における事務管理，年間行事の立案，施設利用者の生活管理，安全（リスク）管理，健康管理，建物管理等が含まれる。さらに，計画の立案にあたっては，予算等の裏づけを検討しておくことも必要になる。

2）組 織 化

　これは，計画の達成に向けた組織づくりを意味する。その際，各職員の職務分担が決められ，責任と権限の範囲が明らかにされる必要がある。また，職務遂行にあたって，個々の職員が明確な動機づけを持つことも必要になる。そのためには，まず，職員自身の自覚が重要になるが，一方では，職員の身分の安定と専門職としての位置づけを明確にする必要もある。

3）助言と指導

　これは，組織化することで計画が予定通り実施できるか否かを点検し，困難な場合は，その状況を把握し，障壁を取り除く助言や忠告を客観的に行うことを意味する。また，ここでは，職員が，相互に協調し，職員集団としてまとまって職務を遂行しているか否かを適切に評価する必要もある。

4）調整と評価

　これは，計画に即した職務遂行が助言や指導を受けても円滑に進まない場合，明確な評価基準を踏まえて調整することの必要を意味する。評価の結果，修正すべき点が明らかになれば，スーパービジョンの実施，職員間の話し合い等によって問題点の改善に努めなければならない。なお，この段階で重要なことは，管理者と職員との相互理解が確立していることである。また，必要に応じて，あるいは，定期的に組織の目標の達成状況について評価されなければならない。その結果次第では，新たに計画が練り直され，再び一連の過程に沿って進めていくことを検討する必要もあろう。

（3）ソーシャルワーク組織とアドミニストレーション

　実践することと組織のあり方の相互作用に着目して児童養護施設をソーシャルワーク組織（詳細は第7章参照）として捉え直した場合，実際の支援過程に直接的あるいは間接的に参与するスタッフ編成をモデル的に示すと図8-2（次頁）のように構想することができる。

　なお，このようなスタッフ編成を志向した際に浮上する問題の一つに支援スタッフの資格要件がある。これまでにも，多くの関係者が「児童養護施設の仕事は資格でするものではない」と語ってきた言い回しを，我われは，どのように受けとめるべきであろうか。施設で暮らす子ども達とその家族が抱える課題は，従前から使用されている「要養護児童」なる用語では括れないほど重篤な状態にある。支援スタッフは，当然のことながら，このような事態に対処できる「支援課題の解決能力」を保持するように求められる。すると，専門性を軽視するが如き関係者によるこの言い回しは，児童養護施設に向けられている期

図8-2 ソーシャルワーク組織を志向する児童養護ソーシャルワーク専門施設
——新しいタイプの児童養護施設に必要なスタッフ編成

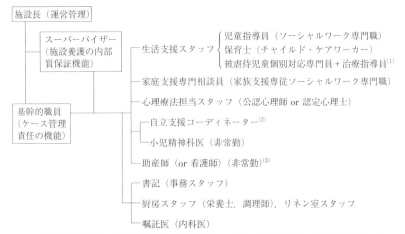

注：(1)「治療指導員」の任用用件は認定心理士資格および社会福祉関連資格の両資格取得者とする。
　　(2)「自立支援コーディネーター」は「児童養護ソーシャルワーク施設」が取り組む「就労支
　　　援」業務も兼務するソーシャルワーク専門職をいう。
　　(3)「助産師」は主に「性課題（性被害や性加害，性モラル）」を抱える子どもや家族員の現実
　　　をアセスメントした上で支援計画を作成し「生活支援スタッフ」と連携しながら支援に加わ
　　　る。

待への背信ともなることに気がつかなければならない。そのため，筆者が久し
く関係し，ソーシャルワーク組織の志向性をもって施設運営にあたっている児
童養護施設・救世軍機恵子寮は，新園舎の竣工と併せて，求める人材の資格要
件を以下のように示してきた。

① 施設長，基幹的職員，生活支援スタッフ（児童指導員・保育士），家族
　　支援専門相談員，自立支援コーディネーターは社会福祉系大学の卒業者
　　からの登用を基本とする。
　ⅰ 施設長，基幹的職員，家族支援専門相談，自立支援コーディネータ
　　　ーは社会福祉系大学院修了者，社会福祉士資格取得者，あるいは，そ
　　　れと同等の能力・実務経験を有する者からの登用を基本とする。
　ⅱ 生活支援スタッフの内，チャイルド・ケアワーカー（保育士）は4

年制大学で保育士資格を取得した者からの登用を基本とする。

　　ⅲ　生活支援スタッフの内，被虐待児童個別対応専門員はソーシャルワーカーとして機能できる素養を保持していることを前提に，臨床心理士あるいは保育士，社会福祉士資格の取得者からの登用を基本とする。

　②　心理療法担当スタッフおよび治療指導担当職員，助産師（看護師）は，施設長，基幹的職員，生活支援スタッフ，家族支援専門相談員，自立支援コーディネーター各々の固有業務の意味を理解し，それを「側面的」に支えることについて専門職として理解できている者から登用する。

　③　書記・事務スタッフは，児童養護施設における実践について一定の理解をもつ者（社会福祉主事任用資格取得者）からの登用を基本とする。

　④　厨房スタッフは，施設養護における「食」支援の意義について一定の理解をもつ者から登用する。

　社会福祉施設の形態は，現在，分野を超えて居住空間の小規模化を推進することが潮流となっている。このことを後押しする政策動向に問題はない。しかし，新たな形態の下で働く人材の養成方法（支援者支援）や施設運営の方策が検討されないままにあり，そのことによる問題が各施設で「実践の混乱」「スタッフの離職率の高さ」となって顕在している。小規模化された施設における生活支援のマネジメント力や，業務内容がユニット単位で「一人歩き」しがちな傾向を是正し，支援過程においてスタッフを孤立させない施設運営マネジメント力をいかに育成するか，それは，施設を実践現場とするソーシャルワーク研究において新たな課題となっている。

　前述した通り，これまで，アドミニストレーションは，施設経営者や管理者に必要とされる運営管理に関する知識と技能と理解される傾向にあった。施設があげてその事業目的を達成しようとするならば，施設利用者に直接間接の形でかかわる職員も，計画段階からアドミニストレーションの過程にいかに「参加」できるかが重要なポイントになるいっても過言でない。自らの意志を反映させることを可能にする「参加」の役割の重要性が，現在，「主体形成」なる用

語が用いられることによって自覚されてきている。[21]

注

(1) 北川清一「アドミニストレーション」斎藤吉雄ほか編『ソーシャル・ワーク実践の基礎』中央法規出版，1988年。本章は，同書の執筆内容を時代状況の変化に合わせて加筆訂正した。

(2) 1987年に成立した「社会福祉士及び介護福祉士法」を根拠に国家試験制度が発足する。発足当初，ソーシャルワークは，資格法が規定する制度用語として「社会福祉援助技術」と表記され，その内容は，当時の厚生省が示して「シラバス」によって「直接援助技術」「間接援助技術」「関連援助」に分類する形で教授するよう求められた。

(3) 北川清一・遠藤興一編『社会福祉の理解——社会福祉入門』ミネルヴァ書房，2008年。

(4) キッドナイ（J. C. Kidnegh）の定義。日本におけるアドミニストレーション研究の第一人者である重田信一が，社会福祉施設運営の専門的研究方法における動態的定義として紹介した（重田信一『アドミニストレーション』誠信書房，1971年）。引用文は今日的状況に鑑み一部文言を修正している。

(5) 北川清一『児童養護施設のソーシャルワークと家族支援——ケース管理のシステム化とアセスメントの方法』明石書店，2010年。

(6) 重田信一，前掲書。

(7) 小田兼三「アドミニストレーション」大塚達雄・沢田健次郎・小田兼三編『社会福祉の方法と実際』（現代の保育学②）ミネルヴァ書房，1982年。

(8) 高沢武司「社会福祉の組織・運営・管理」仲村優一・三浦文夫・阿部志郎編『社会福祉教室 改訂版』有斐閣，1983年。

(9) このような実態をいち早く指摘したものとして，柿本誠「福祉関係学生の就職動向と大学の支援体制」『福祉のひろば』7月号，総合社会福祉研究所，2007年がある。

(10) 英国バークレイ委員会報告／小田兼三訳『ソーシャルワーカー＝役割と任務』全国社会福祉協議会，1984年。

(11) 仲村優一「日本のソーシャルワークの課題」一番ケ瀬康子ほか『現代社会福祉論』学文社，1982年。

(12) このような施設運営をめぐる古くて新しい問題の指摘は，村岡末広「福祉施設の運営をめぐる問題と課題」『社会福祉研究』第15号，鉄道弘済会，1974年の論文以降に散見され，そこには先見性の高さがうかがえる。

⒀　田杉競『新版・人間関係』ダイヤモンド社，1968年。

⒁　青井和夫・綿貫穣治・大橋幸『集団・組織・リーダーシップ』培風館，1962年。

⒂　岩見恭子「社会福祉施設」奥田是編『社会福祉労働』法律文化社，1975年。

⒃　長谷川重夫「福祉施設におけるアドミニストレーションの方法」仲村優一監修，野坂勉・秋山智久編『社会福祉方法論講座Ⅱ／共通基盤』誠信書房，1985年。

⒄　重田信一「社会福祉機関・施設運営」浦辺史・岡村重夫ほか編『社会福祉要論』ミネルヴァ書房，1975年。

⒅　大坂譲治「社会福祉施設における施設長の役割」『月刊福祉』61⑶，全国社会福祉協議会，1978年。

⒆　小田兼三，前掲書および原田信一ほか『新しい社会福祉の理論』高文堂出版社，1984年を参照してまとめた。

⒇　中瀬陽一『機恵子寮の源流（80周年記念誌）』救世軍機恵子寮，2013年。

㉑　米本秀仁「社会福祉の政策と実践を計画するための視座——「利用者本位」を手がかりに」『社会福祉研究』113，鉄道弘済会，2012年。

終　章	養護原理研究の探訪を終えて

　児童養護施設で生活する子ども達は，入所前における家庭生活で体験した暴力をはじめとする混乱や不安定な人間関係の中に置かれた経験の影響もあって無力感に覆われ，大人への不信感から自分の思いや意見・要望を声にして発することができない状況に置かれている場合が多い。そのような子ども達にとって，「最後の砦」となるべき施設の暮らしに移動しても，なお，なぜ，子ども間の，あるいは，子どもと職員間の暴力（的言動）を伴う出来事が根絶できない状況に置かれ続けているのか。

　一連の暴力との向き合いは，児童養護施設にとって，歴史的に見る限り決して新しい課題といえないものがある。子ども達の「育ち」の過程で「暴力」が介在する背景には，常に貨幣論的枠組みに基づき説明されてきた「貧困」問題があった。そのため，この「貧困」が「暴力」を生み出す構造には，児童養護施設が向き合ってきた「伝統的な課題」ともいえる側面を内在していることになる。

　ところが，昨今の「暴力」問題には，貨幣論的枠組みにのみ依拠して説明するに難しい人間としての「苦しみの構造」(1)が側聞される。それは，「暴力」を生む構造の変質ともいうべきものであろうか。しかし，このような「苦しみの構造」の中に，人間としての尊厳や生活を脅かす「暮らし」の破壊に繋がる要素が見いだせるならば，児童養護施設は，衣食住の保障に留まらない新しい組織運営をいかに推進するかの課題を担うことになろう。このような要請が，1980年代から始まっている社会福祉制度改革の基本的な基調として掲げられていたことに鑑みれば，そこには，時代に取り残された児童養護施設そのものの「苦しみの構造」も見て取れることになるかもしれない。現在の「暴力」問題にまったく無力でしかない組織が児童養護施設であるならば，機能不全状態に

ある組織スタイルの改変は，可及的速やかに取り組むべき課題の一つといわざるを得ない。

　ここで，我われは，あらためて考え直さなければならない実践課題の多さに気がつくことになる。我われが，施設養護の科学化に向けた歩みを始めることの意義は何か。児童養護施設で暮らす子ども達の多くが心的外傷体験をかいくぐり，家族から分離された生活を余儀なくされている実態を考えるならば，我われは，家庭に代わる，家庭のそれとは全く異質な生活の場において何をなすべきかを明確にしなければならない。もし，子ども達の多くが治療的かかわりを必要とする状態にあるならば，施設養護は，社会福祉実践の機能として何を提供できるのかを明確にしなければならない。子ども達の発達と成長の保障と施設生活の関係性を問題にするならば，施設養護は，個々の施設がノーマライゼーションの視点を建物構造に応じて如何にアレンジできるのを明確にしなければならない。

　ソーシャルワーク専門職の業務とは，専門職としての対応が求められている生活課題の解決のため介入（intervention）を試みる活動のことをいう。ここでいう介入とは，人びとが直面している生活上の諸課題を，人と環境の相互接触面（interface）に生起したものと捉え，そこに起動する交互作用（transaction）に参与する働きかけを通して，人の環境に対する適応能力や対処能力（coping），応答性（responsiveness）を高めるよう支援することをいう。したがって，ソーシャルワークが，支援課題の本質を「人」に求めるのではなく「問題」に求めるのは，「問題」を「内在化」させない，社会正義・社会的公正の実現を志向する自らの姿勢を示していることになる。ここで，ソーシャルワークの視点から論じてきた施設養護の支援過程において，いかなる事情に置かれていようと変質させてはならない「視座」を確認しておきたい。

　　①　施設における生活の営みは可能な限りノーマルなこと（特殊な方法による「平均化」を推進する取り組みは排除すること）。

　　②　人，課題，環境（時間，空間，関係）の各々に内包する個々別性を軽視

しないこと。

③　人間の尊厳に敬意を表する支援者としての態度を育むこと。

④　子どもとのかかわりがパターナリズム（paternalism）に陥らないよう常に内省的であること（子どもの権利擁護を語りながら，支援過程で暴力が介在することを是認する文化や，パターナリズムとも関連して払拭できないままの現場をいかに変革できるのかは，もっぱら「クリティカルな眼差し〈critical perspective〉」を自らの内に取り入れることができるか否かにあると考える）。

　施設で出会う子ども達を支える専門職として，このような「視座」「認識」を共有できたならば，子ども達の「苦しみの構造」としての「現実」の「語り」に変化が生まれ，生活の中に安心・安全を見いだすことに繋がる可能性が高まるかもしれない。すると，重要なことは，ソーシャルワーク専門職として子ども達が語る言葉の「現実」を理解し，分析したその言葉が表現している「問題」をどのように受けとめたかについて，専門職自身の言葉で「語りかけてみる」（active listening）支援に努めることといえよう。

　その結果，子ども達自身が，自ら置かれている「現実」に積極的に向き合える「変化」が生じることになるかもしれない。これまでは対応を諦め，切り捨てるかのように対峙していた「かかわるのが難しい子どもと家族」についても，彼らの「語り」に着目することによって，出会うまでの間に，どのような困難と立ち向かい，生き抜いてきたかが理解できるようになるに違いない。その結果，施設養護の過程に新しい支援の「形」をつくり出したり，連携・協働の必要性を共有できる実践感覚が芽生えてくることになろう。「子どもと家族」の「語り」に着目すべきとする所以である。

　最後になるが，施設養護に携わるすべての人びとへの期待と願いについて以下のようにまとめておきたい。

①　人間の尊厳と価値を大切にするとともに，人間に対して信頼を寄せている人の集まりであること。

② 他人の安全と安寧を脅かさない範囲で，自分の人生とその進路を自分自身で決定することの大切さを信じて疑わない人の集まりであること。

③ 人間は，基本的には「善」なる存在であり，各々の人間が持つ独自の特性を建設的なものと捉え，それを信頼し続けようとする姿勢を持っている人の集まりであること。

④ 人間はどのような事態に陥っても困難を跳ね返し，安寧を次第に取り戻す「力（resiliency）」を持ち合わせていることに着目する社会福祉専門職の支援的態度を獲得している人の集まりであること。そのことにより，当事者の尊厳を重視しつつ，当事者の生きる世界にも，社会福祉専門職としての認識を遙かに超えた「現実」が存在することに気づけた自分と向き合える状況を生み出すことになる。

⑤ 各人の独自性や尊厳性を護るため当事者のエンパワメント（empowerment）の強化に努め，自己決定を促し，自己実現の達成を支援すること。すなわち，個々人が，その人らしく社会的に機能する能力（social functioning）を強化することに貢献できる人の集まりであること。

注
(1) 「苦しみの構造」とは，村田久行『ケアの思想と対人援助 改訂増補版』川島書店，1998年に詳しい。私達は，何らかの生活上の困難に直面した場合，それが社会問題の一部であるとか，社会制度の不備によってもたらされたと問題と考えるものとするのは現実的でないようにも思える。そのように受けとめるよりも「他人には理解のできない〈個人的〉事情による自分の生活上の問題」とのように受けとめることの方が一般的といえよう。本稿で「苦しみの構造」なる用語を用いる意図は，そこに「私にしか理解できない〈個人的〉事情による問題」という側面だけでなく，そのように受けとめている「私（＝当事者）」と，その「私（＝当事者）」独特の意味世界の修正を企図してかかわる「支援者」との間のミスマッチが引き起こす側面も含まれていることに着目したい。そのような事態をヒューマンエラーと解釈するか，それを放置してきたシステムエラーと解釈するか，「苦しみの構造」への「内省的」な分析が必要となる。

あとがき

　すでに絶版になっているが，前著『未来を拓く施設養護原論——児童養護施設のソーシャルワーク』（2014年）に続き，ミネルヴァ書房の支援を受けて本書の上梓がかなった。大学で教鞭を執り始めて40余年を過ぎようとしているが，本書は，筆者にとって7冊目の単著となる。

　1978年3月，当時の校舎の形状から「救貧大学」とも揶揄された東北福祉大学が開設した大学院修士課程を第1期生として修了し，その数日後には北海道網走管内の紋別市に自治体誘致第1号大学として開設された道都大学（現・星槎道都大学）社会福祉学部における「グループワーク」「実習」担当の専任助手として赴任した。6年間過ごした仙台の街を離れる前日であったが，仙台基督教育児院院長であられた時から指導をいただき，その後，東北福祉大学教授に就任された大坂譲治先生からご自宅に立ち寄るよう声をかけられた。その際に頂戴したメッセージは「若くして研究者になったことに驕らず，児童養護施設のスタッフが子どもや家族の向き合いで立ちすくむような事態に陥った時，彼らを力づけ，伴走を求められるソーシャルワークの研究者になること」というものであった。すでに先生は故人になられたが，本書は，筆者にとって，間もなく定年を迎えるまでの時間を費やし，先生からのメッセージにどこまでお応えできたかの「振り返りの書」としたい。

　先生のご配慮もあって，松風荘園長を退任され日本福祉大学の教授として後進の指導にあたられていた積惟勝先生には，何度か研究室にお招きいただき，集団主義養護へのこだわりについてお話をうかがえる機会を頂戴した。また，「大坂さんの教え子」だからとお気に留めていただいた日本社会事業大学の仲村優一先生（大坂先生の指導教授）をはじめ，明治学院大学の三和治先生や福田垂穂先生，畠山龍郎先生，山崎美貴子先生，東京育成園の長谷川重夫先生，二

葉学園の村岡末広先生，堀川愛生園の飯田進先生，バット博士記念ホームの平本善一先生，横須賀基督教社会館の阿部志郎先生からは，何かの度ごとにお声がけをいただき，その際のやり取りを思い出しながら，行き詰まった自分自身の研究と教育に光明を見いだしてきた。このような環境の下で，一貫して「施設養護」「ソーシャルワーク（ソーシャル・グループワーク）」の研究に励むことができた。大坂先生がお元気であれば，そのことについて感謝を込めて報告にあがらなければならない。好物であったブランデーをグラスに注ぎ，一緒に飲み交わしながら本書を手にしていただき，どのようなコメントを頂戴できるのかと思いをめぐらせている。

　本書の取りまとめの契機は，全国社会福祉協議会中央福祉学院の後藤真一郎副部長からの声がけであった。その後，本書の出版が可能になったのは，研究室に来室くださったミネルヴァ書房の音田潔さんとの何気ないおしゃべりから生まれたアイデアにあった。執筆に苦戦していた時期に楽しくお喋り相手をしてくださったのは，中学生の市原美織さんであり，困難な推敲作業に伴走いただき，原稿から読み取れた感想を直截に聞かせてくださったのは，元鉄道弘済会福祉資料室担当課長であり，現在はソーシャルワーク研究所活動の仲間である市原由美さんであった。仲の良いお二人の親子には尽くせない感謝の気持ちを表したい。そして，北海道の道都大学，青森県の弘前学院大学・短期大学，東京都内の明治学院大学と都合1,000 km 以上に及ぶ居所（所属大学）の大移動に何も語らず伴走してくれた家族には，定年後の長い時間の中で労をねぎらうことにしたい。

　2019年12月

北川清一

216

参考文献

秋山智久『社会福祉の思想入門――なぜ「人」を助けるのか』ミネルヴァ書房，2016年。

浅井春夫『児童養護論論争』あいわ出版，1991年。

浅井春夫ほか編『子どもの貧困――子ども時代のしあわせ平等のために』明石書店，2008年。

阿部志郎『福祉の心（講演集1）』海声社，1987年。

阿部志郎『福祉実践への架橋（論文集1）』海声社，1989年。

阿部志郎『福祉の哲学』誠信書房，1997年。

阿部志郎『社会福祉の思想と実践』中央法規出版，2011年。

阿部志郎『人――わが師，わが友』全国社会福祉協議会，2014年。

阿部志郎『愛し愛されて――継承小径』阿部志郎の本刊行会，2016年。

池田清彦ほか『科学の剣と哲学の魔法――構造主義科学論から構造構成主義への継承』北大路書房，2006年。

池田起巳子『施設児の心理――児童福祉のために』明治図書，1969年。

磯村和人『組織と権威――組織の形成と解体のダイナミズム』文眞堂，2000年。

伊藤嘉余子『児童養護施設におけるレジデンシャルワーク――施設職員の職場環境とストレス』明石書店，2007年。

伊藤嘉余子『社会的養護の子どもと措置変更――養育の質とパーマネンシー保障から考える』明石書店，2017年。

糸賀一雄『福祉の思想』日本放送出版協会，1968年。

糸賀一雄・積惟勝・浦辺史編『施設養護論』ミネルヴァ書房，1967年。

稲垣美加子『ソーシャルワークにおける権利の擁護と第三者評価――母子生活支援施設実践の「子ども主体」を読み解く』（ブックレット『ソーシャルワーク実践の事例分析』10）ソーシャルワーク研究所，2019年。

岩田正美・小林良二ほか編『社会福祉研究法――現実世界に迫る14レッスン』有斐閣，2006年。

ウォーバートン，N.／坂本知宏訳『思考の道具箱――クリティカル・シンキング入門』晃洋書房，2006年。

大久保真紀『明日がある――虐待を受けた子どもたち』芳賀書店，2002年。

大久保真紀『ルポ・児童相談所』朝日新聞出版，2018年。

大谷嘉朗・吉澤英子『養護原理』誠信書房，1967年。

大谷嘉朗・杉本一義・井上肇編『養護原理――原理論・方法論・施設論』啓林館，1975

年。

長田陽一『心理臨床と脱構築の経験――「他者」をめぐって』春風社，2013年。

尾関周二編『エコフィロソフィーの現在――自然と人間の対立をこえて』大月書店，
　2001年。

葛西まゆこ『生存権の規範的意義』成文堂，2011年。

金子勇『社会学の問題解決力――理論・分析・処方箋』ミネルヴァ書房，2018年。

唐沢穣ほか編『社会と個人のダイナミクス』（展望・現代の社会心理学③）誠信書房，
　2011年。

北川清一『生活と社会福祉』海声社，1987年。

北川清一『グループワークの基礎理論――実践への思索』海声社，1991年。

北川清一・松岡敦子・村田典子『演習形式によるクリティカル・ソーシャルワークの学
　び――内省的思考と脱構築分析の方法』中央法規出版，2007年。

北川清一『児童養護施設のソーシャルワークと家族支援――ケース管理のシステム化と
　アセスメントの方法』明石書店，2010年。

北川清一「児童養護施設に『住まう』ことの意義を問う――施設の暮らしは当事者の生
　き方に何を付与できるか」『社会福祉研究』110，鉄道弘済会，2011年。

北川清一『未来を拓く施設養護原論――児童養護施設のソーシャルワーク』ミネルヴァ
　書房，2014年。

北川清一「社会福祉を取り巻く支援環境の構造変化を読み解く視座――越境するソーシ
　ャルワーク論序説」『ソーシャルワーク研究』39(4)，相川書房，2014年。

北川清一「グループを媒介とするソーシャルワークの展開――児童養護施設における脱
　ケアワーク論序説」『ソーシャルワーク実践研究』1，ソーシャルワーク研究所，
　2015年。

北川清一「児童養護施設退所者に見出す〈自立〉支援の課題と〈就労〉支援の隘路――
　ソーシャルワークがなすべきことを問う」『社会福祉研究』126，鉄道弘済会，2016
　年。

北川清一「社会福祉における組織運営の方法と倫理――近代化が遅れる児童養護施設実
　践とソーシャルワーカーの責任」『ソーシャルワーク実践研究』6，ソーシャルワ
　ーク研究所，2017年。

北川清一・川向雅弘編著『社会福祉への招待』ミネルヴァ書房，2017年。

北川清一・久保美紀編著『ソーシャルワークへの招待』ミネルヴァ書房，2017年。

北川清一・稲垣美加子編著『子ども家庭福祉への招待』ミネルヴァ書房，2018年。

北川清一監修，高山由美子『児童養護施設実践の専門性と他機関「連携」の課題――ソ
　ーシャルワークを取り込めない実態を読み解く』（ブックレット『ソーシャルワー
　ク実践の事例分析』9）ソーシャルワーク研究所，2018年。

北川清一「児童養護施設のソーシャルワーク実践と『非対称性』の課題──『養育』実践の構造的問題から読み解く」『ソーシャルワーク実践研究』10，ソーシャルワーク研究所，2019年。

楠見考ほか編『批判的思考力を育む──学士力と社会人基礎力の基盤形成』有斐閣，2011年。

久保紘章『エッセイ・人間へのまなざし』相川書房，2004年。

クリスティーン，B.ほか／岩崎浩三訳『児童の施設養護における仲間による暴力』筒井書房，2009年。

グロスバードほか／小野修編訳『保母・指導員はどうあるべきか』ルーガル社，1976年。

小松源助ほか『リッチモンド──ソーシャル・ケースワーク』有斐閣，1979年。

ゴードン，トマス／近藤千恵訳『親業──子どもの考える力をのばす親子関係のつくり方』大和書房，1998年。

佐藤豊道『ジェネラリスト・ソーシャルワーク研究──人間：環境：時間：空間の交互作用』川島書店，2001年。

澤瀉久敬『哲学と科学』日本放送出版協会，1967年。

ショーン，D.A.／佐藤学ほか訳『専門家の知恵──反省的実践家は行為をしながら考える』ゆみる出版，2001年。

丁圏鎭『組織設計と個人行動──「H.ミンツバーグ組織設計論」と「組織行動論」』文眞堂，2016年。

全国社会福祉協議会養護施設協議会編『児童養護施設ハンドブック』全国社会福祉協議会，1981年。

高橋隆雄『自己決定の時代の倫理学──意識調査にもとづく倫理的思考』九州大学出版会，2001年。

竹中哲夫『現代児童養護論』ミネルヴァ書房，1993年。

津崎哲雄『英国の社会的養護の歴史』明石書店，2013年。

土屋敦『はじき出された子どもたち──社会的養護児童と「家庭」概念の歴史社会学』勁草書房，2014年。

中村剛『福祉哲学の継承と再生──社会福祉の経験をいま問い直す』ミネルヴァ書房，2014年。

仲村優一『社会福祉概論』誠信書房，1984年。

西澤哲『子どもの虐待──子どもと家族への治療的アプローチ』誠信書房，1994年。

西澤哲『トラウマの臨床心理学』金剛出版，1999年。

野澤正子『児童養護論』ミネルヴァ書房，1991年。

野村幸正『知の体得──認知科学への提言』福村出版，1989年。

野村康『社会科学の考え方──認識論，リサーチ・デザイン，手法─』名古屋大学出版

会，2017年。

蜂谷俊隆『糸賀一雄の研究――人と思想をめぐって』関西学院大学出版会，2015年。

萩原建次郎『居場所――生の回復と充溢のトポス』春風社，2018年。

ハイト，バーバラ.K.・ハイト，バレット.S.／野村豊子監訳『ライフレヴュー入門――
　　治療的な聴き手となるために』ミネルヴァ書房，2016年。

浜田寿美男『私と他者と語りの世界――精神の生態学へ向けて』ミネルヴァ書房，2009
　　年。

広井良典編著『福祉の哲学とは何か――ポスト成長時代の幸福・価値・社会構想』ミネ
　　ルヴァ書房，2017年。

藤岡孝志監修，日本社会事業大学児童ソーシャルワーク課程編『これからの子ども家庭
　　ソーシャルワーカー――スペシャリスト養成の実践』ミネルヴァ書房，2010年。

藤間公太『代替養育の社会学――施設養護から「脱家族化」を問う』晃洋書房，2017年。

古川久敬ほか編『先取り志向の組織心理学――プロアクティブ行動と組織』有斐閣，
　　2012年。

ポランニー，M.／佐藤敬三訳『暗黙知の次元――言語から非言語へ』紀伊國屋書店，
　　1980年。

森岡正芳編著『臨床ナラティヴアプローチ』ミネルヴァ書房，2015年。

森田邦久『科学とはなにか――科学的説明の分析を探る科学の本質』晃洋書房，2008年。

守中高明『脱構築――思考のフロンティア』岩波書店，1998年。

元森絵里子『語られない「子ども」の近代――年少者保護制度の歴史的社会学』勁草書
　　房，2014年。

望月太郎『技術の知と哲学の知――哲学的科学技術批判の試み』世界思想社，1996年。

山崎美貴子・北川清一編著『社会福祉援助活動――転換期における専門職のあり方を問
　　う』岩崎学術出版社，1998年。

山本力『事例研究の考え方と戦略――心理臨床実践の省察的アプローチ』創元社，2018
　　年。

吉沢英子編『児童福祉を拓く――思想と実践』海声社，1990年。

米本秀仁『社会福祉の理論と実践への視角』中央法規出版，2012年。

リード，K.E.／大利一雄訳『グループワークの歴史――人格形成から社会的処遇へ』
　　勁草書房，1992年。

鷲田清一『思考のエシックス――反・方法主義論』ナカニシヤ出版，2007年。

渡部律子『福祉専門職のための統合的・多面的アセスメント――相互作用を深め最適な
　　支援を導くための基礎』ミネルヴァ書房，2019年。

Adams, R. *Critical practice in social work, 2nd ed.,* Palgreve Macmillan, 2009.

Allan, J., B. Pease & L. Briskman（eds.）*Critical Social Work, An Intoroduction to*

Theories and Practices, Allen & Unwin, 2003.

Hearly, K. *Social Work Practice,* Sage, Thousand Oaks, 2000.

Hearly. K. *Social Work Theories in Context : Creating Frameworks for Practice,* Palgrave Macmillan, 2005.

Ife, J. *Rethinking Social Work : Towards Critical Practice,* Longman, 1997.

Murphy, B. K. *Trasforming Ourselves, Transforming the World, An Open Conspiracy for Social Change,* Inter Pares, 1999.

Payne, M. *Modern Social Work Theory 3rd ed.,* Palgrave Macmillan, 2005.

Rogowski, S. *Critical Social work with children and families,* The Policy Press, 2013.

Toseland, R. W.& others, *An introduction to group work practice, 5th ed.,* Pearson Education, 2005.

Smith, M. "Towards a professional identity and knowledge base: Is residential child care still social work?" *Journal of Social Work* 3(2), 2003, pp. 235-252.

Vaughn, M. G. & others, *Readings in evidence-based social work,* SAGE Publications, 2009.

Webb, N. B. *Social Work Practice with children, 3rd ed.,* The Guilford Press, 2011.

巻末資料

（1）児童憲章（1951年5月5日宣言）
　われらは，日本国憲法の精神にしたがい，児童に対する正しい観念を確立し，すべて
の児童の幸福をはかるために，この憲章を定める。

　　児童は，人として尊ばれる。

　　児童は，社会の一員として重んぜられる。

　　児童は，よい環境のなかで育てられる。

一　すべての児童は，心身ともに健やかにうまれ，育てられ，その生活を保障される。

二　すべての児童は，家庭で，正しい愛情と知識と技術をもって育てられ，家庭に恵ま
　　れない児童には，これにかわる環境が与えられる。

三　すべての児童は，適当な栄養と住居と被服が与えられ，また，疾病と災害からまも
　　られる。

四　すべての児童は，個性と能力に応じて教育され，社会の一員としての責任を自主的
　　に果たすように，みちびかれる。

五　すべての児童は，自然を愛し，科学と芸術を尊ぶように，みちびかれ，また，道徳
　　的心情がつちかわれる。

六　すべての児童は，就学のみちを確保され，また十分に整った教育の施設を用意され
　　る。

七　すべての児童は，職業指導を受ける機会が与えられる。

八　すべての児童は，その労働において，心身の発育が阻害されず，教育を受ける機会
　　が失われず，また，児童としての生活がさまたげられないように，十分に保護される。

九　すべての児童は，よい遊び場と文化財を用意され，わるい環境からまもられる。

十　すべての児童は，虐待・酷使・放任その他不当な取扱からまもられる。あやまちを
　　おかした児童は，適切に保護指導される。

十一　すべての児童は，身体が不自由な場合，または精神の機能が不充分な場合に，適
　　切な治療と教育と保護が与えられる。

十二　すべての児童は，愛とまことによって結ばれ，よい国民として人類の平和と文化
　　に貢献するように，みちびかれる。

（２）千葉県児童福祉施設職員倫理綱領（2000年11月13日宣言）

前　文

　私たち千葉県児童福祉施設協議会の会員は，日本国憲法及び社会福祉法，児童福祉法，子どもの権利に関する条約の理念に基づき，未来に生きる子ども達一人ひとりの成長と発達を保障し，社会の一員として自立するための知識や技術の習得を支援し，豊かな心と生きる力を育むという自らに課せられた社会的責務を自覚し，その実現のために，彼らに連なる人々と共に，日々の生活の中で最善の努力を続けます。

　私たちは，すべての差別を排除し，個人の尊厳を守り，社会福祉実践に携わる者としての専門知識と技術を磨き，求められる倫理観との関連性を常に点検するため，ここにこの綱領を定めます。

１．権利擁護と支援の社会的責任

　私たちは，子ども達と彼らが所属する家庭の構成員一人ひとりが，すべてかけがえのない存在として尊重され，最善の利益が保障されるべきという理念を共有します。

　そのため，私たちが支援する人々の生活では，文化的差異や多様性を認め，さらに，私たちの生きる地域社会の営みと少なくとも同程度の水準を保障するように努めます。

２．自由意志と自己決定の尊重

　私たちは，権利の主体者である子ども達と彼らが所属する家庭の構成員一人ひとりと共に暮らし，その自己実現を支援するためファシリテーターとして努めます。

　その支援の過程では，プライバシーが守られ，お互いの意見が尊重され，自ら判断し決定できる場と機会を保障します。その際，アドバイスをしても一切の強制と体罰は否定します。

３．平等と公平

　私たちは，子ども達と彼らが所属する家庭の構成員一人ひとりの人権を踏みにじるあらゆる差別や偏見を排除し，必要によっては，その権利の代弁者になります。

　私たちは，公正，平等かつ客観的な支援に努め，また説明責任の視点に立ち，実践内容については良識ある市民としての第三者からの評価を受け，絶えず改善の努力に努めます。

４．専門知識の習得と信頼に基づく支援関係

　私たちは，信頼に基づく人間関係を築きながら，子ども達と彼らが所属する家庭の構成員一人ひとりの自立を支援することを目指し，研修及び相互学習と相互批判を通じて，常に専門知識の習得と技術向上に努めます。

　さらに私たちは，子ども達と彼らが所属する家庭の構成員一人ひとりの発達課題や生活課題に応じて，生活の一部に制限を加えることもありますが，その理由については十分説明することに努めます。

5．社会資源の活用と開拓

　私たちは，子ども達と彼らが所属する家庭の構成員一人ひとりの幸せのために，関係諸機関，団体及び関係者と連携強化をはかり，ネットワークを活用し開拓に努めます。

　また，私たちの専門知識，技術を提供することにより地域社会全体の福祉の向上に資するように努めます。

6．後継者の養成

　私たちは，子ども達と彼らが所属する家族の構成員一人ひとりに対して，将来においても一貫した理念や技術に基づいた支援が提供されるよう，後継者の育成に努めます。

（3）全国児童養護施設協議会倫理綱領（2010年5月17日制定）

原　則

　児童養護施設に携わるすべての役員・職員（以下，『私（わたくし）たち』という）は，日本国憲法，世界人権宣言，国連・子どもの権利に関する条約，児童憲章，児童福祉法，児童虐待の防止等に関する法律，児童福祉施設最低基準にかかげられた理念と定めを遵守します。

　すべての子どもを，人種，性別，年齢，身体的精神的状況，宗教的文化的背景，保護者の社会的地位，経済状況等の違いにかかわらず，かけがえのない存在として尊重します。

使　命

　私たちは，入所してきた子ども達が，安全に安心した生活を営むことができるよう，子どもの生命（せいめい）と人権を守り，育む責務があります。

　私たちは，子どもの意思を尊重しつつ，子どもの成長と発達を育み，自己実現と自立のために継続的な援助を保障する養育をおこない，子どもの最善の利益の実現をめざします。

倫理綱領

1．私たちは，子どもの利益を最優先した養育をおこないます

　一人ひとりの子どもの最善の利益を優先に考え，24時間365日の生活をとおして，子どもの自己実現と自立のために，専門性をもった養育を展開します。

2．私たちは，子どもの理解と受容，信頼関係を大切にします

　自らの思いこみや偏見をなくし，子どもをあるがままに受けとめ，一人ひとりの子どもとその個性を理解し，意見を尊重しながら，子どもとの信頼関係を大切にします。

3．私たちは，子どもの自己決定と主体性の尊重につとめます

　子どもが自己の見解を表明し，子ども自身が選択し，意思決定できる機会を保障し，支援します。また，子どもに必要な情報は適切に提供し，説明責任をはたします。

４．私たちは，子どもと家族との関係を大切にした支援をおこないます

　関係機関・団体と協働し，家族との関係調整のための支援をおこない，子どもと，子どもにとってかけがえのない家族を，継続してささえます。

５．私たちは，子どものプライバシーの尊重と秘密を保持します

　子どもの安全安心な生活を守るために，一人ひとりのプライバシーを尊重し，秘密の保持につとめます。

６．私たちは，子どもへの差別・虐待を許さず，権利侵害の防止につとめます

　いかなる理由の差別・虐待・人権侵害も決して許さず，子ども達の基本的人権と権利を擁護します。

７．私たちは，最良の養育実践を行うために専門性の向上をはかります

　自らの人間性を高め，最良の養育実践をおこなうために，常に自己研鑽につとめ，養育と専門性の向上をはかります。

８．私たちは，関係機関や地域と連携し，子どもを育みます

　児童相談所や学校，医療機関などの関係機関や，近隣住民・ボランティアなどと連携し，子どもを育みます。

９．私たちは，地域福祉への積極的な参加と協働につとめます

　施設の持つ専門知識と技術を活かし，地域社会に協力することで，子育て支援につとめます。

10．私たちは，常に施設環境および運営の改善向上につとめます

　子どもの健康および発達のための施設環境をととのえ，施設運営に責任をもち，児童養護施設が高い公共性と専門性を有していることを常に自覚し，社会に対して，施設の説明責任にもとづく情報公開と，健全で公正，かつ活力ある施設運営につとめます。

索　引

著者紹介

北川清一（きたがわ・せいいち）

1952年　北海道小樽市生まれ。
1978年　東北福祉大学大学院社会福祉学研究科修士課程修了。
現　在　明治学院大学副学長，同大学社会学部社会福祉学科教授。
　　　　ソーシャルワーク研究所長，児童養護施設救世軍世光寮統括施設長。
主　著　『生活と社会福祉』海声社，1987年。
　　　　『グループワークの基礎理論』海声社，1991年。
　　　　『社会福祉事業方法論Ⅱ』（編著）全国社会福祉協議会中央福祉学院，
　　　　1997年。
　　　　『社会福祉援助活動論』（共編）岩崎学術出版，1998年。
　　　　『三訂・児童福祉施設と実践方法』（共編）中央法規出版，2005年。
　　　　『ソーシャルワーク実践と面接技法』相川書房，2006年。
　　　　『クリティカル・ソーシャルワークの学び』（共著）中央法規出版，2007
　　　　年。
　　　　『ソーシャルワークの研究方法』（共編）相川書房，2010年。
　　　　『児童養護施設のソーシャルワークと家族支援』明石書店，2010年。
　　　　『未来を拓く施設養護原論』ミネルヴァ書房，2014年。
　　　　『社会福祉への招待』（共編）ミネルヴァ書房，2017年。
　　　　『ソーシャルワークへの招待』（共編）ミネルヴァ書房，2017年。
　　　　『子ども家庭福祉への招待』（共編）ミネルヴァ書房，2018年，他。

新・MINERVA福祉ライブラリー㊱
ソーシャルワーカーのための養護原理
——小規模化・家庭的養育をどう捉えるか——

2020年4月15日　初版第1刷発行　　　　　　　　　〈検印省略〉

定価はカバーに
表示しています

著　者　北　川　清　一
発　行　者　杉　田　啓　三
印　刷　者　江　戸　孝　典

発行所　株式会社　ミネルヴァ書房
607-8494　京都市山科区日ノ岡堤谷町1
電話代表　075-581-5191
振替口座　01020-0-8076

© 北川清一，2020　　　　　　　　　共同印刷工業・清水製本

ISBN978-4-623-08926-0
Printed in Japan

福祉専門職のための統合的・多面的アセスメント

渡部律子著

A5 判／272頁／本体2800円

保健・医療・福祉専門職のための スーパービジョン

福山和女・渡部律子・小原眞知子・浅野正嗣・佐原まち子編著

A5 判／392頁／本体4000円

自分たちで行う ケアマネージャーのための事例研究の方法

「かかわり続ける」ケアマネージャーの会・空閑浩人編

四六判／242頁／本体2400円

福祉職員研修ハンドブック

社会福祉法人京都府社会福祉協議会監修／津田耕一著

A5 判／198頁／本体2000円

地域の見方を変えると福祉実践が変わる

松端克文著

A5 判／274頁／本体3000円

子どものニーズをみつめる児童養護施設のあゆみ

大江ひろみ・山辺朗子・石塚かおる編著

A5 判／304頁／本体3000円

ミネルヴァ書房

http://www.minervashobo.co.jp/